OS ELEMENTOS DA LEI
NATURAL E POLÍTICA

OS ELEMENTOS DA LEI NATURAL E POLÍTICA

Thomas Hobbes

Introdução
J. C. A. GASKIN

Tradução
BRUNO SIMÕES

Revisão da tradução
ANÍBAL MARI

SÃO PAULO 2019

Título do original: THE ELEMENTS OF LAW, NATURAL AND POLITIC.
Editado com introdução de J. C. A. Gaskin, publicado na série Oxford World Classics,
com autorização da Oxford University Press.
Copyright © 2010, Editora WMF Martins Fontes Ltda.,
São Paulo, para a presente edição.

1ª edição 2010
2ª tiragem 2019

Introdução
J. C. A. GASKIN

Tradução
BRUNO SIMOES

Revisão da tradução
Aníbal Mari
Acompanhamento editorial
Márcia Leme
Revisões gráficas
Solange Martins
Letícia Castello Branco
Maria Luiza Favret
Produção gráfica
Geraldo Alves
Paginação
Studio 3 Desenvolvimento Editorial

Dados Internacionais de Catalogação na Publicação (CIP)
(Câmara Brasileira do Livro, SP, Brasil)

Hobbes, Thomas, 1588-1679.
  Os elementos da lei natural e política / Thomas Hobbes ; introdução J. C. A. Gaskin ; tradução Bruno Simões ; revisão da tradução Aníbal Mari. – São Paulo : Editora WMF Martins Fontes, 2010. – (Clássicos WMF)

  Título original: The elements of law, natural and politic.
  Bibliografia.
  ISBN 978-85-7827-125-1

  1. Ciência política – Obras anteriores a 1800 2. Direito natural I. Gaskin, J. C. A. II. Título. III. Série.

09-02448   CDD-171.2

Índices para catálogo sistemático:
1. Lei natural   171.2

Todos os direitos desta edição reservados à
Editora WMF Martins Fontes Ltda.
Rua Prof. Laerte Ramos de Carvalho, 133 01325-030 São Paulo SP Brasil
Tel. (11) 3293.8150 e-mail: info@wmfmartinsfontes.com.br
http://www.wmfmartinsfontes.com.br

SUMÁRIO

Prefácio VII
Esquema de referências para as citações IX
Introdução XIII
Os elementos da lei *comparado com os temas de outras obras de Hobbes* LI
Nota sobre os textos LVII
Bibliografia selecionada LXI
Cronologia LXIII
Epístola dedicatória LXXXIX

Os elementos da lei natural e política LXVII
Capítulos e sumário LXIX

Parte I – A natureza humana 1
Parte II – De Corpore Politico 103
De Corpore 187

Notas explicativas 237

PREFÁCIO

Há muito tempo ler os textos do próprio Hobbes é mais raro que os textos sobre Hobbes. Esse fato deplorável ocorre porque – com a notável exceção do *Leviathan* [*Leviatã*]* – a maioria de suas obras é difícil de encontrar fora das grandes bibliotecas. Este volume representa uma pequena tentativa de corrigir esse estado de coisas. *Os elementos da lei* é a primeira grande obra de Hobbes, uma das mais concisas e das que mais dificuldades suscitam para o leitor; antecipa também muitos conteúdos do *Leviatã*, pelos quais Hobbes ficou famoso.

A introdução situa sumariamente *Os elementos da lei* em seu contexto histórico e faz uma tentativa um pouco mais extensa de explicar, e às vezes comentar, o grandioso sistema filosófico de Hobbes – sistema esse que não salta aos olhos de quem lê *Os elementos da lei* isoladamente. Alguns capítulos do *De Corpore* são postos em apêndice pela notável relação que têm com alguns dos primeiros capítulos de *Os elementos da lei*, e também pelo seu interesse intrínseco e pelo fato de a obra original ser cronicamente difícil de encontrar.

Vez por outra, deixarei transparecer meu entusiasmo por Hobbes. Apesar das atitudes quase medievais que se evidenciam, por exemplo, nos capítulos sobre os criados e as crianças em *De Corpore Politico*, a percepção que ele tem daquilo que é o homem, e dos problemas políticos e morais que nos-

---

* Trad. bras. *Leviatã*, São Paulo, Martins Fontes, 2003.

sa natureza nos impõe, é profunda e perene. Quando Hobbes vê o homem como uma criatura feita de desejos insatisfeitos que só cessam com a morte, vê as coisas como são. Quando descreve a vida que resultaria da busca irrefreada dos interesses individuais, vê as coisas como são. E, quando afirma que a ordem política, ou quase qualquer espécie de *ordem*, é preferível à confusão homicida da qual a história recente nos mostra tantos exemplos, ele demonstra ter uma visão mais aguda que a maioria das pessoas. Além disso, Hobbes escreveu em uma época em que as novas ciências da quantidade e do número estavam tomando o lugar de uma síntese medieval autoritária e completamente diferente; e situou-se enfaticamente do lado das novas ciências. Entusiasmado, ele expõe os fundamentos filosóficos dessas ciências com uma autoconfiança atualmente rara, e essa autoconfiança nos dá mais alimento para o espírito que a cautelosa hesitação de milhares de homens e mulheres de menos gênio e de época mais recente. Com efeito, Hobbes afirma que o mundo real é um só, que as ciências descrevem esse mundo e que a religião deve estar contida dentro dele.

Pelo apoio à preparação deste volume, sou grato ao Fundo para as Artes e as Ciências Sociais da Universidade de Dublin. Agradeço também a Charles Benson, curador de Livros Impressos Antigos da Biblioteca do Trinity College de Dublin; e ao professor William Lyons, por fazer a leitura crítica de minha introdução em um momento em que outros compromissos exigiam muito do meu tempo. Por fim, e sobretudo, gostaria de registrar minha gratidão pelos curadores do Chatsworth Settlement e pelo duque e a duquesa de Devonshire, que me permitiram examinar os manuscritos de Hobbes que ainda se encontram em Chatsworth; e por Michael Pearman e outros funcionários da biblioteca de Chatsworth, que me ajudaram. O próprio Hobbes tinha enorme dívida de gratidão para com a família Cavendish, como também a tinha Tönnies, quando trabalhou nos *Elementos da lei* na década de 1880. Pelo visto, a dívida das sucessivas gerações de estudiosos de Hobbes continua a se acumular.

J. C. A. GASKIN

ESQUEMA DE REFERÊNCIAS PARA AS CITAÇÕES

Os elementos da lei	*Os elementos da lei natural e política*, todos os vinte e nove capítulos do texto desta edição.
A natureza humana	Parte I do texto desta edição (capítulos I a XIX).
De corpore politico	Parte II do texto desta edição (capítulos XX a XXIX). Note-se que o livro que conhecemos como *Os elementos da lei* foi publicado em 1650 (e por muito tempo depois disso) na forma de dois livros separados, tendo como título os das duas partes que o constituem. Nesta edição, *A natureza humana* se refere aos primeiros dezenove capítulos, não aos treze primeiros publicados em 1650 sob o título *A natureza humana*. Do mesmo modo, *De Corpore Politico* se refere aqui aos capítulos XX a XXIX e não à obra publicada em 1650, que continha os capítulos XIV a XXIX.
De cive	*Rudimentos de filosofia a respeito do governo e da sociedade* [*Philosophical Rudiments Concerning Government and Society*], convencionalmente citado segundo o título em latim. As citações são

	tiradas do texto organizado por Howard Warender (Oxford, 1983), com ortografia modernizada.
Leviatã	*Leviatã; ou a matéria, a forma e o poder de uma comunidade eclesiástica e civil* [*Leviathan; or, The Matter, Form and Power of a Commonwealth Ecclesiastical and Civil*] (1651). As citações são tiradas da primeira edição, com ortografia modernizada.
De corpore	*Elementos de filosofia, primeira seção, sobre o corpo* [*Elements of Philosophy, the First Section Concerning Body*] (1656), a versão em inglês do *De Corpore*, convencionalmente citada segundo o título em latim. Não deve ser confundida com a Parte II de *Os elementos da lei*. As citações são tiradas do volume i de *English Works of Thomas Hobbes*, org. W. Molesworth (Londres, 1839).

Em todas as obras principais de Hobbes, com exceção de uma, os capítulos têm numeração contínua do começo ao fim, ignorando as partes em que se dividem os livros. A única exceção é *Os elementos da lei* tal como era publicado no passado, quando uma nova sequência de numeração dos capítulos começava em local designado arbitrariamente pelo impressor ou organizador. Seguindo uma sugestão de Howard Warrender em sua bela edição da versão inglesa do *De cive* (p. 10, n. 4), numerei os capítulos desta edição segundo uma única sequência de algarismos romanos, de I a XXIX.

Do mesmo modo, em todas as obras principais de Hobbes, excetuado desta vez o *Leviatã*, os parágrafos (ou "artigos", como ele às vezes os denominava) são numerados com algarismos arábicos dentro de cada capítulo. Com a sequência única de capítulos numerados em romano para cada obra, obtemos um esquema padronizado de referências bastante conveniente e razoavelmente preciso. Assim, a referência *De cive*, X, 8 remete ao *De cive*, capítulo X, parágrafo 8, em qualquer edição. No caso do *Leviatã*, cujos parágrafos não são numerados e que não tem uma edição *standard* da qual possa ser tirada uma referência por página, remeto somente ao número do capítulo em algarismos romanos.

INTRODUÇÃO

Hobbes foi um escritor marcante: perigosamente mordaz, eloquente, metódico, peremptório e vívido. Foi também um filósofo marcante: assimilou a violência dos conflitos intelectuais e dos movimentos políticos de sua época e, por meio de uns poucos princípios básicos, argumentados de modo tenaz e com perspicácia, ofereceu-lhes uma nova resolução, amplamente aplicável, heterodoxa e, alguns diriam, cabalmente perniciosa.

Tal resolução compreendia uma solução coerente para os problemas políticos de seus contemporâneos e, nesse sentido, para os problemas de todas as sociedades ameaçadas pelas misérias da luta intestina e da guerra civil. Compreendia também uma análise da natureza e das motivações do ser humano, calculada para mostrar de que modo a atividade desenfreada de nossas aversões e desejos individuais resulta na guerra de todos contra todos; de que modo essa situação é contornada por um acordo mútuo que estabelece um corpo político; o que é tal corpo político e como ele pode reincidir no estado de guerra caso o acordo seja rompido.

Mas Hobbes não é interessante apenas como filósofo político. Ele também elaborou, à guisa de importante preâmbulo de sua filosofia civil, uma interpretação fascinante da ciência e de alguns problemas filosóficos gerais: a percepção sensível, a causação, o livre-arbítrio, o materialismo e a linguagem, entre outros. Suas exposições são imensamente interessantes por si próprias e poderiam ter concorrido com as de Descartes para constituir os alicerces da filosofia moderna – isso se Hobbes tivesse sido mais cuidadoso no desenvolvimento delas, ou sofrido menos objeções de seus sucessores imediatos em função de sua filosofia política autoritária, de sua aparente subversão da moralidade e de seu suposto ateísmo. (Digo '"aparente" e "suposto" por razões que retomarei mais adiante.)

Hobbes nasceu em 1588 em Malmesbury, no condado de Wiltshire. Sua primeira obra foi uma tradução, publicada em 1628, da *História da Guerra do Peloponeso**, de Tucídides. Sua intenção, pelo menos em parte, era publicar uma narrativa sobre a guerra civil em tom de advertência, dirigida aos seus compatriotas rebeldes e cada vez mais divididos. Sua primeira obra importante e original foi *Os elementos da lei natural e política*, escrita em 1640 ou pouco antes disso. Essa obra circulou imediatamente em cópias manuscritas, mas só foi efetivamente impressa em 1650, quando apareceu na forma de dois livros separados com os títulos *A natureza humana* e *De Corpore Politico*.

Os elementos da lei é de fato o "pequeno tratado em língua inglesa" que Hobbes menciona em suas *Considerações sobre a reputação, lealdade, maneiras e religião de Thomas Hobbes*, que ele publicou em 1662 em resposta ao Dr. Wallis, um de seus críticos. Nessas *Considerações*, Hobbes escreve:

> Quando se reuniu aquele parlamento que foi convocado em abril de 1640 e dissolvido no mês de maio e em que muitos desígnios do poder régio, necessários à paz do reino e à segurança da pessoa de Sua Majestade, foram disputados e rejeitados, o senhor Hobbes escreveu um pequeno tratado em língua inglesa no qual expôs e demonstrou que os mencionados poder e direitos estavam inseparavelmente ligados à soberania; soberania essa que, na época, não negavam que residisse no rei, conquanto não entendessem ou não quisessem entender aquela inseparabilidade. Desse tratado, embora não

---

* Trad. bras., São Paulo, Martins Fontes, 2008.

INTRODUÇÃO

estivesse impresso, muitos cavalheiros tinham cópias, o que deu azo a amplo falatório a respeito do autor; não tivesse Sua Majestade dissolvido o parlamento, sua vida correria perigo.

Assim, *Os elementos da lei* foi escrito sob a ameaça da guerra civil; contudo, Hobbes evitou meticulosamente qualquer referência específica aos eventos correntes. Além do mais, essa obra foi escrita quando ele tinha 52 anos, idade que a maioria dos seus contemporâneos nunca alcançou e que, hoje, sem publicações anteriores, garantiria a obscuridade acadêmica e seria considerável estímulo para uma aposentadoria precoce e improdutiva. No caso de Hobbes, porém, *Os elementos da lei* foi apenas a primeira manifestação e, de acordo com muitos críticos, a enunciação mais clara e acessível daquilo que viria a transformar-se no grande sistema filosófico explanado no *De Cive* (1642), no *Leviatã* (1651), no *De Corpore* (1655) e no *De Homine* (1658). O sistema também foi justificado (junto com algumas de suas mais inúteis excentricidades)[1] e ampliado em diversos pequenos tratados ou obras polêmicas, por exemplo, a controvérsia de Hobbes com Bramhall a respeito da necessidade e do livre-arbítrio, a obra quase-histórica *Behemoth* (uma interpretação da história e das causas da guerra civil na Inglaterra entre 1640 e 1660) e também o *Diálogo entre um filósofo e um jurista* (voltado para o problema do grau em que o *common law* limitara ou poderia limitar a autoridade do rei). As partes do grande sistema que foram omitidas ou só sumariamente tratadas em *Os elementos da lei* foram principalmente as longas discussões sobre a relação da religião com a autoridade civil que aparecem no *De Cive* e na última metade do *Leviatã*; a lógica e a filosofia mecanicista estabelecidas no *De Corpore*; o interesse pela matemática, também proeminente no *De Corpore*; e a interpretação da óptica no *De Homine*.

---

1. Por exemplo, a infeliz tentativa de Hobbes de determinar a quadratura do círculo no *De Corpore*, XX, e a infrutífera e absurda controvérsia em que essa questão o envolveu com Seth Ward (1617-89) e John Wallis (1618-1703), matemáticos de Oxford. Cf. Croom Robertson, *Hobbes* (Edimburgo, 1886), 167-85.

Como fonte primeira de acesso às principais ideias de Hobbes, como a mais sucinta apresentação delas e como epítome das partes de sua filosofia que tiveram valor mais duradouro, portanto, *Os elementos da lei* tem muito que se possa dizer em seu favor.

Entretanto, essas virtudes não tornam *Os elementos da lei* uma leitura fácil. Hobbes, em geral, não fala mais que o estritamente necessário. Não raro, seus argumentos têm uma textura densa. Ele espera que seus leitores rememorem ou se refiram ao que já foi dito e continuem extraindo conclusões de seus primeiros princípios ou definições. O resultado justificaria um comentário volumoso. Tudo que posso fazer nesta edição é esboçar o lugar que *Os elementos da lei* ocupa no esquema geral do pensamento de Hobbes, propiciando uma consideração sobre algumas de suas principais ideias e uma indicação dos problemas suscitados pela obra e das críticas provocadas quando o texto foi impresso e amplamente difundido, junto com outras obras de Hobbes, nos idos da década de 1650.

Lutas políticas e religiosas

A vida de Hobbes (1588-1679) poderia praticamente ter sido planejada para coincidir com a controvérsia que separou as estruturas e teorias políticas, religiosas, filosóficas e científicas que chamamos de medievais daquelas estruturas e teorias que chamamos de modernas. Nas primeiras décadas de sua vida, a síntese católica e aristotélica da religião e da filosofia, com a consequente visão da natureza como parte de um cosmos divinamente determinado, estava sendo questionada em toda a Europa. O questionamento era promovido pelas novas ciências inauguradas por Copérnico e Kepler e efetivamente defendidas por Galileu. Era promovido, ainda, pela retomada da antiga filosofia cética, resultante da primeira publicação de um texto latino de Sexto Empírico nos idos de 1560 e, um pouco depois, do reaparecimento das ideias dos atomistas e materialistas gregos por causa de um renovado interesse pelas obras de Lucrécio e Diógenes Laércio. E, mais violentamente, era promovido por vários movimentos voltados para a reforma da religião.

Muito antes de 1640, já haviam irrompido lutas religiosas entre a Roma católica e os protestantes da Alemanha, da França e dos Países Baixos e entre os protestantes e outras seitas reformistas da Escócia. Também na Inglaterra foi se desenvolvendo o conflito entre os poderes soberanos tradicionais e os indivíduos que, por razões econômicas, sociais ou religiosas, sentiam ter justificativas para desafiar as autoridades, chegando até mesmo à insurreição civil. Na frase de Churchill, "os ventos furiosos das lutas religiosas" sopraram de um lado a outro no norte da Europa. Os conflitos dogmáticos transformaram-se no alimento cotidiano das controvérsias políticas e religiosas. O sentido humano de pecado – sempre e infatigavelmente cultivado pelo cristianismo, embora fosse até então sistematicamente absolvido pela Igreja romana – transformouse, com o protestantismo, em uma intensa busca pessoal dos meios da salvação, uma salvação que dizia respeito à vida eterna do indivíduo e que, proporcionalmente, pouco cuidava da felicidade terrena, da autoridade secular e da paz civil.

Hobbes tomou posições claras nessa contenda. Rejeitou a ciência medieval e o aristotelismo que perdurava em Oxford quando ainda era estudante universitário. Afirmou com entusiasmo as novas ciências que viriam a resultar finalmente na síntese newtoniana. Adotou perspectivas filosóficas – muito em evidência na primeira metade de *Os elementos da lei* – que estavam em perfeito acordo com as novas ciências, e organizou essas perspectivas por meio de métodos que, embora intensamente racionalistas, resultaram no primeiro florescimento verdadeiro do empirismo com o qual a filosofia em língua inglesa esteve sempre associada desde então. Hobbes foi um radical na ciência e na filosofia. Mas na religião e na política, a despeito de sua veemente refutação do catolicismo romano no último capítulo do *Leviatã*, ele é uma espécie de conservador. Empregou todo o seu poder intelectual para resistir à desintegração da sociedade civil que lhe parecia resultar da busca individual da salvação religiosa ou da procura desenfreada dos interesses naturais dos indivíduos.

Nuvens tempestuosas acumularam-se na Grã-Bretanha por trinta anos depois de 1608, quando Hobbes saiu de Oxford e foi trabalhar como preceptor do jovem Cavendish (que, em 1626, tornou-se o segundo conde de Devonshire). Hobbes observava esses acontecimentos tanto pela óptica íntima da família Cavendish, politicamente importante, quanto pela familiaridade com homens de poder e responsabilidade, entre os quais Francis Bacon (filósofo, sicofanta real e presidente da Câmara dos Lordes). Viajando extensamente pela Europa, Hobbes também conheceu de perto as doutrinas intelectuais e religiosas que se arregimentavam no continente contra a antiga ordem.

Em 1629, Carlos I dissolveu o seu parlamento, cada vez menos cooperativo, inaugurando o período pacífico e econômico de seu governo pessoal, que foi finalmente interrompido por pura falta de receita. Em novembro de 1638, em Edimburgo, ocorreu a primeira afronta manifesta à autoridade soberana do rei, quando a Assembleia Geral da Escócia recusou-se a dissolver-se conforme exigiam os comissários reais. Como solução, Carlos recorreu a um novo parlamento inglês. Este, porém, não foi de grande auxílio. O parlamento foi dissolvido em maio de 1640 (no mesmo mês em que Hobbes dedicou *Os elementos da lei* ao seu benfeitor, o conde de Devonshire), e os conflitos em torno da legitimidade das ações do rei, de seus poderes legiferantes e de aumento tributário, e o questionamento da natureza das imposições religiosas fixadas por Laud precipitaram a ebulição da guerra civil.

Assim, nos últimos capítulos do seu "pequeno tratado em língua inglesa", a preocupação dominante de Hobbes com a natureza do direito, as convenções, os pactos, a soberania, a consciência individual, as causas da rebelião, a fundação e necessidade de um corpo político é perfeitamente compreensível no seu contexto histórico. Assemelha-se às preocupações de Milton, Coke, Hooker, Filmer, Pym e outros grandes escritores ingleses do período. A diferença é que a maior parte do que Hobbes disse tem uma profundidade e um valor que não se extinguiram com as circunstâncias que configuraram esse contexto.

INTRODUÇÃO XIX

As três partes do grande sistema filosófico de Hobbes

Em *Os elementos da lei* não há nada que sugira que Hobbes via *A natureza humana* ou o *De Corpore Politico* como partes de uma estrutura maior que elas próprias. Seu propósito manifesto, nos parágrafos que servem de prefácio, é o de compreender a natureza humana e "o que é um corpo político e aquilo que nós chamamos de lei". O objetivo afirmado na "Epístola Dedicatória" é submeter a doutrina da justiça e da política "às regras e à infalibilidade da razão" e construir a partir disso "a verdade das causas segundo a lei de natureza", a fim de evitar o medo que os homens têm uns dos outros e preservar a paz e o Estado (ou a "república", como Hobbes normalmente a chama). Dois anos depois, Hobbes publicou o *De Cive*, livro esse que amplia principalmente a teoria política delineada na última parte de *Os elementos da lei*. Entretanto, na segunda edição em latim do *De Cive*, publicada em Amsterdam em 1647, Hobbes acrescenta um "Prefácio ao Leitor". Nele, conforme as palavras da versão inglesa de 1651, a ideia de uma sequência de dissertações filosóficas é apresentada pela primeira vez:

> Estava estudando filosofia por puro interesse intelectual, e havia reunido o que são seus primeiros elementos em todas as espécies e, depois de concentrá-los em três partes conforme o seu grau, pensava escrevê-los da seguinte forma: de modo que na primeira trataria do corpo e de suas propriedades gerais; na segunda, do homem e de suas faculdades e afecções especiais; na terceira, do governo civil e dos deveres dos súditos. De modo que a primeira parte conteria a filosofia primeira, e certos elementos de física; nela consideraríamos as razões de tempo, lugar, causa, poder, relação, proporção, quantidade, figura e movimento. Na segunda discutiríamos a imaginação, a memória, o intelecto, o raciocínio, o apetite, a vontade, o bem e o mal, o que é honesto ou desonesto, e coisas parecidas.*

---

* Hobbes, *Do Cidadão*. Trad. Renato Janine Ribeiro. São Paulo, Martins Fontes, 2002.

A terceira seção corresponde ao *De Cive*. O resumo deste, escrito por Hobbes no prefácio, é também uma descrição daquelas que já haviam sido suas principais preocupações nos últimos capítulos de *Os elementos da lei*:

> demonstro em primeiro lugar que a condição dos homens fora da sociedade civil (condição esta que podemos adequadamente chamar de estado de natureza) nada mais é que uma simples guerra de todos contra todos, na qual todos os homens têm igual direito a todas as coisas; e a seguir, que todos os homens, tão cedo chegam a compreender essa odiosa condição, desejam (até porque a natureza a tanto os compele) libertar-se de tal miséria. Mas isso não se pode conseguir a não ser que, mediante um pacto, eles abdiquem daquele direito que têm a todas as coisas. Ademais, declaro e confirmo em que consiste a natureza dos pactos, como e por que meios o direito de um pode ser transferido a outro a fim de validar os pactos; e que direitos, e a quem devem necessariamente ser concedidos para se estabelecer a paz. Quero dizer: quais são os ditados da razão que podem com propriedade ser denominados leis de natureza.*

O que Hobbes está propondo – e o que ele efetivamente realizou em suas obras, embora não na ordem enunciada no *De Cive* – é uma progressão filosófica que se iniciaria com os corpos naturais e os princípios mais fundamentais das ciências naturais; passaria pelo homem e por uma interpretação de sua percepção sensível, linguagem, raciocínio, natureza fisiológica e moral; e se concluiria com uma interpretação da sociedade civil ou "corpo político".

A ordem sistemática – não a cronológica – das obras filosóficas de Hobbes, com suas repetições e sobreposições[2], é a seguinte:

---

* *Idem*, pp. 18-9.

2. A maioria das principais publicações de Hobbes aparece tanto em latim como em inglês; mas é preferível falar de *versões* latinas (ou inglesas) do que de traduções, na medida em que algumas das versões não foram traduzidas por Hobbes e, quando o foram, ele próprio fez algumas alterações.

INTRODUÇÃO XXI

1. Filosofia primeira, CORPO OU CORPO NATURAL: *De Corpore* (latim, 1655; inglês, 1656), que conduz ao
2. HOMEM: *A natureza humana* (primeira parte do manuscrito inglês, 1640, de *Os elementos da lei*; primeira publicação em inglês, 1650); *Leviatã*, Parte I (inglês, 1651; latim, 1668); *De Homine* (somente em latim, 1657), que conduz à
3. REPÚBLICA OU CORPO POLÍTICO: *De Corpore Politico* (segunda parte do manuscrito inglês, 1640, de *Os elementos da lei*, primeira publicação, 1650; *De Cive* (latim, 1642; inglês, 1651); *Leviatã*, Partes II-IV (inglês, 1651; latim, 1668).

Na verdade, porém, Hobbes tratou dos pontos 2 e 3 pela primeira vez em *Os elementos da lei*, sem se referir ao ponto 1 e talvez sem pensar nele; publicou então uma extensão do ponto 3 no *De Cive*, sem se referir seja ao ponto 1, seja ao 2; em seguida, desenvolveu novamente tanto o ponto 2 quanto o 3 de maneira bastante eficaz no *Leviatã*; e por fim, dezessete anos após *Os elementos da lei*, completou o ponto I no *De Corpore*. Assim, podemos seriamente nos perguntar em que sentido – se é que há algum – a ordem declarada por Hobbes configura de fato uma progressão, ou em que sentido a sua filosofia é um sistema.

Os métodos do grande sistema

O que Hobbes realmente diz (por exemplo, em *De Corpore*, VI, 6) é que "*depois* da física devemos passar à filosofia moral" (grifo meu). Por que "depois" e quão necessariamente "depois"? Três considerações regulam a ordem: primeiro, o escopo ou o caráter mais ou menos básico do assunto em questão; segundo, a estrutura requerida pelo paradigma de Hobbes para um raciocínio claro; terceiro, o uso que ele faz daquilo que chama de métodos "sintético" e "analítico".

Em primeiro lugar, Hobbes considera que um pequeno número de concepções e leis cuidadosamente definidas é a base de todas as explicações do universo, no sentido de que elas se estendem a todas as coisas que são, ou poderiam ser, partes do universo material: o universo do "corpo"[3]. Mas o que é uma concepção? No *De Corpore*, VIII, 2, Hobbes esforça-se para explicar que um "acidente" de uma coisa corporal é aquilo "por meio do qual ela imprime em nós uma concepção de si mesma". O *acidente* é aquilo que a coisa corporal é ou efetivamente tem. A concepção é o nosso construto da coisa, causado pelo modo como seus acidentes agem sobre nossas sensações. "Concepção" é, entretanto, uma palavra-valise que tem vários usos, os quais Hobbes nem sempre distingue de maneira coerente. As concepções são: (1) os conteúdos de nossa experiência na medida em que vão sendo efetivamente causados pelos acidentes das coisas corpóreas exteriores que agem sobre nossas sensações, como quer que isso ocorra; *e* (2) os conteúdos que permanecem acessíveis em nossas lembranças, sonhos, imaginações e assim por diante; *e* (3) o que quer que seja aquilo que temos quando entendemos uma palavra, frase ou outra parte distinta da linguagem; ou seja, segundo a terminologia de Hobbes, quando entendemos um nome. Hobbes normalmente usa a palavra "fantasma" para designar as concepções 1 e 2, embora tenda a empregar a palavra "imagem" para a subclasse de fantasmas associados com a visão. Ocasionalmente adota a palavra "ideia" como sinônimo de "concepção", em todos ou em algum dos sentidos compreendidos de 1 a 3.

As principais concepções que interessam a Hobbes como concepções básicas são as de corpo, movimento e esforço

---

3. A busca de Hobbes por princípios explicativos fundamentais, quiçá um único, ou pelo menos pouquíssimos, não era coisa nova nem foi uma aspiração que se encerrou com o mecanicismo do século XVII. Fora prefigurada pela busca dos filósofos pré-socráticos por uma *arché* ou origem (uma fonte explicativa que não poderia ser dada e que não necessitasse de mais nenhuma explicação). Foi substituída pela busca da teoria física moderna por um conjunto de leis e entidades que seriam mínimas e fundamentais no sentido de que todas as outras leis, e a existência de todas as outras entidades, poderiam ser derivadas delas e não poderiam derivar de nenhum conjunto mais simples.

(cf. *De Corpore*, IV, 5). As leis do universo do corpo ou da matéria são fundamentalmente as leis do movimento, particularmente a lei da inércia. Para Hobbes, é evidente que o alcance da aplicação dessas leis é tão grande que, se pretendemos ter um conhecimento ordenado e estruturado do universo, ou de *qualquer coisa*, devemos começar pelo conhecimento delas e de algumas outras concepções filosóficas quase igualmente básicas.[4] Assim, a compreensão dos mecanismos básicos do corpo *vem antes* e é o pressuposto para a compreensão da natureza humana. E, de modo semelhante, a compreensão da natureza humana, abarcando os mecanismos da percepção, da fisiologia neural e da consequente psicologia das aversões e desejos (também de caráter mecanicista), vem antes da compreensão daquilo que a natureza humana promove, ameaça e ocasiona, a saber, a república ou o corpo político. Do que se segue a ordem racional: corpo, homem, república. A sequência hierárquica completa é apresentada no *De Corpore*, VI, 17.

Em segundo lugar, sabemos pela anedota contada por John Aubrey e pelas próprias afirmações de Hobbes que ele ficou tremendamente impressionado quando descobriu, em época relativamente tardia, as técnicas de demonstração usadas na geometria euclidiana. A característica mais marcante do sistema é a derivação logicamente decisiva de determinadas verdades ou "teoremas", que não são nem triviais nem evidentes por si, a partir de definições e de umas poucas "noções comuns" ou axiomas (proposições muito genéricas e praticamente evidentes por si, como "o todo é maior que suas partes"). Trata-se de um sistema que preserva a verdade e proporciona a certeza. Se as definições e axiomas iniciais são aceitos como verdadeiros, os teoremas devem ser acei-

---

4. De modo semelhante, pode-se ainda dizer que, enquanto a física e a química são ciências "básicas", a metalurgia e a geologia não são. Um entendimento adequado das últimas pressupõe algum conhecimento das primeiras, e não o contrário. Além disso, alguma concepção de número, por exemplo, é pressuposta por todas as ciências. Se se pretende compreender qualquer coisa, o número e o cálculo devem ser compreendidos primeiro.

tos como verdadeiros por qualquer ser racional. A disciplina prática do sistema é difícil, mas, para a apresentação de um corpo de conhecimento, o ganho, em matéria de clareza e certeza dedutiva, é imenso. Assim, sempre que tal lhe foi possível, Hobbes aplicou aquela disciplina na sua interpretação do corpo, do homem e da república. Daí a predominância de definições firmemente estruturadas e relacionadas entre si em todas as principais obras de Hobbes, a começar por *Os elementos da lei*. Daí o sentido de uma progressão de definições: o "movimento" deve ser definido antes do "esforço" porque o movimento toma parte na definição de esforço; o "esforço" deve ser definido antes das paixões (as quais são discernidas de modo bem detalhado no capítulo IX de *A natureza humana* e no capítulo IV do *Leviatã*) porque o "esforço" tem que estar compreendido na interpretação das paixões. Daí o contínuo apelo, em diversas passagens, a regressar àquilo "que já foi provado". Daí a progressão de concepções fundamentais amplamente aplicáveis, concernentes ao corpo e ao movimento, a concepções de aplicação mais restrita, concernentes à natureza humana e à república. Por fim, há uma razão pela qual as três seções do grande sistema podem ser desenvolvidas a partir da ordem lógica. O "método sintético", a síntese dedutiva que conduz dos primeiros princípios e definições a novas verdades, é na prática misturado com um método bastante diferente que a ele vem somar-se: o "método analítico", que envolve a observação direta, a experiência sensível ou a introspecção. No *De Corpore*, VI, 7, Hobbes observa:

> Pois as causas dos movimentos da mente são conhecidas não apenas pelo raciocínio, mas também pela experiência de cada homem que se esforça para observar esses movimentos dentro de si.

E, mais especificamente, na introdução do *Leviatã*:

> *Lê-te a ti mesmo* [...] Esse dito [...] pretendia ensinar-nos que, graças à semelhança [dos] pensamentos e paixões de um

homem para com os pensamentos e paixões de outro, quem olhar para dentro de si [...] e considerar o que faz quando *pensa, opina, raciocina, tem esperança e medo*, etc., e por quais motivos o faz, poderá por esse meio ler e conhecer quais os pensamentos e as paixões de todos os outros homens, em circunstâncias idênticas.*

Ambos os exemplos tratam do emprego do método *analítico*. A diferença entre método analítico e método sintético está resumida no Sumário do capítulo VI do *De Corpore*: "O método da ciência civil e natural que vai da sensação aos princípios é *analítico*, e o que começa nos princípios é *sintético*." O método sintético é mais próximo do padrão da dedução geométrica, na medida em que consiste na derivação de consequências a partir de definições (ou a partir daquilo que já está estabelecido), ou na dedução de efeitos a partir de causas observadas (causas que já se encontram reduzidas a princípios gerais ou definições). O método analítico, por outro lado, é usado quando o método sintético não é possível, quer por causa do conhecimento não estruturado do investigador, quer em virtude da premência do tema em questão – se um exército de mercenários está à porta, é mais urgente apresentar propostas de paz *ad hoc* do que fazer a síntese delas a partir de verdades fundamentais sobre a natureza da realidade! O método analítico consiste em retroceder dos dados imediatos da experiência a uma causa ou a uma estrutura de definições explicativas. O próprio Hobbes mistura os dois métodos (ele afirma no *De Corpore*, VI, 3, que isso é uma prática comum), ou particularmente ao desenvolver a segunda e a terceira seções de seu sistema, apenas faz um breve aceno aos princípios fundamentais e passa então a usar o método analítico. Tais breves acenos podem ser vistos em *A natureza humana*, II, 7, e na primeira sentença do *De Cive*.

Estas considerações sobre o grande sistema de Hobbes estabelecem, portanto, um paradigma. O paradigma é um sis-

---

* Hobbes, *Leviatã*. Trad. João Paulo Monteiro. São Paulo, Martins Fontes, 2003.

tema dedutivo sintético que segue o modelo da demonstração euclidiana, empregando definições, noções comuns e teoremas derivados. Quando esse paradigma não pode ser seguido à letra, deve ser incrementado pelo método analítico[5], ele próprio também sujeito, tanto quanto possível, ao rigor da apresentação lógica e das definições claras. Mas, segundo Hobbes, o que é esse dispositivo tão empregado, a *definição*?

Definições

A mais antiga explicação da linguagem dada por Hobbes encontra-se em *A natureza humana*, V. Simplificando, ele entende que a linguagem é composta de nomes reunidos por associação. Cada nome é "a voz de um homem, imposta arbitrariamente como uma marca, que traz à sua mente alguma concepção [imagem, ideia ou entendimento] a respeito da coisa à qual ela é imposta" (V, 2). (Sua explicação posterior, no *De Corpore*, II, 4, esclarece que a marca deve, de um jeito ou de outro, trazer à *nossa* mente uma concepção *comum a todos nós*. A linguagem se dá entre pessoas e não é solipsista.) Mas, por vezes, é necessário esclarecer de modo particular qual é a exata concepção que um nome composto traz à mente[6]. Ou, senão, é necessário introduzir um novo nome composto a fim de unir concepções anteriormente separadas (por exemplo, o "esforço", introduzido por Hob-

---

5. Os leitores que conhecem o uso que Kant faz das palavras "analítico" e "sintético" (um uso mais comum em filosofia) perceberão que em Hobbes é inteiramente diferente. O uso hobbesiano é um pouco mais próximo do uso comum que se preserva das palavras "análise" e "síntese". Pode-se dizer que o método sintético-dedutivo de Hobbes almeja a síntese de todo conhecimento em um sistema ordenado. Já seu método analítico é a *análise* da experiência particular, com o objetivo de descobrir as causas dessa experiência ou englobá-la em determinadas regras ou descrições gerais.

6. Um nome composto é aquele que contém muitas concepções, como "pássaro", que contém as concepções "emplumado", "bípede", "bicudo" etc. Hobbes procura demonstrar que a maioria dos nomes é composta e, portanto, passível de explicação.

bes no *De Corpore*, XV, 2). Ou, ainda, especialmente quando se trata de ensinar ou comunicar o conhecimento, pode ser necessário reduzir um nome composto às concepções que o compõem, de modo que o nome composto seja concebido mais claramente do que antes. Em *A natureza humana*, IX, grande número de nomes compostos é desdobrado em seus componentes para facilitar a explicação hobbesiana das paixões. Em todos esses casos, são usadas as definições dos nomes.

Uma definição, em suma, é uma "proposição cujo predicado [isto é, o conjunto de nomes definidores, situado normalmente no lado direito, conhecido como definidor (*definiens*)] resolve o sujeito [isto é, o nome composto a ser definido (*definiendum*)], quando possível; e, quando não, o exemplifica" (*De Corpore*, VI, 14). À parte determinados requisitos técnicos que Hobbes apresenta, como, por exemplo, que o *definidor* deve conter mais nomes que o *definido* (os sinônimos não são definições), a clareza e a concordância são os primeiros requisitos de uma definição.

Para que isso ocorra, o *definidor* deve "resolver" o *definido* de maneira tal que as concepções evocadas na mente do receptor da definição pelos nomes do *definidor* sejam semelhantes, embora mais claras, à concepção que ele originalmente tinha do nome composto do *definido*. O *definidor* deve também transmitir ao receptor da definição a mesma concepção que o formulador da definição tem, exigência essa que, devemos notar, não pode ser considerada satisfeita até que o uso posterior mostre a concordância, a qual se manifesta na maneira pela qual o termo definido passa a ser empregado.

O grande sistema: CORPO

Uma infelicidade do grande sistema é que o escopo das três partes não está rigorosamente delimitado. Muitos temas aparecem nas três partes ou em mais de uma delas. Assim, não está claro se os capítulos em que Hobbes trata da lógica, da epistemologia e daquilo que hoje chamaríamos de filosofia geral (notadamente, *A natureza humana*, I-IV; *Leviatã*, I-V; *De Corpore*, I, II, VI, IX e X) deveriam estar inseridos na parte que trata do CORPO (filosofia primeira) ou na que trata do HOMEM. A razão por que Hobbes fez isso não é clara. Na outra extremidade do sistema, não há nenhuma razão decisiva para situar as interpretações do estado de guerra e das leis naturais na parte que trata do HOMEM em vez de na que trata da REPÚBLICA, ou vice-versa[7].

No entanto, não há dúvida quanto ao que Hobbes via como os princípios fundamentais da sua filosofia primeira e de todas as interpretações verdadeiras das coisas. Os primeiros princípios são o corpo, algumas concepções relacionadas a ele e o movimento. Em *Os elementos da lei*, esses princípios, ou algum aspecto deles, são tomados como ponto pacífico, por exemplo, no capítulo XI, seção 4, onde Hobbes simplesmente explica que "espírito" significa um corpo natural que "não age sobre as sensações, mas que preenche o lugar que a imagem de um corpo visível poderia preencher", sendo que antes ele tinha assumido que o movimento, como causa da sensação, é "tudo o que há de real" (II, 7).

Os primeiros princípios tomados como ponto pacífico em *Os elementos da lei* influenciam profundamente o modo pelo qual Hobbes espera que encaremos o mundo. Eles são desdobrados no *De Corpore*: o corpo "é aquilo que, não tendo nenhuma dependência do nosso pensamento, é coincidente ou coexistente com alguma parte do espaço" (VIII, 1). Note-se que Hobbes não está dizendo o que o corpo *é* em si mesmo, apesar de empregar muitas vezes a palavra "matéria" como se esta se referisse a algo distinto de "corpo" (cf., p. ex., *De Corpore*, VI, 8). Particularmente, é preciso notar que ele não está seguindo o resgate do atomismo antigo promo-

---

7. Essa ambiguidade oferece certa base racional para o modo *original* em que *A natureza humana* (capítulos I-XIII) e *De Corpore Politico* (capítulos XIV-XXIX) foram publicados. Os capítulos I-XIII fecham, de fato, a explicação hobbesiana da filosofia geral e, em sentido menos rigoroso, da natureza humana; os capítulos XIX-XXIX, como um todo, tratam da república.

INTRODUÇÃO XXIX

vido por seu amigo Gassendi, na qualidade de uma interpretação das estruturas ocultas do corpo. Hobbes está dizendo apenas que *algo* existe independentemente de nossas concepções, e que esse algo (bem como as suas partes, caso ele tenha alguma) tem as propriedades quase-geométricas de "magnitude" ou "extensão", ou ocupa "aquilo que alguns chamam de espaço *real*" (*De Corpore*, VIII, 4). Mas, ao mesmo tempo, ele faz uma afirmação de colossal importância filosófica, científica e religiosa, a saber: que não existe nada além do corpo. Tal afirmação é expressa em uma passagem de força e clareza insuperáveis, no *Leviatã*, XLVI:

> o *universo*, isto é, toda a massa de todas as coisas que são, é corpóreo, ou seja, é corpo; e tem as dimensões da magnitude, a saber, comprimento, largura e profundidade; além disso, qualquer parte do corpo é igualmente corpo e tem as mesmas dimensões; e, consequentemente, toda parte do universo é corpo e aquilo que não é corpo não faz parte do universo. E porque o universo é tudo, o que dele não faz parte é *nada*; e consequentemente, *não está em lugar algum*.

Chamemos esta afirmação de "realismo monista". Ela não reafirma o antigo axioma de Epicuro, de acordo com o qual o universo constitui-se de espaço vazio e matéria, na forma de minúsculas partículas indestrutíveis[8]. Mas ressus-

---

8. O atomismo de Epicuro depara várias dificuldades à física mecanicista que emerge no século XVII. Primeiro, ele implica que as leis mecânicas poderiam operar no vazio; a gravidade, por exemplo, poderia operar sem nenhum meio através do qual ou por meio do qual a sua atração pudesse ser exercida. Em segundo lugar, o atomismo tinha várias implicações materialistas e antirreligiosas, implicações com que, a propósito, Hobbes teve depois que arcar, e a que Gassendi tentou contrapor-se no seu *Syntagma Philosophicum* (1658), o livro em que resgatou o atomismo, ao insistir que Deus e a alma estão fora do âmbito das explicações atomistas. Como veremos, para Hobbes, Deus e a alma são idênticos ao universo do "corpo". Mas, uma vez que ele não diz o que *é* o corpo, pode afirmar que, ao contrário dos epicuristas, não reduziu Deus a um agrupamento indefinível de átomos *no* universo, e não deu aos átomos a eternidade e a supremacia reservadas a Deus no esquema cristão das coisas. Cf. Howard Jones, *The Epicurean Tradition* (Londres, 1989), capítulos 7 e 8.

cita, de maneira bastante dramática, uma opinião filosófica particularmente associada a Epicuro e particularmente inimiga da tradição cristã: a opinião de que existe apenas uma realidade. Tal opinião é categoricamente contrária à doutrina de Platão, de Descartes e da maioria dos religiosos, que tomam a realidade como dualista: corpo *e* espírito, carne perecível *e* alma imortal, este mundo *e* o mundo futuro, substância material *e* substância imaterial. (Esta última formulação é a que Hobbes ataca com mais frequência.) Hobbes rejeita o dualismo matéria-espírito e afirma enfaticamente o realismo monista que está no âmago da maior parte da ciência moderna e que fora também fundamental para todo o atomismo antigo. Com isso, recria um problema que, de lá para cá, nunca foi propriamente solucionado. É difícil, talvez impossível, conciliar o realismo monista com a suposta realidade dos deuses, espíritos e almas humanas. Em suma, ele é incompatível com a religião conforme é entendida comumente.

O corpo, porém, que tem magnitude e é, no fim das contas, tudo o que existe, tem pelo menos uma qualidade real. Ele se move, e o movimento é elementar na medida em que não tem explicação ulterior: "todas as causas das coisas universais [...] têm apenas uma causa universal, que é o movimento [...] e não se pode entender que o movimento tenha outra causa além do próprio movimento" (*De Corpore*, VI, 5).

> O movimento é o contínuo abandono de um lugar e a aquisição de outro lugar [...] digo "contínuo" porque nenhum corpo, por menor que seja, pode sair total e imediatamente de seu lugar anterior para um outro lugar. (*De Corpore*, VII, 10)

O corpo se move de acordo com certos princípios universais. Um é o da lei da inércia, que Hobbes, escrevendo antes de codificação decisiva de Newton, se empenha por formular:

> Tudo aquilo que está em repouso permanecerá sempre em repouso, a menos que haja além dele outro corpo que, tentando tomar o lugar do primeiro por meio do movimento, faça que ele não permaneça mais em repouso [...] Do mesmo

modo, tudo aquilo que está em movimento estará sempre em movimento, a não ser que haja além dele outro corpo... (*De Corpore*, VIII, 19; e *Leviatã*, II, segundo parágrafo).

Outro princípio é o que hoje se expressa como "para cada ação há uma reação igual e oposta". Hobbes tenta precisar isso no *De Corpore*, XV, 2, e também em XXV, 2: "Toda resistência é esforço que se opõe a outro esforço, vale dizer, reação."

Entretanto, nem todo movimento é observável. Algumas coisas têm partes muito pequenas e não podem ser observadas, ou movem-se muito rapidamente e não podemos observar o movimento. "O pensamento é ligeiro." Requer-se, portanto, a concepção de um movimento que se realize em um ponto do espaço e do tempo que tenda ao nada. Essa concepção é o que Hobbes chama de "esforço". Não se trata de um esforço no sentido comum, em que um homem pode se esforçar para comer uma costeleta de carneiro ou para ler um romance de Proust. Em vez disso:

> Defino ESFORÇO como o *movimento feito em um espaço e em um tempo menores do que os que podem ser determinados*; isto é, *menores do que os que podem ser definidos ou assinalados pela exposição ou pelo número*; isto é, *um movimento feito através do comprimento de um ponto, e em um instante ou ponto único do tempo*. (*De Corpore*, XV, 2)

Hobbes acrescenta que o *definidor* não se refere a pontos geometricamente definidos, "pois não há tal coisa na natureza". Refere-se, isto sim, a pontos pequenos demais para serem efetivamente divididos, ou numerosos demais para serem efetivamente numerados.

A concepção hobbesiana de "esforço" é importante no seu sistema e em um sentido mais geral. Usada logo em seguida por Leibniz, foi uma das primeiras pistas que conduziram ao desenvolvimento do cálculo diferencial: o "esforço" é a distância que tende a zero dividida pelo tempo que tende a zero[9].

---

9. Cf. G. C. Robertson, "Leibniz and Hobbes", *Mind.*, 1888.

Desse modo, o corpo, o movimento, o esforço e as leis do movimento são os princípios fundamentais da filosofia primeira. A partir deles, Hobbes desenvolve no *De Corpore* explicações de outras concepções físicas (mudança de lugar, velocidade etc.). Introduz também determinadas concepções matemáticas e lógicas (número, adição, subtração, identidade, entre outras) e determinadas concepções filosóficas (proposição, verdade, causa, sensação etc.). Muitas das concepções filosóficas foram antecipadas nos primeiros capítulos de *A natureza humana*. O restante desta está voltado para a segunda seção do grande sistema hobbesiano, o homem; e o *De Corpore Politico*, para a terceira seção, qual seja, a república.

O grande sistema: HOMEM *e* REPÚBLICA

Tal é a estrutura geral do argumento de Hobbes em *Os elementos da lei*. Primeiro, ele analisa a natureza humana: procura explicar o que realmente é o ser humano natural. Em segundo lugar, interpreta o estado de guerra: como seria a vida se os seres humanos agissem sem restrição alguma, de acordo com o que realmente são. Em terceiro lugar, expõe os preceitos racionais que temos de adotar para evitar a miséria do estado de guerra. Por fim, e principalmente no *De Corpore Politico*, teoriza sobre a república, sobre os meios para fazer cumprir as leis naturais no interior de um corpo político e sobre as influências que tendem à destruição desse corpo, devolvendo seus membros à guerra de todos contra todos.

Em *A natureza humana*, VII, 1-2, Hobbes faz brevíssima referência[10] à distinção convencional entre "movimentos vitais" e "movimentos animais". Os movimentos vitais são os movimentos corporais involuntários, executados como parte do processo de conservação da vida – batimentos cardíacos,

---

10. Cf. *Leviatã*, VI, primeiro parágrafo, e *De Corpore*, XXV, 1-4.

respiração, movimentos intestinais, entre outros. Os movimentos animais são os movimentos voluntários, entre os quais a fala, a alimentação e a maioria dos movimentos de nossos membros. Ora, conforme Hobbes explica, a sensação é causada por um movimento que se efetua no objeto e chega até nós. O corpo movente transmite movimento aos terminais nervosos que se encontram na superfície de um órgão sensorial (pontas dos dedos, retina, tímpano, entre outros). Em seguida, esse movimento é transmitido como *esforço*, através dos nervos, ao cérebro. E mais: "Esse movimento, que não para aí, mas se propaga até o coração, deve inevitavelmente ajudar ou impedir aquele movimento chamado vital." Se ele auxilia os movimentos vitais, ocorre uma sensação de prazer. Se os retarda ou prejudica, ocorre uma sensação de dor. O prazer é um estímulo em direção ao objeto que causa prazer; a dor, um estímulo para afastar-se do objeto. O começo interno de tal movimento é o esforço, que é percebido como desejo ou medo. Os esforços se mostram como movimentos animais em direção ao objeto ou para longe dele, sendo que "todo homem, por sua própria conta, chama de *bem* aquilo que lhe agrada e é deleitável; e de *mal*, aquilo que lhe desagrada" (*A natureza humana*, VII, 3).

A interpretação de Hobbes é mecanicista e – estaríamos inclinados a considerar – simplista. Mas não se trata em absoluto de algo completamente implausível. Que se considere como ela ilustra bem a descrição do que acontece quando alguém toca acidentalmente um fogão quente; ou quando se previne do ataque de uma pessoa ou animal perigoso; ou quando vê um membro particularmente atraente do sexo oposto, ou quando se sente ofendido ao lhe servirem um hambúrguer de soja. Os dois últimos exemplos são particularmente esclarecedores, porque as predileções sexuais e gastronômicas diferem evidentemente entre as pessoas, e é elemento fundamental da tese de Hobbes a ideia de que *todos* os desejos e aversões são desejos e aversões de indivíduos e, portanto, diferem efetivamente ou poderiam em princípio diferir sempre. As coisas que um indivíduo chama de "bem" ou "mal" são relativas a esse indivíduo: "Pois as palavras 'bom', 'mau' e 'desprezível' são sempre usadas em relação à pessoa que as usa. Não há nada que o seja simples e absolutamente, nem há nenhuma regra comum do bem e do mal que possa ser extraída da natureza dos próprios objetos" (*Leviatã*, VI). (Como será mostrado, em *A natureza humana*, XVII, 14, Hobbes admite que uma concepção de "bem" e "mal" é conhecida por "todos os homens pela razão". Mas isso ocorre muito depois, já que não é uma concepção primária do homem.) A consequência de tudo isso é o vínculo da ética pessoal com a psicologia; e da psicologia com a fisiologia; e da fisiologia, por meio de determinada interpretação da percepção sensível, com a física do movimento.

Entre as demais consequências desse raciocínio contam-se duas das mais características contribuições de Hobbes à filosofia. Uma é a sua teoria reducionista da percepção. Outra é a sua ética egoísta. O centro da sua interpretação da percepção situa-se na ideia de que "as concepções ou aparições não são outra coisa senão um movimento em alguma substância interna da cabeça". A afirmação de Hobbes, a meu ver, não é categoricamente confusa e implausível como seria se ele dissesse que "as concepções são *experimentadas* como movimentos internos na cabeça daquele que experimenta". O que ele está dizendo é que uma explicação causal completa da experiência de uma concepção é dada por meio da referência aos movimentos e esforços. Como já foi observado, Hobbes afirma enfaticamente que o universo é corpo e nada além de corpo, que o corpo se move e que o movimento ocorre de acordo com determinadas leis. Daí a conclusão de que a explicação última que podemos dar a qualquer coisa, inclusive às concepções e pensamentos humanos, deve ter por base o corpo e o movimento. Mas esses conceitos não excluem – nem tornam indevidamente problemático – o fato de que você e eu não percebemos nem relatamos esses movimentos, que se manifestam em nós sob a forma de concepções, nos mesmos termos que usamos para explicá-los como movimentos nos corpos.

A teoria da ética parece reduzir as virtudes aparentemente altruístas, entre as quais algumas que são manifestamente

INTRODUÇÃO

cristãs, ao egoísmo ou ao exercício de um oculto interesse próprio. Que se tome como exemplo a definição de piedade em *A natureza humana*, IX, 10, ou a explicação da caridade em IX, 17:

> Há ainda uma outra paixão algumas vezes chamada de amor, e outras, mais apropriadamente, de boa vontade ou *caridade*. Não pode haver argumento mais favorável ao poder[11] de um homem do que se achar capaz de realizar não apenas seus próprios desejos, mas também de ajudar outros homens a realizar os deles; é nisso que consiste a concepção de caridade.

Há em Hobbes muitas considerações desse gênero. É possível entendê-las tanto no sentido de que os homens estão normalmente em busca de seus próprios fins egoístas (quer pareçam agir assim, quer não) quanto no de que, de maneira mais radical, em função da fisiologia mecanicista desvendada por Hobbes em *A natureza humana*, homens e mulheres não podem senão seguir seus próprios estratagemas e desejos em relação a tudo aquilo que aparentam ou alegam fazer. Assim, o ensinamento moral inculca a hipocrisia ou solicita o psicologicamente impossível[12]: "o objetivo de cada homem corresponde a algum bem para si mesmo" (XXIV, 4). Uma imagem das consequências disso para a sociedade – a corrida insana – é oferecida na extensa metáfora que conclui o capítulo IX. Trata-se de um retrato da natureza humana tal como realmente é, segundo Hobbes, e tal como efetivamente se mostraria caso os laços da sociedade se rompessem ou nunca tivessem sido formados. Trata-se também, podemos pensar, de um retrato profético. A vida será uma corrida que, "devemos supor, não tem nenhum outro

---

11. Cf. *A natureza humana*, IV, 1, e especialmente o *Leviatã*, X: "O PODER *de um homem* (universalmente considerado) consiste nos meios de que ele presentemente dispõe para obter qualquer manifesto bem futuro."

12. Uma breve consideração desse realismo moral na literatura da época da Restauração, sobre a qual Hobbes teve influência, pode ser encontrada em B. Willey, *The Seventeenth Century Background* (Londres, 1934).

objetivo, nem nenhum outro galardão, a não ser o de estar à frente". Será uma corrida em que a felicidade é "sobrepujar continuamente quem está logo adiante [...] E abandonar o trajeto é morrer".

Mas o que aconteceria se os seres humanos efetivamente se comportassem sem medo de restrição e de acordo com as paixões naturais que Hobbes expõe? O resultado seria a terrível condição que ele chama de "estado de guerra" ou "estado de natureza", descrita em uma passagem cujas palavras finais são das mais conhecidas na filosofia inglesa:

> Em tal condição não há lugar para o trabalho, pois o seu fruto é incerto; consequentemente, não há cultivo da terra, nem navegação, nem uso das mercadorias que podem ser importadas pelo mar; não há construções confortáveis, nem instrumentos para mover e remover as coisas que precisam de grande força; não há conhecimento da face da Terra, nem cômputo do tempo, nem artes, nem letras; não há sociedade; e, pior que tudo, um medo contínuo e o perigo de morte violenta. E a vida do homem é solitária, miserável, sórdida, brutal e curta. (*Leviatã*, XIII)

Essa descrição lança trevas e sombras sobre a estrutura já estabelecida em *A natureza humana*, XIV, 11: "o estado dos homens nessa liberdade natural é o estado de guerra". Mas, considerando-se a psicologia mecanicista descrita por Hobbes, por que tal liberdade natural necessariamente produz esse resultado horrível? A resposta é dada de forma poderosa e simples em uma única sentença do prefácio ao *De Cive*:

> postulo um princípio que por experiência é conhecido de todos os homens, e por nenhum é negado, a saber, que as disposições naturais dos homens são tais que, a menos que sejam restringidos pelo temor a algum poder coercitivo, todo homem sentirá desconfiança e temor de todos os outros; por direito natural ele poderá, bem como por necessidade deverá, fazer uso da força que possui para preservar a si próprio.

O resultado será a guerra de todos contra todos, que é, de todas as condições, a pior: a mais repleta de dor e de

INTRODUÇÃO

medo da morte e a mais danosa à realização de qualquer de nossas pretensões. E "a razão dita que, para o seu próprio bem, cada um busque a paz" (*A natureza humana*, XIV, 14). Mas como se deve buscar essa paz?

Primeiro, pelo uso da razão – "que pode nos fazer concordar" (não as paixões, que nos põem em conflito) –, identificando-se as condições que devem ser observadas para evitar o estado de guerra. Essas condições são os preceitos da razão que Hobbes chama de "leis naturais" e que apresenta nos capítulos XV-XVII de *A natureza humana*. (Digo *que Hobbes chama* porque elas não têm a importância cósmica ou a origem divina dos conceitos de direito natural dos antigos estoicos ou dos católicos. Elas são apenas *condições*, descobertas à luz da razão natural, para que se evite o estado terrível a que pode chegar o ser humano – a guerra de todos contra todos –, embora sejam incidentalmente confirmadas pela lei de Deus, tal como Hobbes procura mostrar no capítulo XVIII.) Elas "nos mostram os caminhos da paz, onde ela pode ser alcançada, e os meios de defesa, onde a paz não pode ser alcançada". Elas são "ditames da razão natural, e também [...] leis morais, porque [...] concernem aos costumes e à convivência entre os homens".

Em segundo lugar, a paz deve ser buscada por meio da organização e defesa da sociedade civil ou corpo político, o qual tem poder para impor os preceitos racionais a fim de evitar a guerra, quando tais preceitos são contrários às inclinações naturais de um indivíduo:

> Resta, portanto, que o consenso (pelo que entendo a concorrência da vontade de muitos homens com vista a uma única ação) não oferece ainda a segurança suficiente para a paz comum, caso esses homens não erijam algum poder comum, que lhes infunda medo, coagindo-os assim tanto a manter a paz entre si como a juntar suas forças contra um inimigo comum. (*A natureza humana*, XIX, 6)

O poder comum (seja ele o de um monarca ou o de um conselho de homens, como quer que este seja constituído) é o soberano ao qual pelo menos algumas das liberdades naturais que um indivíduo tem são transmitidas pelo pacto, para que obtenha a vantagem de evitar o estado de guerra.

Nesse ponto inicia-se o *De Corpore Politico*, isto é, os dez últimos capítulos de *Os elementos da lei*. Ele explica como uma república é instituída e quais são as variedades de república, tendo em conta as suas possíveis desvantagens. Há uma análise da natureza da rebelião, da autoridade da família e, no capítulo XXV, uma análise do problema do conflito "quando as ordens de Deus e as do homem diferirem". Esses capítulos, na nossa perspectiva, não têm, em termos comparativos, a universalidade e a atemporalidade de *A natureza humana*. Mas são do mais intenso interesse histórico – um produto da prudência de Hobbes, que antevia a iminente guerra civil e fazia prescrições para que ela fosse evitada.

Deus, religião e a punição do senhor Hobbes

Temido pelo poder de seus argumentos e temeroso das consequências que eles lhe poderiam trazer, muito citado (pior: citado erroneamente e injuriado), Hobbes foi submetido a uma torrente de refutações[13] em livros, panfletos e sermões desde o começo da década de 1650, época em que seus escritos tornaram-se amplamente conhecidos, até depois do fim do século XVII. À parte a queixa polêmica de que ele escrevia escandalosamente bem, para alguém tão evidentemente associado ao diabo, três principais acusações lhe foram feitas: que ele subvertia a moralidade, que sancionava a tirania e que era um ateu ou, pelo menos, abria caminho para opiniões ateístas.

A acusação de que Hobbes subvertia a moralidade era derivada daquilo que David Hume caracterizaria posteriormente como a "hipótese do egoísmo" de Hobbes: é psicolo-

---

13. S. J. Mintz, *The Hunting of Leviathan* (Cambridge, 1962), oferece uma interpretação para as críticas dirigidas a Hobbes entre 1650 e 1700.

gicamente impossível a um homem agir voluntariamente contra os seus próprios interesses (decorrendo disso que, seja sob a aparência de egoísmo, seja de altruísmo, todas as ações são na realidade motivadas pelas várias formas de interesse próprio); e as palavras "bem" e "mal", entre outras, são usadas primeiramente para descrever aquilo que combina e aquilo que não combina com os interesses da pessoa que usa essas palavras. (Do que se segue que nenhuma coisa ou ação é boa ou má em si mesma, e que não há uma medida comum de bem e de mal que possa ser extraída da natureza das coisas.) Ambas as premissas da hipótese do egoísmo encontram-se em *Os elementos da lei*, e ambas reaparecem, apenas com uma leve suavização da primeira, no *Leviatã*. A influência delas sobre as interpretações clássicas de Hobbes evidencia-se nas muitas tentativas de reconciliar a moral com o interesse próprio, que são manifestas nas obras de Shaftesbury, Mandeville, Butler, Hutcheson, Hume e outros escritores de filosofia moral da primeira metade do século XVIII. Sua influência mostra-se ainda em quase todos os ensaios de estudantes universitários sobre Hobbes, em que a motivação do interesse próprio é normalmente vista como a única interpretação realista da ação humana. Mas a história completa não equivale tão diretamente à subversão da moralidade como a breve enunciação da hipótese do egoísmo faria parecer.

Em Hobbes, a teoria da moral parte do caráter natural do ser humano que *não* faz parte de um corpo político. Nesse estado, que é o ponto onde a crítica superficial tende a se deter, é fato que "todo homem, por sua própria conta, chama de *bem* aquilo que lhe agrada e é deleitável; e de *mal*, aquilo que lhe desagrada" (VII, 3); e nada é "absolutamente" bom, não havendo assim nenhuma medida comum de bem nem de mal. Mas (XVII, 14; e XX, 10) a medida comum existe quando o corpo político existe. A medida comum é, portanto, a lei do corpo político – a "lei civil", como Hobbes costuma chamá-la. Quando a lei civil está em desacordo com aquilo que um indivíduo quer naturalmente fazer, segundo seu interesse próprio e particular, as instituições que detêm o poder soberano farão cumprir a lei civil por meio do medo e da coerção, conforme for necessário. Assim, o medo faz com que o interesse próprio entre em acordo com a lei. Por que o poder soberano fará cumprir a lei civil? Porque o desejo dessa coerção é a razão fundamental pela qual os homens sempre desistem de "sua liberdade natural" e formam o corpo político. Além disso, a lei civil não é arbitrária em si mesma. Ela é a reta razão universal das leis de natureza – as condições para que se evite o estado de guerra – expressas e interpretadas (para que se evitem ambiguidades e disputas) pela razão particular do poder soberano presente em cada corpo político.

Em um corpo político, nas condições usuais, mas não "naturais", da humanidade, existem leis que não são autorreferentes, a saber, as leis civis. Estas leis são particularizações das leis naturais. E estas, como Hobbes indica, são leis morais, uma vez que regulam a conduta dos homens entre si.

Mas, de imediato, dois problemas se evidenciam. O primeiro versa sobre os fatores que regulam a moral em situações muito pessoais e particulares, ou muito individuais, que não podem ser controladas pelas leis civis. O segundo, o problema político, versa sobre o que ocorre quando o poder soberano impõe leis claramente antagônicas às leis de natureza (daquele tipo identificado por Hobbes nos capítulos XVI e XVII), ou quando ele mesmo age contrariamente às leis de natureza.

Hobbes oferece várias respostas parciais à primeira dificuldade. Segundo um relato preservado por Aubrey, ele teria dado dinheiro a um velho em dificuldades porque "causava-me aflição considerar a condição miserável daquele velho; e agora a minha esmola, dando-lhe algum alívio, também me tranquiliza". Isto quer dizer que, pelo menos algumas vezes, agir de acordo com a própria aversão à dor (em sentido amplo) ou desejo de prazer *inclui* evitar o desconforto de comportar-se maldosamente para com as outras pessoas. Hobbes diz: há um prazer especial em dar prazer aos outros (*A natureza humana*, IX, 15). Ele não desenvolve essa observação, embora ela aponte para uma via percorrida depois por Shafstebury e Hume, a saber: a benevolência, ou a alegria de propiciar alegria aos outros, é uma motivação humana básica paralela ao interesse próprio, e que não se explica fundamentalmente por este último.

Mesmo nos termos da psicologia mecanicista hobbesiana, o que ele diz aqui fornece algum conteúdo para a moralidade privada, embora esse conteúdo não seja exatamente aquilo pelo que, em outras discussões sobre moral, alguém poderia procurar ou esperar. E mais: Hobbes parece sugerir que podemos ir um pouco além. As pessoas, ao contrário dos animais (XIX, 7), possuem uma concepção do certo e do errado distinta da concepção do prazer e da dor. Tal concepção deriva de nosso reconhecimento racional (não psicológico) das condições necessárias para que se viva em paz, isto é, do nosso reconhecimento das leis de natureza. Mas se as leis de natureza também são – como Hobbes se põe ansiosamente a mostrar – as leis de Deus, então a concepção racional do certo e do errado combina, para sancionar a moralidade privada, com qualquer motivação (por exemplo, a esperança de salvação) proporcionada pela fé em Deus. Isso parece ser uma excelente solução para o problema da moralidade privada. Mas Hobbes é extremamente cuidadoso com isso, dada a sua intensa experiência pessoal – confirmada por outros durante toda a era cristã – de que, se a minha fé em Deus não for regulada para não se opor à sua fé em Deus, a religião promoverá mais a guerra civil que a moralidade privada.

O problema político, que ocorre quando o poder soberano age de forma contrária às leis naturais, conduz diretamente à acusação de que Hobbes defende a tirania. Trata-se, em geral, de uma acusação fundamentada. Ele formulou uma teoria do Estado tão conservadora que poderia ser usada para defender praticamente qualquer tirania – contanto que a tirania seja eficiente para manter a paz interna e resistir contra os inimigos externos; e tão ampla que poderia justificar a submissão a qualquer forma de governo seguramente estabelecido. No seu contexto histórico, *Os elementos da lei* justificou a monarquia (pela qual Hobbes tinha claramente uma forte preferência pessoal) e defendeu a soberania do rei e o seu pretenso poder legislador diante das guerras civis. Mas tal defesa consistia simplesmente na alegação de que a monarquia era mais estável e confiável que as diversas alternativas democráticas, e não invocava o direito divino dos reis, que era o argumento predileto dos partidários do poder régio. No fim das guerras civis, os argumentos hobbesianos justificaram a submissão ao governo de Cromwell. É claro que, em situação de incerteza política, uma filosofia política como essa tornou suspeito o seu autor. Era como se, em um contexto moderno, a interpretação que Hobbes estabelece para a república tivesse sido usada pelos habitantes das ilhas no Canal da Mancha, durante a Segunda Guerra Mundial, para justificar uma aliança inicial com a Coroa britânica e, depois, a cooperação com os invasores que se tornaram o poder soberano *de facto* em 1940. (Este caso é explicitamente tratado no *De Corpore Politico*, XXI, 15.)

O grau da aquiescência que uma pessoa pode conceder *de facto* à soberania depende – caso Hobbes esteja certo – da avaliação da temeridade da alternativa, isto é, do estado de guerra. Conforme ele estabelece (*De Corpore Politico*, XXIV, 1): "O benefício é [...] a paz e a preservação de cada homem particular, não sendo possível haver um benefício maior." De fato, o estado de guerra (por exemplo, na Somália, no Sudão e na Iugoslávia durante a década de 1990) pode ser tão terrível que nenhuma tirania conseguiria ser pior. Mas em outras situações o resultado incerto dos acontecimentos humanos pode fazer que tal avaliação se assemelhe à deslealdade ou mesmo à traição. Além disso, temos a incômoda sensação de que algumas tiranias foram realmente piores que o estado de guerra, fato que Hobbes não leva em conta. Assim, ele atraiu para si a hostilidade tanto dos partidários do poder régio, que queriam uma defesa firme da monarquia, quanto dos que queriam (e em 1688 conseguiram) a restrição constitucional do poder do rei.

Mas o suposto ateísmo de Hobbes era pior que sua política. Na Europa do século XVII, ser acusado de ateísmo era um problema muito grave. O epíteto "ateísta" era profundamente ofensivo. Era uma acusação que provocava hostilidade e acarretava uma variedade de penas jurídicas profundamente desagradáveis. Hobbes negou vigorosamente tanto o fato de ser um ateu quanto o de que suas publicações comportassem alguma implicação nesse sentido. É impossível estabelecer de modo seguro a verdade sobre suas crenças religiosas pessoais. As implicações daquilo que ele publicou não podem, entretanto, ser avaliadas a partir das suas opiniões privadas; e embora determinada leitura (chamemo-la de leitura A) pudesse confirmar o compromisso de uma pessoa instruída – compromisso esse inexpressivo e mínimo – com os dogmas cristãos, outra leitura (leitura B), se não acarreta um ateísmo total, suscita, certamente, problemas muito sérios para a religião convencional.

Leitura A
Em primeiro lugar, o conhecimento que Hobbes tem da Bíblia é evidentemente magistral em relação a qualquer padrão moderno. Como um evangelizador erudito que prega de porta em porta, ele é capaz de justificar praticamente qualquer posição que pretenda defender por meio de citações bíblicas elaboradas, exaustivas e aparentemente sinceras. Tal processo pode ser constatado em *Os elementos da lei*, XVIII, XXV e XXVI. E um exame mais atento nos mostra que ele emprega o mesmo processo para afirmar os elementos essenciais do cristianismo. Deus existe, pois todo efeito implica uma causa até chegarmos "à primeira de todas as causas" (XI, 2). O artigo de fé fundamental e necessário para a salvação é que "Jesus é o Messias, isto é, o Cristo", e tudo o que decorre disso. Mas mesmo a leitura A sugere apenas um compromisso mínimo com a religião. Sim, as conclusões filosóficas devem concordar com *alguma* versão das Sagradas Escrituras; mas isso, talvez, por ser essa a única maneira pela qual podem se tornar aceitáveis para os leitores de Hobbes. Sim, existe uma exigência fundamental para a salvação,

mas o resto é mera "superestrutura" (XXV) e pode ser determinado por "aqueles que têm autoridade soberana" (XXVI, 11). Sim, todo homem deve agir de acordo com sua consciência (isto é, de acordo com sua "opinião da evidência", VI, 8) quando é livre para agir assim; mas é só "quando as leis deixam-no entregue à sua própria liberdade, *e apenas neste caso*", que "tudo o que ele faz contra a sua consciência privada é pecado" (XXV, 12; grifo meu). Sim, a religião tem grande importância para os assuntos humanos: é o tema principal da terceira parte do *De Cive* e da última parte do *Leviatã*. Mas em todas essas obras Hobbes deixa a impressão de que a religião é importante, não tanto por ser o único caminho verdadeiro para a salvação e a vida eterna, mas sim porque, quando assume um papel maior do que uma mísera função restritiva dentro dos limites da lei civil, ela é na verdade uma ameaça à paz e à ordem da sociedade. Liberta das restrições da lei civil e deixada ao sabor das interpretações conflitantes, a religião recoloca o corpo político no caminho do estado de guerra – caminho esse demonstrado vivamente pelos cristãos contemporâneos de Hobbes e, talvez, não inteiramente desprovido de exemplos em tempos mais recentes, em que a religião divide comunidades e enseja conflitos.

Leitura B
À parte a impressão de que Hobbes se esforça para defender uma espécie de religião que seria aceitável para os verdadeiros crentes sem ameaçar a existência do corpo político, é manifesto no *Leviatã*, e já evidente em *Os elementos da lei*, que o seu posicionamento filosófico e científico fundamental ajusta-se muito mal à fé religiosa. Seu realismo monista (cf. acima, p. XXIX) parece excluir toda a conversa costumeira sobre Deus e a imortalidade da alma. Tal leitura necessita de explicação.

De acordo com Hobbes, sabemos que Deus existe porque "a primeira de todas as causas" é necessária (XI, 2), e, no *Leviatã*, XII, porque "é necessário que haja [...] um Primeiro Motor. Isto é, uma causa primeira e eterna de todas as coisas, que é o que os homens significam com o nome de *Deus*". Embora os homens possam *designar* isto pela palavra "Deus", Hobbes parece destruir em outras passagens a própria possibilidade de um *argumento* a favor do Primeiro Motor: "e não se pode entender que o movimento tenha outra causa além do próprio movimento" (*De Corpore*, VI, 5). Com isso, ele mesmo se faz vulnerável à acusação de ateísmo estratoniano – a opinião de que o mundo natural (segundo Hobbes, o único que existe) contém dentro de si as razões pelas quais as coisas são como são. Não há nenhum desígnio criador "externo". E, o que é pior, esse "Deus" que *designa* para os homens o "Primeiro Motor" é incompreensível:

> Apesar de atribuirmos a Deus Todo-Poderoso os atos de ver, ouvir, falar, conhecer, amar e outros semelhantes, que são nomes pelos quais entendemos algo a respeito dos homens a quem os atribuímos, não entendemos, por meio desses nomes, nada a respeito da natureza de Deus. (XI, 3)

Além do mais, o realismo monista exclui a hipótese de que esse incompreensível Primeiro Motor seja um espírito sobrenatural. *Nada* pode ser sobrenatural. Desse modo, o "espírito" deve ser entendido, surpreendentemente, como "um corpo natural, de uma sutileza tal que não age sobre as sensações, mas preenche o lugar que a imagem de um corpo visível poderia preencher" (XI, 4). E "embora a Escritura admita os espíritos, em nenhum lugar dela, porém, está dito que eles são incorpóreos, entendendo por isso a ausência de dimensões e quantidade" (XI, 5).

Isso implica uma teologia muito heterodoxa. Pois, por um lado, ela torna completamente impossível a existência de um Deus criador que não é imanente em nenhuma parte do universo físico. E, por outro, incita indagações pseudocientíficas a respeito de Deus como uma fugidia entidade natural. Mas, mais radicalmente, dentro dos termos usuais de referência do realismo monista, "não ter nenhum efeito sobre a sensação" equivale a "não existir". É difícil para Hobbes desconsiderar essas implicações, tendo em conta sua declaração (em *De Corpore*, I, 8) de que a filosofia exclui a teologia. Em toda a história cristã, a filosofia nunca excluiu a teologia. Enfrenta-se uma dificuldade semelhante com a imortalidade. O esquema conceitual dentro do qual a imortalidade é usualmente tratada entende o indivíduo humano como corpo *e* alma, sendo esta última uma entidade não natural e não corporal dotada da potencialidade de sobreviver à morte corporal. Mas o realismo monista de Hobbes, como fizera com a questão de Deus, permite entender tão somente que essa "alma" é algum tipo de corpo natural insensível e não detectável. Esse tema está apenas indicado em *Os elementos da lei*, mas é cabalmente examinado no *Leviatã*, XXXVIII, de um modo inteiramente consoante com o primeiro. O capítulo demonstra em detalhes que as Escrituras mostram que "a salvação será na terra, quando Deus reinar", mas

> Que a alma do homem seja eterna pela sua própria natureza, e uma criatura viva independente do corpo; ou que qualquer simples homem seja mortal sem ser pela ressurreição no último dia [...] é uma doutrina que não é manifesta nas Escrituras.

Provavelmente, é justo[14] afirmar que a ressurreição no último dia era suficientemente remota e condicional para ser admitida com segurança no esquema estabelecido por Hobbes. Mas o primeiro parágrafo do capítulo oferece uma razão bastante esclarecedora pela qual, à parte a coerência com o seu realismo monista, é tão importante que o castigo infernal e o céu estejam mais afastados dos assuntos humanos do que o cristianismo admitia:

> Dado que a preservação da sociedade civil depende da justiça, e que a justiça depende do poder de vida e de morte, assim como de outras recompensas maiores e castigos menores, que competem aos detentores da soberania da república,

---

14. Cf. Willey, *The Seventeenth Century Background*, 98.

é impossível a uma república subsistir se qualquer outro, que não o soberano, tiver o poder de dar recompensas maiores que a vida. Ora, sendo a *vida eterna* uma recompensa maior que a *vida presente*, e sendo o *tormento eterno* um castigo maior que a *morte natural*, o significado que têm nas Sagradas Escrituras as expressões *vida eterna* e *tormento eterno* é coisa que merece o exame de todos os que desejam (pela obediência à autoridade) evitar as calamidades da confusão e da guerra civil. (*Leviatã*, XXXVIII; e cf. *Os elementos da lei*, XXVI, 10, frase final).

A preocupação primeira de Hobbes, ao tratar da imortalidade da alma, é com os caminhos da paz civil e as formas de evitar os males do estado de guerra aqui na terra. Se a imortalidade ameaça a paz, então é a nossa opinião sobre a imortalidade que deve ser modificada.

Assim, como conclusão, embora Hobbes pudesse certamente asseverar que as suas obras não acarretam o ateísmo, está claro que a sua preocupação primeira não é a de glorificar Deus nem promover o Seu reino aqui na terra, ou de tornar intensa e urgente a preocupação do homem com aquilo que necessita fazer para assegurar a sua salvação eterna. A preocupação fundamental de Hobbes é dar à religião uma base e um conteúdo jurídicos, cujo objetivo *primeiro* é a paz da sociedade. No desdobramento de sua leitura, Hobbes dá à religião uma interpretação que é ao mesmo tempo plausivelmente bíblica, contrária à tradição cristã, possivelmente incrédula e primordialmente voltada para a concordância com o realismo monista das novas ciências.

Se perguntássemos ao próprio Hobbes como ele vê a religião e a fé em Deus, não conseguiríamos obter uma resposta exata. Ele repeliu a tentativa de Mersenne de administrar os últimos sacramentos de acordo com o rito romano em 1647, quando se acreditava que estava morrendo. Aceitou-os então de acordo com o rito inglês. Há ampla evidência de que, durante toda a sua longa vida, ele achou a perspectiva da morte particularmente abominável (cf., por exemplo, *Os elementos da lei*, XIV, 6). Mas não temos como saber se amava a vida a ponto de odiar a possibilidade do esquecimento, se tinha medo do processo da morte ou se estava apreensivo quanto ao resultado da morte nas mãos do Senhor Deus. De maneira mais significativa, ele tendia, particularmente no *Leviatã*, a fazer comentários excepcionalmente mordazes sobre a religião. Um comentário famoso, aparentemente gratuito, surge de maneira repentina no *Leviatã*, VI: "O *medo* dos poderes invisíveis, inventados pelo espírito ou imaginados com base em histórias publicamente permitidas, chama-se *religião*; quando essas histórias não são permitidas, chama-se *superstição*"; e, novamente, no capítulo XXXII do *Leviatã*, Hobbes observa:

> Pois com os mistérios de nossa religião se passa o mesmo que com as pílulas salutares para os doentes, que quando são engolidas inteiras têm a virtude de curar, mas quando mastigadas voltam na sua maior parte a ser vomitadas sem nenhum efeito.

Esses e outros comentários parecem vir do coração. Do contrário, seria difícil entender por que Hobbes se dá ao luxo de proferi-los por sua própria conta e risco. Pode ser que o verdadeiro Hobbes se mostre inadvertidamente no *Leviatã*, XLIV, quando fala de "fantasmas do cérebro, sem nenhuma natureza real própria, distinta da fantasia humana: tais são os fantasmas dos mortos, as fadas e outros personagens de histórias de velhas". É certo que Hobbes não era um homem cuja temperatura espiritual estava constantemente alta ou que atingisse rapidamente o ponto de ebulição em defesa da religião. Ele via a destruição e as lutas que a religião causava como coisas mais reais que a salvação e a alegria que poderia remotamente prometer para o último dia. Isso não quer dizer que Hobbes era um ateu – mas apenas que ele foi um precursor do mundo secular moderno, que dá prioridade aos assuntos humanos.

Na sua primeira publicação – a tradução de Tucídides –, no ensaio introdutório, Hobbes fala de Anaxágoras em termos que bem poderiam aplicar-se a ele mesmo (excluída,

INTRODUÇÃO

misericordiosamente, a última oração): "Anaxágoras: cujas opiniões, ultrapassando em força a apreensão do vulgo, granjearam-lhe a reputação de ateu; nome esse que o vulgo atribuía a quantos não partilhavam de suas ideias sobre sua ridícula religião, e que no fim lhe custou a vida." Hobbes viveu sossegado porque tinha amigos que ocupavam altos cargos; porque causava extraordinária afeição em todos aqueles que o conheciam, a despeito do que pensavam sobre sua filosofia; e porque a moda de queimar os oponentes do cristianismo estava em declínio.

Por fim, suspeito que o índice de aprovação de Hobbes seja diretamente proporcional à violência civil dos tempos em que seus leitores vivem. Assim, na violência do século XVII, James Harrington considerava-o "hoje, o melhor escritor no mundo inteiro". Na paz complacente de meados do século XVIII, David Hume observou que "ele é muito negligenciado". Na paz *civil* da primeira metade do século XX, Bertrand Russell admitiu que "ele ainda é digno de ser refutado". Mas ontem (ou terá sido amanhã?), ouvi um cidadão do Afeganistão (ou terá sido da Iugoslávia, ou de algum outro lugar?) dizendo: "Antes a paz sob a tirania que a carnificina sob a democracia" – e *isso* é puro Hobbes.

OS ELEMENTOS DA LEI COMPARADO COM OS TEMAS DE OUTRAS OBRAS DE HOBBES

Já deixamos claro que *A natureza humana* e *De Corpore Politico*, que correspondem às duas partes de *Os elementos da lei*, foram as declarações sistemáticas mais antigas que Hobbes fez a respeito daquilo que, em 1647, definiu como a segunda e a terceira seções de seu Grande Sistema. Mas as ideias apresentadas inicialmente em *Os elementos da lei* não foram abandonadas em suas afirmações posteriores. Elas reaparecem e são desenvolvidas ou modificadas no *De Cive* (1642), *Leviatã* (1651), *De Corpore* (1655) e, em menor medida, no *De Homine* (1658).

Em termos gerais, os capítulos II a XIII de *A natureza humana* são transformados nos capítulos I a XII do *Leviatã*, e alguns dos capítulos iniciais sobre tópicos filosóficos gerais são novamente considerados em algumas partes do *De Corpore*. Os capítulos XIV a XIX de *A natureza humana* e a maior parte do *De Corpore Politico* são retrabalhados tanto nos capítulos I a XIV do *De Cive* quanto no *Leviatã* – neste, principalmente nos capítulos XIII a XIX. Algumas sobreposições mais específicas entre os temas de *Os elementos da lei* e outras importantes obras filosóficas de Hobbes podem ser vistas no Quadro de Temas das pp. LIII-LV. Os algarismos romanos referem-se aos capítulos, e os arábicos, aos parágrafos ou seções dos capítulos. Note-se, porém, que em suas obras posteriores Hobbes não está meramente reciclando o fraseado de *Os elementos da lei*. Raramente cita suas próprias obras. O que ali se encontra, na verdade, são temas semelhantes, reformulados e desenvolvidos à luz de determinadas premências históricas e intelectuais. O *De Homine* não consta no quadro comparativo, haja vista que seus temas (muito voltados para óptica e fisiologia) acrescentam muito pouco à psicologia que Hobbes expôs de modo mais completo em *A natureza humana*, dezoito anos antes.

	Os elementos da lei MS em inglês, 1640 Inglês, 1650 (Londres)	De Cive Latim, 1642 (Paris) Inglês, 1651 (Londres)	Leviatã Inglês, 1651 (Londres) Latim, 1668 (Amsterdam)	De Corpore Latim, 1655 (Londres) Inglês, 1656 (Londres)
A natureza humana				
I	Prefácio, introdução	—	—	—
II	Percepção sensorial	—	I	XXV. 1-6
III	Imaginação, sonhos	—	II	XXV. 7-11
IV	Pensamento, experiência, expectativa do futuro	—	III	—
V	Palavras, nomes, linguagem	—	IV	II
VI	Conhecimento, evidência, crença, ciência	—	V	parágrafos diversos
VII	Amor, aversão, dor etc.	—	VI (parte inicial)	XV. 2
VIII	Poder, honra, reverência	—	VIII, IX (alguns trechos) XI (parte final)	XXV. 12
IX	As paixões	—	VIII (alguns trechos)	—
X	Inteligência e loucura	—		—

	Os elementos da lei MS em inglês, 1640 Inglês, 1650 (Londres)	De Cive Latim, 1642 (Paris) Inglês, 1651 (Londres)	Leviatã Inglês, 1651 (Londres) Latim, 1668 (Amsterdam)	De Corpore Latim, 1655 (Londres) Inglês, 1656 (Londres)
XI	Deus e os espíritos	XV. 14	XI (parte final) XXXI (meio)	—
XII	A vontade etc.	—	VI (meio)	X (tópicos filosóficos relacionados)
XIII	Consentimento, persuasão etc.	—	parágrafos diversos	—
XIV	Estado de natureza etc.	I	XIII	—
XV	Transferência de direitos, pactos e juramentos	II	XIV	—
XVI	Leis de natureza	III	XV	—
XVII	Outras leis de natureza	III	XV	—
XVIII	Leis de natureza como leis divinas	IV	Nenhum capítulo específico	—
XIX	As causas de um corpo político	V	XVII	—

Os elementos da lei MS em inglês, 1640 Inglês, 1650 (Londres)		De Cive Latim, 1642 (Paris) Inglês, 1651 (Londres)	Leviatã Inglês, 1651 (Londres) Latim, 1668 (Amsterdam)	De Corpore Latim, 1655 (Londres) Inglês, 1656 (Londres)
De Corpore Político				
XX	Requisitos de uma república	VI	XVIII	—
XXI	Três tipos de república	VII	XIX	—
XXII	Senhores e servos	VIII	XX	—
XXIII	O poder nas famílias	IX	XX	—
XXIV	Desvantagens dos tipos de governo	X, XII (alguns trechos)	XIX (alguns trechos)	—
XXV	Religião e juízo privado	XV (alguns trechos)	XX (alguns trechos) XLIII (alguns trechos)	—
XXVI	Autoridade na religião	XVI. 13, 16	—	—
XXVII	Causas da rebelião	XII	XVII (alguns trechos) XXIX (alguns trechos)	—
XXVIII	Deveres do poder soberano	XIII	XXX	—
XXIX	Tipos de leis	XIV	XXVI	—

NOTA SOBRE OS TEXTOS

Os elementos da lei

Os originais aqui utilizados são, com algumas correções, aqueles estabelecidos por Ferdinand Tönnies em 1889. Tönnies deixou indicado em seu prefácio que os fatos que cercaram a publicação das primeiras edições impressas de *Os elementos da lei natural e política* impediram que tais edições fossem supervisionadas por Hobbes, de modo que elas contêm vários erros. A obra completa tinha sido escrita antes de maio de 1640, mas de início foi "publicada" somente no sentido antigo, ou seja, posta para circular entre amigos em cópias manuscritas. Em 1650, tendo saído da Inglaterra durante a Guerra Civil, Hobbes ainda estava em Paris. Naquele ano, com ou sem a sua autorização, mas certamente sem a sua supervisão, foram publicados dois livros separados a partir de um manuscrito de *Os elementos da lei*.

O primeiro a ser publicado tinha o título completo de *A natureza humana: ou Os elementos fundamentais da política. Tratando de uma descoberta das faculdades, atos e paixões da alma do homem, a partir de suas causas originais; de acordo com princípios filosóficos que não são comumente conhecidos ou afirmados.* Ele teve duas impressões em 1650 (no começo e no fim desse ano) e trazia os treze primeiros capítulos da primeira parte de *Os elementos da lei*.

O segundo foi *De Corpore Politico: ou Os elementos da lei moral e política. Contendo dissertações sobre tópicos mo-*

rais, tais como a lei de natureza, os pactos e convenções, os vários tipos de governo, suas mudanças e revoluções. Esse volume veio a público em meados de 1650. Uma segunda edição (impressa duas vezes) apareceu em 1652. Ambas as edições contêm os capítulos XIV-XIX da primeira parte, juntamente com os dez capítulos da segunda parte (XX-XXIX desta presente edição).

A única outra publicação registrada de *A natureza humana* e *De Corpore Politico* no século XVII foi um volume composto, uma assim chamada "terceira edição", publicada em 1684 sob o título bastante confuso de *Examinação em três partes*: a "terceira parte" era um dos ensaios de Hobbes sobre a necessidade, que não tinha nenhuma conexão filosófica significativa com nenhuma das outras supostas partes. Esse volume, junto com o esplêndido volume in-fólio das obras morais e políticas de Hobbes, publicado em Londres em 1750, mais o volume IV da edição *The English Works of Thomas Hobbes* [*Obras em inglês de Thomas Hobbes*] (1840) organizada por Sir William Molesworth, todos eles tratam *A natureza humana* e *De Corpore Politico* como obras relacionadas mas separadas, e nenhum deles faz referência aos manuscritos que sobreviveram.

Tal referência foi finalmente feita por Tönnies em 1889. Estabeleceu-se sem sombra de dúvida que as duas obras publicadas separadamente eram partes consecutivas de uma única e mesma obra, e a redação daquelas edições impressas, criada para separar as obras, não estava no manuscrito de Hobbes. Ao preparar sua edição, Tönnies corrigiu o texto previamente impresso de acordo com a sua leitura dos manuscritos. O resultado desse trabalho foi certamente um amplo melhoramento – tudo aquilo que o filósofo ou o leitor em geral poderiam normalmente desejar. Mas não é perfeito. É quase impossível, por exemplo, reconstruir a partir das diferentes leituras (não reproduzidas neste presente volume) qualquer dos manuscritos, ou compreender por que se deve preferir uma leitura à outra. Mas, mais importante, Tönnies adotou uma atitude um tanto arbitrária em relação às pontuações feitas por Hobbes. Um exame completo dessas questões terá de esperar a publicação da nova edição crítica da Oxford University Press. Quanto ao presente texto, tive a oportunidade de restaurar (silenciosamente) algumas das pontuações feitas por Hobbes em passagens do manuscrito onde a sua intenção é clara. Sem nenhuma razão aparente, Tönnies fez um trabalho particularmente ruim – mesmo no que diz respeito à redação – na epístola dedicatória de Hobbes. Agora, ela pode ser lida tal como Hobbes a escreveu. Tönnies também tomou a decisão, correta a meu ver, de modernizar a ortografia e modificar o uso de letras maiúsculas. Tal modernização pode até remover alguns aspectos pitorescos e o sabor da época, mas facilita a atenção ao que é mais importante sem modificar o sentido – coisa que não podemos afirmar da pontuação revisada.

De Corpore

A versão inglesa do *De Corpore* (*Elementos de filosofia, a primeira seção concernente ao corpo*) foi publicada em 1656 e nunca mais foi impressa durante a vida de Hobbes. Trata-se de uma obra de interesse para a história da ciência e importante na filosofia geral de Hobbes. No fólio de 1750 ele não foi reimpresso e, desde a edição de Molesworth, de 1840, tem sido praticamente impossível de obter. Os capítulos aqui reproduzidos são da edição de William Molesworth.

BIBLIOGRAFIA SELECIONADA

Um grande número de livros foi escrito sobre Hobbes nos últimos cem anos. Nenhum deles substitui uma leitura cuidadosa de sua magnífica prosa e de seus argumentos densamente construídos. Uns poucos o sobrecarregam com tantas análises e interpretações idiossincráticas que praticamente fazem perder de vista a força e a urgência apaixonada dos textos originais. Por outro lado, alguns são imensamente úteis.

A melhor interpretação geral de sua vida e obras ainda é *Hobbes*, de G. Groom Robertson (Edimburgo, 1886), seguida do *Hobbes,* de Leslie Stephens (Londres, 1904), de agradável leitura. Entre os trabalhos mais recentes, são excelentes introduções o *Hobbes: Morals and Politics* [Hobbes: moral e política], de D. D. Raphael (Londres, 1977), e *Hobbes*, de R. Tuck (Oxford, 1989). O primeiro apresenta um resumo importante e útil a respeito das principais obras sobre Hobbes, no capítulo das "Interpretações". Quatro livros que falam sobre todos esses assuntos, mas com maiores detalhes, são: *Hobbes*, de Richard Peters (Harmondsworth, 1956), *Hobbes's System of Ideas* [O sistema de ideias de Hobbes], de J. W. N. Watkins (Londres, 1965), *The Anatomy of Leviathan* [Anatomia de Leviatã], de F. S. McNeilly (Londres, 1968), e *Hobbes*, de T. Sorel (Londres, 1986).

Uma influente interpretação de sua filosofia política é *The Political Philosophy of Hobbes* [A filosofia política de Hobbes], de Leo Strauss (Oxford, 1936). Uma visão estimulante de Hobbes, embora diferente, pode ser encontrada em

The Political Theory of Possessive Individualism [A teoria política do individualismo possessivo], de C. B. Macpherson (Oxford, 1962), 1-107.

Sobre a obra científica de Hobbes e sua filosofia da ciência, a obra essencial é de F. Brandt, *Thomas Hobbes's Mechanical Conception of Nature* [A concepção mecânica de natureza de Thomas Hobbes] (Copenhague, 1928, trad. ingl., Londres, mesmo ano).

A sua filosofia da religião encontra-se mal servida de publicações, mas *Hobbes Studies* [Estudos de Hobbes], org. K. C. Brown (Oxford, 1965), contém um ensaio de W. B. Glover e uma série de outras contribuições interessantes atinentes a uma variedade de tópicos e interpretações. *The Two Gods of Leviathan*, de A. P. Martinich (Cambridge, 1992), apresenta uma interessante interpretação de Hobbes, tomando-o como um religioso conservador.

As obras escritas por Hobbes, conforme observei em meu prefácio, são, com exceção do *Leviatã*, difíceis de encontrar em edições populares. O conjunto-padrão continua sendo *The English Works of Thomas Hobbes*, org. Sir William Molesworth (11 vols.; Londres, 1839), junto com a sua edição das obras em latim (5 vols.; Londres, 1845).

CRONOLOGIA

1588 Thomas Hobbes nasce no condado de Wiltshire, perto de Malmesbury, em 5 de abril, uma sexta-feira santa. Segundo Aubrey, "sua mãe entrou em trabalho de parto por temor da invasão dos espanhóis".

1592-1602 Recebe instrução de alto padrão em grego e latim nas escolas locais.

1602-08 Magdalen Hall, Oxford. Recebe o título de bacharel em fevereiro de 1608. Antipatia pelos aristotélicos de Oxford.

1608-28 Admitido por Sir William Cavendish (nomeado primeiro conde de Devonshire em 1618) na condição de tutor do filho deste e, posteriormente, como primeiro secretário do próprio conde.

1610-15[?] Primeira visita de Hobbes à Europa continental.

1621-26 Dialoga com Francis Bacon (precursor da tradição filosófica dos empiristas britânicos).

1629 Publica sua tradução da *História da Guerra do Peloponeso*, de Tucídides.
Deixa de prestar serviços à família Cavendish, como resultado das economias que fez depois da morte do segundo conde.

1629-30 Segunda visita de Hobbes à Europa continental, na qualidade de tutor viajante do filho de Sir Gervas Clifton. É possível que, nesse período, Hobbes

	tenha se interessado pelos métodos de prova e dedução da geometria euclidiana e tomado aguda consciência da importância da questão "o que é a sensação?".
1630	Readmitido pela família Cavendish, com a qual manteve vínculos até o fim de sua vida. Data mais antiga em que pode ser situada a composição das teses em latim que relacionam a sensação à variedade de movimento (data máxima: 1637).
1634-37	Terceira visita de Hobbes à Europa continental: conhece Marin Mersenne (clérigo e patrono do novo saber na França; por intermédio de Mersenne, Hobbes apresentou, posteriormente, suas objeções às *Meditações* de Descartes, antes de serem publicadas); torna-se amigo de Gassendi, apologista de uma interpretação atomista da natureza nos moldes epicuristas; conhece e aprecia Galileu e outros.
1640	"Meu pequeno tratado em inglês", isto é, *Os elementos da lei natural e política* (contendo *A natureza humana* e *De Corpore Politico*), escrito e amplamente difundido entre amigos em cópias manuscritas.
1640-51	Reside na França, para onde fugiu no fim de 1640, prevendo a guerra civil na Inglaterra e receoso dos perigos para si mesmo que podiam ser acarretados por suas doutrinas, tais como expressas no "pequeno tratado".
1642	*De Cive* (uma versão ampliada do *De Corpore Politico*) publicado em latim em Paris.
1645-46	Primeiro diálogo com Bramhall, bispo de Derry, concernente à liberdade e à necessidade.
1646-47	Tutor do futuro rei Carlos II, então refugiado em Paris.
1647	Gravemente doente: recebe os últimos sacramentos do futuro bispo de Durham, conforme o rito da Igreja da Inglaterra.

1647-50	*Leviatã* é escrito na França.
1648	Encontra Descartes em Paris. Mersenne morre e Hobbes começa a se sentir inseguro em Paris por causa de sua hostilidade para com a Igreja Católica.
1650	*A natureza humana* e *De Corpore Politico* são publicados e impressos em Londres, possivelmente sem a autorização de Hobbes.
1651	Publicação da versão inglesa do *De Cive* em Londres (março?).
	Publicação do *Leviatã* (maio?).
1652	Hobbes volta para a Inglaterra.
1654-63	Publicação com acréscimos da controvérsia com o bispo Bramhall, concernente à liberdade e à necessidade.
1655	Publicação do *De Corpore* em latim.
1656	Publicação do *De Corpore* em inglês (não confundir com o *De Corpore Politico*, segunda parte de *Os elementos da lei*).
1656-78	Publicada a controvérsia com os matemáticos de Oxford (Seth Ward e John Wallis) concernente à afirmação de Hobbes, no cap. XX do *De Corpore*, de que ele havia determinado a "quadratura do círculo". Hobbes evidentemente foi derrotado.
1658	Publicação do *De Homine* em latim. (Obra original, que repete algumas ideias de *A natureza humana*, embora não seja uma versão desta, incluindo também vasto material novo sobre óptica.)
1660	Hobbes é favorecido por Carlos II após a Restauração, acolhido na corte e passa a receber uma pensão (paga às vezes).
1666	A Câmara dos Comuns, preparando um projeto de lei contra o ateísmo, busca obter informações sobre "o *Leviatã* do sr. Hobbes". Aubrey relata que, nessa época, "alguns dos bispos mobilizaram-se para ter o bom e velho camareiro queimado por heresia".

	Escreve o *Diálogo entre um filósofo e um jurista*, estimulado por Aubrey. Publicado em 1881.
1668	Escreve *Behemoth* (uma história das Guerras Civis, 1640-60), mas, a pedido do rei, não o publica.
1673	Publicação da tradução da *Odisseia* para o inglês: "Não tinha mais nada para fazer."
1675-79	Em Chatsworth e em Hardwick Hall, em uma espécie de semiaposentadoria, sob a proteção da família Cavendish.
1676	Tradução da *Ilíada* acrescentada a uma nova edição da *Odisseia*.
1679	Thomas Hobbes morre em Harwick Hall, em 4 de dezembro, e é enterrado na igreja paroquial de Ault Hucknall. Publicação do *Behemoth*.

OS ELEMENTOS DA LEI NATURAL E POLÍTICA

CAPÍTULOS E SUMÁRIO

PARTE I — A NATUREZA HUMANA

I. A divisão geral das faculdades naturais do homem 3
    1-3. Prefácio 3
    4. A natureza do homem 4
    5. Divisão de suas faculdades 4
    6. Faculdades do corpo 4
    7. Faculdades da mente 4
    8. Poder cognitivo, concepções e imagens da mente 4

II. A causa da sensação 5
    2. Definição de sensação 5
    4. Quatro proposições concernentes à natureza das concepções 5
    5. A prova da primeira 6
    6. A prova da segunda 7
    7, 8. A prova da terceira 7
    9. A prova da quarta 8
    10. O principal engano da sensação 9

III. Da imaginação e dos seus tipos 9
    1. Definição de imaginação 9
    2. Definição de sono e de sonhos 10
    3. Causas dos sonhos 10

4. Definição de ficção 11
 5. Definição de fantasmas 12
 6. Definição de recordação 12
 7. No que consiste a recordação 12
 8. Por que num sonho um homem nunca pensa que está sonhando 13
 9. Por que poucas coisas parecem estranhas nos sonhos 13
 10. Um sonho pode ser tomado como realidade e visão 14

IV. Dos vários tipos de digressão da mente 14
 1. A digressão 14
 2. A causa da coerência dos pensamentos . 14
 3. Deambulação 15
 4. Sagacidade 15
 5. Reminiscência 15
 6. Experiência 15
 7. A expectativa ou conjectura do futuro . . 16
 8. Conjectura do passado 16
 9. Sinais 16
 10. Prudência 17
 11. Advertência quanto às conclusões a partir da experiência 17

V. Dos nomes, do raciocínio e do discurso da língua 18
 1. Das marcas 18
 2. Nomes ou denominações 19
 3. Nomes positivos e privativos 19
 4. A vantagem dos nomes nos torna capazes de ciência 19
 5. Nomes universais e singulares 19
 6. Os universais não estão *in rerum natura* . 20
 7. Nomes equívocos 21
 8. Entendimento 21
 9. Afirmação, negação, proposição 21
 10. Verdade, falsidade 21

CAPÍTULOS E SUMÁRIO LXXI

    11. Raciocínio 22
    12. De acordo com a razão, contra a razão . 22
    13. As causas, tanto do conhecimento quanto do erro, advêm dos nomes 22
    14. Tradução do discurso da mente para o discurso da língua, e os erros daí procedentes 23

VI. Do conhecimento, da opinião e da crença ... 24
    1. Dos dois tipos de conhecimento 24
    2. A verdade e a evidência necessárias ao conhecimento 24
    3. Definição de evidência 25
    4. Definição de ciência 25
    5. Definição de suposição 26
    6. Definição de opinião 26
    7. Definição de crença 26
    8. Definição de consciência 27
    9. Em alguns casos, a crença não está menos livre da dúvida do que o conhecimento . 27

VII. Do deleite e da dor; do bem e do mal 28
    1. Do deleite, da dor, do amor, do ódio .. 28
    2. Apetite, aversão, medo 28
    3. Bem, mal, *pulchritudo*, *turpitudo* 28
    5. Fim, fruição 29
    6. Útil, uso, inútil 29
    7. Felicidade 29
    8. Bem e mal misturados 30
    9. Prazer sensual e dor; alegria e tristeza .. 30

VIII. Dos prazeres da sensação; da honra 31
    1, 2. Em que consistem os prazeres da sensação 31
    3, 4. Da imaginação ou concepção de poder . 33
    5. Honra, honroso, mérito 34
    6. Sinais de honra 35
    7. Reverência 35

IX. Das paixões da mente 35
   1. Glória, aspiração, falsa glória, vanglória . 35
   2. Humildade e abatimento 37
   3. Vergonha 37
   4. Coragem 37
   5. Ira 37
   6. Desejo de vingança 38
   7. Arrependimento 38
   8. Esperança, desespero, difidência 38
   9. Confiança 38
   10. Piedade e dureza de coração 39
   11. Indignação 39
   12. Emulação e inveja 40
   13. Riso 40
   14. Choro 41
   15. Luxúria 41
   16. Amor 42
   17. Caridade 43
   18. Admiração e curiosidade 44
   19. Da paixão dos que se aglomeram para ver o perigo 45
   20. Da magnanimidade e da pusilanimidade . 45
   21. Uma visão das paixões representadas numa corrida 46

X. Das diferenças entre os homens quanto à capacidade de discernimento, e a causa disso . . 47
   1. A diferença de inteligência (*wit*) não consiste na diferente conformação do cérebro 47
   2. Essa diferença consiste na diversidade de constituição vital 48
   3. Do embotamento 48
   4. Da fantasia, do juízo e da inteligência . . 48
   5. Da leviandade 49
   6. Da gravidade 49
   7. Da estupidez 49
   8. Da indocilidade 50

9.	Da loucura que procede do orgulho ...	50
10.	Das demências que parecem ser gradações do orgulho	51
11.	Da loucura e suas gradações que procedem do medo vão	51

XI. Imaginações e paixões do homem relacionadas às coisas sobrenaturais 51
    1, 2. Pela natureza, um homem pode vir a conhecer que há um Deus 51
    3. Os atributos de Deus significam a nossa reverência para com ele ou a nossa concepção imperfeita dele 52
    4. O significado da palavra espírito 53
    5. Espírito e incorpóreo são termos contraditórios 53
    6. De onde procede o erro pelo qual os pagãos supõem a existência de demônios e fantasmas 55
    7. O conhecimento do espírito e da inspiração a partir das Sagradas Escrituras .. 55
    8. Como sabemos que as Escrituras são a palavra de Deus 56
    9, 10. De onde obtemos o conhecimento da interpretação das Escrituras 57
    11. O que é amar a Deus e confiar nele ... 57
    12. O que é honrar e cultuar Deus 58

XII. Como, por deliberação, as ações dos homens procedem das paixões 59
    1. Da deliberação 59
    2. Da vontade 59
    3. Das ações voluntárias, involuntárias e mistas 60
    4. As ações que procedem do apetite súbito são voluntárias 60
    5. Nossos apetites e paixões que não são voluntários 60

      6. A opinião sobre recompensa e punição forma e governa a vontade 61
      7. Consenso, contenda, luta e ajuda 61
      8. União 61
      9. Intenção 61

XIII. Como, pela linguagem, os homens agem uns sobre as mentes dos outros 62
      1, 2. Do ensinamento, da persuasão, da controvérsia e do consenso 62
      3. Diferença entre ensinar e persuadir 62
      4. As controvérsias procedem dos dogmáticos 64
      5. Aconselhamento 64
      6. Promessa, ameaça, ordem e lei 65
      7. Instigação e apaziguamento das paixões . 65
      8. As palavras não são sinais suficientes da mente 66
      9. Nas opiniões contraditórias, a parte diretamente significada tem preferência sobre a parte que dela se extrai como consequência 66
      10. O ouvinte é o intérprete da linguagem daquele que lhe fala 66
      11. O silêncio, às vezes, é um sinal de consentimento 67

XIV. Do estado e do direito de natureza 67
      1, 2. Os homens são iguais por natureza ... 67
      3. Por vanglória, não estão dispostos a aceitar que são iguais aos outros 68
      4. Tendem a provocar uns aos outros por meio da comparação 68
      5. Tendem a desrespeitar uns aos outros . 68
      6. Definição de direito 69
      7. O direito ao fim implica o direito aos meios 69

8.	Cada homem é, por natureza, o seu próprio juiz	69
9.	A força e o conhecimento de cada um são para o seu uso próprio	69
10.	Cada homem tem, por natureza, direito a todas as coisas	69
11.	Definição de guerra e de paz	70
12.	Os homens estão, por natureza, em estado de guerra	70
13.	Na desigualdade manifesta, poder é direito	71
14.	A razão dita a paz	71

XV. Da privação do direito natural por doação e pacto 72
   1. A lei de natureza não consiste no consentimento dos homens, mas na razão . 72
   2. É um preceito da natureza que todo homem se prive do direito que tem a todas as coisas 72
   3. O que é renunciar e transferir o seu direito 72
   4. A vontade de transferir e a vontade de aceitar são ambas necessárias para a cessão do direito 73
   5. Não se transfere o direito por meio apenas de palavras *de futuro* 73
   6. As palavras *de futuro*, junto com outros sinais da vontade, podem transferir o direito 74
   7. Definição de dádiva 74
   8. O contrato e os seus tipos 74
   9. Definição de pacto 75
   10. O contrato de mútua confiança não tem validade no estado de hostilidade 75
   11. Um homem só pode fazer pactos com outros homens 75
   12. Como o pacto é dissolvido 76

13.	O pacto extorquido pelo medo é válido, segundo a lei de natureza	76
14.	O pacto contrário ao pacto anterior é nulo .	77
15.	Definição de juramento	77
16.	Cada homem deve prestar juramento segundo a sua própria religião	78
17.	O juramento não se acrescenta à obrigação	78
18.	Os pactos obrigam até onde vai o esforço .	78

XVI. Algumas das leis de natureza 78
    1. Os homens devem cumprir os seus pactos 78
    2. Definição de injúria 79
    3. A injúria é cometida apenas pelo pactuante 79
    4. O significado das denominações "justo" e "injusto" 80
    5. A divisão da justiça em comutativa e distributiva não é correta 80
    6. É uma lei de natureza que aquele em quem se confia não se aproveite dessa confiança para o prejuízo daquele que confia 81
    7. Definição de ingratidão 82
    8. É uma lei de natureza que cada homem se esforce para se acomodar com os outros 82
    9. Também é uma lei da natureza que um homem perdoe se tiver garantias futuras . 82
    10. A vingança deve dizer respeito apenas ao futuro 83
    11. A repreensão e o desprezo declarados são contrários à lei de natureza 83
    12. A liberdade de comércio pertence à lei de natureza 84
    13. Os mensageiros empregados para granjear e manter a paz devem estar em segurança pela lei de natureza 84

CAPÍTULOS E SUMÁRIO

XVII. Outras leis de natureza 84
  1. É uma lei de natureza que todo homem reconheça o outro como seu igual 84
  2. Outra lei de natureza: que os homens reconheçam *aequalia aequalibus* 85
  3. Também é uma lei de natureza que as coisas que não podem ser divididas sejam usadas em comum 86
  4. Outra lei de natureza: que as coisas indivisíveis e que não podem ser usadas em comum sejam decididas por sorteio 86
  5. Sorteio natural, primogenitura e primeira posse 86
  6. Os homens se submetem a uma arbitragem 87
  7. Do árbitro 87
  8. Ninguém deve impor seu conselho a outrem contra a vontade deste 88
  9. Como conhecer de imediato o que é a lei de natureza 88
  10. A lei de natureza é estabelecida quando se está seguro de que os outros a observam 88
  11. O direito de natureza não pode ser suprimido pelo costume, nem a lei de natureza pode ser ab-rogada por qualquer ato . 89
  12. Por que os ditames da natureza são chamados de leis 90
  13. Tudo aquilo que é contra a consciência de um homem, que é o seu próprio juiz, é contra a lei de natureza 90
  14. Distinção entre *malum poenae* e *malum culpae*; entre virtude e vício 90
  15. A aptidão à sociedade realiza a lei de natureza 91

XVIII. Uma confirmação das mesmas coisas pela palavra de Deus 91

1-12. Uma confirmação dos principais pontos mencionados nos dois últimos capítulos, acerca da lei de natureza, de acordo com as Sagradas Escrituras 91

XIX. Da necessidade e da definição de um corpo político 95
1. Apesar dessas leis, os homens ainda permanecem em estado de guerra, até que eles se sintam seguros uns em relação aos outros 95
2. A lei de natureza durante a guerra nada mais é do que a honra 96
3. Não há segurança sem a concórdia de muitos 97
4. A concórdia de muitos não pode ser sustentada sem um poder diante do qual todos tenham reverência 97
5. A causa pela qual a concórdia se conserva numa multidão de criaturas irracionais, mas não numa multidão de homens ... 98
6. A união é necessária para a manutenção da concórdia 99
7. Como é feita a união 99
8. Definição de corpo político 100
9. Definição de corporação 100
10. Definição de soberano e de súdito 100
11. Dois tipos de corpo político: o patrimonial e a república 101

PARTE II − DE CORPORE POLITICO

XX. Dos requisitos para a constituição de uma república 105
1. Introdução 105
2. Antes de sua união uma multidão não é uma pessoa, nem realiza nenhum ato

	em relação ao qual cada homem particular não dê seu consentimento expresso	106
3.	O consentimento expresso de cada particular é requerido de início para dar à maioria o direito de envolver o todo. Democracia, aristocracia, monarquia	106
4.	As uniões democrática, aristocrática e monárquica podem ser instituídas para sempre ou por tempo limitado	107
5.	Sem segurança não se abre mão de nenhum direito privado	107
6.	Sem poder de coerção os pactos de governo não oferecem segurança	108
7.	O poder coercivo consiste na não resistência àquele que o detém	108
8.	A espada da guerra está na mesma mão em que está a espada da justiça	109
9.	A decisão em todos os debates, tanto judiciais como deliberativos, vinculada ao poder da espada	109
10.	Definição de lei civil; e a sua elaboração vinculada ao poder da espada	109
11.	A indicação de magistrados e ministros públicos vinculada ao poder da espada .	110
12.	Poder soberano implica impunidade ...	110
13.	Uma suposta república na qual as leis são feitas primeiro e a república depois .	110
14.	Suposição refutada	111
15.	Um suposto governo de formas mistas em que se acomoda a soberania	112
16.	Suposição refutada	112
17.	O governo misto tem lugar na administração da república, sob o soberano ...	113
18.	Razão e experiência provam que há soberania absoluta em algum lugar em todas as repúblicas	113

19. Algumas marcas principais e as mais infalíveis da soberania 114

XXI. Dos três tipos de república 116
1. A democracia precede todas as outras instituições de governo 116
2. O povo soberano não pactua com os súditos 116
3. É impróprio dizer que o povo soberano comete injúria ao súdito 116
4. Os erros do povo soberano são os erros daqueles homens particulares por cujos votos passam os seus decretos 117
5. A democracia é de fato uma aristocracia de oradores 117
6. Como é feita uma aristocracia 118
7. É impróprio dizer que o corpo de *optimates* comete injúria aos súditos 118
8. A eleição dos *optimates* compete ao seu próprio corpo 118
9. Um rei eleito não é soberano pela posse do seu título, mas pelo uso deste 119
10. Um rei condicional não é soberano pela posse do seu título, mas pelo uso deste . 120
11. O equívoco da palavra povo 121
12. Dispensa da obediência por libertação concedida pelo soberano 122
13. Como tais dispensas devem ser entendidas 123
14. Dispensa da obediência por exílio 123
15. Pela conquista 123
16. Pela ignorância quanto ao direito de sucessão 123

XXII. Do poder dos mestres 124
1, 2. Títulos de domínio. Definição de mestre e de servo 124

CAPÍTULOS E SUMÁRIO

   3. Grilhões e outros vínculos materiais não presumem nenhum vínculo de pacto. Definição de escravo 125
   4. Os servos não têm propriedade contrária ao seu senhor, mas podem tê-la uns contra os outros 126
   5. O mestre tem direito de alienar-se de seu servo 126
   6. O servo do servo é servo do mestre ... 126
   7. Como se dispensar da servidão 126
   8. O senhor intermediário não pode dispensar seu servo da obediência ao senhor supremo 127
   9. Título de um homem ao domínio sobre os animais 127

XXIII. Do poder dos pais e do reino patrimonial ... 128
   1. O domínio sobre o filho é originalmente o direito da mãe 128
   2. A preeminência do sexo não dá antes o filho ao pai do que à mãe 129
   3. O direito do pai ou da mãe sobre a pessoa do filho não vem de sua geração, mas de sua preservação 129
   4. O filho de uma serva é propriedade de seu mestre 129
   5. O direito sobre o filho é dado às vezes pela mãe por pacto expresso 130
   6. O filho de uma concubina não está sob o poder do pai por tal título 130
   7. O filho do marido e da esposa está sob o poder do pai 130
   8. O pai, ou aquele ou aquela que cria o filho, tem poder absoluto sobre ele 130
   9. O que é a liberdade segundo os súditos . 131
   10. Uma grande família é um reino patrimonial 131

11. Dispõe-se absolutamente, por testamento, da sucessão do poder soberano 132
12. Embora não se tenha declarado o sucessor, há sempre um sucessor presumido . 132
13. Na sucessão, os filhos são os preferidos a todos os demais 133
14. Os homens antes das mulheres 133
15. O mais velho antes que os demais irmãos . 133
16. Após os filhos, o irmão 133
17. A sucessão do possessor segue a mesma regra da sucessão do predecessor .. 134

XXIV. Comparação dos inconvenientes dos vários tipos de governo 134
1. A utilidade da república e dos seus membros é a mesma 134
2. A perda da liberdade ou a falta de propriedade sobre os bens que são contrários ao direito do soberano não é um inconveniente real 135
3. A monarquia aprovada pelos mais antigos exemplos 137
4. A monarquia é menos sujeita à paixão que os outros governos 138
5. Os súditos numa monarquia têm menos tendência a enriquecer homens particulares que em outros governos 139
6. Os súditos numa monarquia estão menos sujeitos à violência que em outros governos 139
7. As leis na monarquia são menos mutáveis que em outros governos 139
8. As monarquias estão menos sujeitas à dissolução que outros governos 140

XXV. Nas controvérsias religiosas os súditos não estão obrigados a seguir seus juízos privados ... 140

1. Proposta uma dificuldade concernente à sujeição absoluta a um homem que surge de nossa sujeição absoluta a Deus Todo-Poderoso 140
2. Essa dificuldade ocorre apenas entre aqueles cristãos que negam que a interpretação da Escritura dependa da autoridade soberana da república 141
3. As leis humanas não são feitas para governar a consciência dos homens, mas sim as suas palavras e ações 142
4. Passagens da Escritura que provam que os cristãos devem obediência ao seu soberano em todas as coisas 142
5. Proposta uma distinção entre um ponto fundamental da fé e uma superestrutura . 143
6. Explicação dos pontos da fé que são fundamentais 144
7. A crença nesses pontos fundamentais, enquanto fé, é tudo o que se requer para a salvação 145
8. Todos os outros pontos que não são fundamentais não são necessários para a salvação em matéria de fé; e, por meio da fé, não se exige, para a salvação, mais de um homem do que de outro 148
9. A superestrutura não é um ponto de fé necessário ao cristão 149
10. Como a fé e a justiça concorrem para a salvação........................ 151
11. Nas repúblicas cristãs, a obediência a Deus e a obediência ao homem coexistem bem 153
12. Interpretação da doutrina de que tudo aquilo que é contra a consciência é pecado 154
13. Todos os homens admitem a necessidade de submeter as controvérsias a alguma autoridade humana 154

14. Os cristãos, sob a autoridade de um infiel, não cometem uma injustiça quando se recusam a obedecê-lo, no que concerne à fé necessária à salvação, se se sacrificam sem resistir a ele 155

XXVI. Nas controvérsias religiosas os súditos não estão obrigados a seguir o juízo de nenhuma autoridade que não dependa do poder soberano . 155
1. Questão proposta: quem são os magistrados do reino de Cristo 155
2. Questão exemplificada: nas controvérsias entre Moisés e Aarão, e entre Moisés e Coré 156
3. Entre os judeus, o poder temporal e o poder espiritual estão na mesma mão . . 157
4. Paralelo entre os doze príncipes de Israel e os doze apóstolos 157
5. Paralelo entre os setenta anciãos e os setenta discípulos 158
6. A hierarquia da Igreja, no tempo de nosso Salvador, consistia nos doze e nos setenta 158
7. Por que Cristo não ordenou sacerdotes ao sacrifício, como o fez Moisés 158
8. A hierarquia da Igreja no tempo dos apóstolos. Apóstolos, bispos e sacerdotes .. 159
9. A pregação do evangelho não era comando, mas persuasão 160
10. Excomunhão. Os soberanos são governantes eclesiásticos imediatos sob Cristo . 161
11. Nenhum homem pode invocar justamente a religião para desobedecer à república. Deus fala ao homem por meio de seus vice-regentes 163

XXVII. Das causas da rebelião 163

1. As coisas que dispõem à rebelião: descontentamento, pretensão e esperança de sucesso 163
2. O descontentamento que dispõe à sedição consiste, em parte, no medo da perda ou da punição 164
3. Em parte, na ambição 165
4. Seis casos de pretensão à rebelião 166
5. O primeiro deles: os homens não deveriam fazer nada contra a sua consciência; refutação 167
6. O segundo: os soberanos estão sujeitos às suas próprias leis; refutação 167
7. O terceiro: a soberania é divisível; refutação 168
8. O quarto: os súditos têm uma propriedade distinta do domínio do soberano; refutação 169
9. O quinto: o povo é uma pessoa distinta do soberano; refutação 170
10. O sexto: o tiranicídio é legítimo; refutação . 170
11. Quatro casos de esperança de sucesso na rebelião 170
12. Duas coisas necessárias a um autor de rebelião: muita eloquência e pouca sabedoria 171
13. Os autores de rebelião devem ser necessariamente homens de pouca sabedoria . 171
14. Eles são necessariamente eloquentes .. 172
15. Como a eloquência e a falta de discernimento concorrem para fomentar a rebelião 173

XXVIII. Do dever dos que detêm o poder soberano .. 174
1. *Salus populi*, a lei acima dos soberanos . 174
2. Os soberanos deveriam estabelecer a religião que julgam ser a melhor 174

3. É uma lei de natureza proibir a copulação não natural, o uso promíscuo de mulheres, uma mulher ter vários maridos, os casamentos consanguíneos 175
4. São deveres do soberano pela lei de natureza: dar aos homens tanta liberdade quanto possível sem prejuízo ao bem público, ordenar os meios para o comércio e o trabalho e proibir despesas supérfluas 175
5. É um dever do soberano pela lei de natureza: estipular o *meum* e o *tuum* dos súditos, distintos uns dos outros, e fixar os encargos da república de acordo com as despesas dos homens 176
6. Um poder extraordinário para julgar os abusos dos magistrados é necessário para a paz da república 177
7. A supressão da popularidade dos que criticam o presente governo é necessária para evitar a sedição 177
8. A instituição da juventude na moralidade e na política é necessária para manter os súditos em paz 178
9. Evitar a guerra desnecessária é um dever necessário do soberano para a defesa da república 179

XXIX. Da natureza das leis e dos seus tipos 179
1. Todas as expressões da mente concernentes às ações futuras são pactos, conselhos ou ordens 179
2. Diferença entre lei e pacto 179
3. O comando daquele cujo comando é lei para uma coisa, é lei para todas as coisas 180
4. Diferença entre lei e conselho 180
5. Diferença entre *jus* e *lex* 181

CAPÍTULOS E SUMÁRIO LXXXVII

    6. A divisão das leis em divina, natural e civil; escritas e não escritas; simples e penais 182
    7. A lei moral divina e a lei de natureza são a mesma 182
    8. As leis civis são a medida comum do certo e do errado, e de todas as outras coisas sujeitas à controvérsia 183
    9. A lei marcial é lei civil 183
   10. As leis escritas são as constituições do poder soberano; as não escritas nada mais são do que a razão. Os costumes e as opiniões têm força de lei a partir do consentimento tácito do soberano 184

[Hobbes não especifica os conteúdos da primeira parte, *A natureza humana*, nos seguintes trechos: capítulo II, parágrafos 1 e 3; capítulo VII, parágrafo 4; capítulo VIII, parágrafo 8.]

EPÍSTOLA DEDICATÓRIA

Ao ilustríssimo William, Conde de Newcastle*, Governador de Sua Alteza o Príncipe, e um dos mais nobres conselheiros privados de Sua Majestade

Meu mui honrado Senhor,

Das duas partes principais da nossa natureza, Razão e Paixão, procederam dois tipos de saber, o matemático e o dogmático. O primeiro está livre de controvérsias e disputas, porque consiste apenas em comparar figuras e movimentos, coisas em que a verdade e o interesse dos homens não se opõem. Mas, no segundo, não há nada que não seja discutível, porque compara os homens e interfere no seu direito e proveito; aqui, sempre que a razão estiver contra um homem, ele, por sua vez, estará contra a razão. Por isso, aqueles que escrevem sobre a justiça e a política em geral enredam-se uns aos outros, e a si mesmos, em contradição. O único meio para submeter essa doutrina às regras e à infalibilidade da razão consiste, primeiramente, em estabelecer como fundamento princípios tais que a paixão, não podendo deles duvidar, não procure desordená-los; e, em seguida, construir gradativamente sobre eles a verdade das causas segundo a lei de natureza (que até aqui tem sido construída no ar), até que o todo se torne inexpugnável. Ora, Milorde, os princípios adequados a tal fundação são aqueles de que inteirei anteriormente Vossa Senhoria em conversa privada, e que, por sua ordem, apliquei aqui com método. Assim, deixo o exame dos casos envolvendo soberano e soberano, ou soberano e súdito, aos que encontrarem tempo e estímulo para tanto. De minha parte, apresento este livro a Vossa Senhoria como a verdadeira e única fundamentação de tal ciência. Quanto ao estilo, ele é, por conseguinte, o pior, porque, enquanto estava escrevendo, forçoso foi levar em consideração mais a lógica do que a retórica. Mas, quanto à doutrina, não está provada de modo negligente; e as suas conclusões são de tal natureza que, sem elas, o governo e a paz até hoje nada têm sido senão medo mútuo. E seria um benefício incomparável para a república se todo homem aderisse às opiniões sobre a lei e a política aqui apresentadas. Por isso, deve-se desculpar a ambição deste livro de buscar, pelo apoio de Vossa Senhoria, insinuar-se junto àqueles a quem este tema concerne mais de perto. Para mim mesmo, não desejo honra maior do que a que já desfruto pelo conhecido favor de Vossa Senhoria; a menos que seja de vosso agrado, em prosseguimento a este meu trabalho, conceder-me mais tarefas sob vossos comandos; aos quais, considerando-me obrigado por vossos mui excelentes favores, devo obedecer, sendo,

Meu mui honrado Senhor,
Vosso mais humilde e obsequioso servidor,
THO HOBBES,
9 de maio de 1640.

PARTE I
A NATUREZA HUMANA

CAPÍTULO I
A divisão geral das faculdades naturais do homem

1. A explicação verdadeira e perspícua dos Elementos das Leis, Naturais e Políticas, que é o meu presente escopo, depende do conhecimento do que é a natureza humana, do que é um corpo político e daquilo que chamamos de lei. Relativamente a esses pontos, assim como os escritos dos homens avolumaram-se sucessivamente desde a antiguidade, assim também aumentaram as dúvidas e controvérsias a respeito deles. E, uma vez que o conhecimento verdadeiro não engendra dúvida nem controvérsia, mas sim conhecimento, é manifesto, dadas as presentes controvérsias, que aqueles que até hoje escreveram sobre isso não entenderam bem o seu próprio assunto.

2. Embora eu não erre menos do que eles, dano algum posso causar; pois, nesse caso, eu apenas deixaria os homens tal como se encontram, em dúvida e disputa. Porém, sem a intenção de dar por certo nenhum princípio, mas apenas de firmar na mente dos homens aquilo que eles já conhecem ou podem conhecer por sua própria experiência, espero errar o mínimo; e, se o fizer, terá sido por causa de conclusões demasiado apressadas, as quais me esforçarei o quanto puder para evitar.

3. Por outro lado, se raciocinando corretamente eu não obtiver o consentimento (o que pode muito facilmente acon-

tecer) daqueles que, por estarem certos de seu próprio conhecimento, não ponderam sobre o que lhes é dito, a culpa não será minha, mas deles. Pois, assim como me compete mostrar minhas razões, cumpre-lhes considerá-las com atenção.

4. A natureza do homem é a soma de seus poderes e faculdades, tais como as faculdades de nutrição, de movimento, de geração, de sensação, de razão etc. Devemos unanimemente chamar esses poderes de naturais, e eles estão contidos na definição* de homem a partir destas palavras: animal e racional.

5. De acordo com as duas partes principais do homem, divido as suas faculdades em dois tipos: faculdades do corpo e faculdades da mente.

6. Visto que a anatomia minuciosa e diferenciada dos poderes do corpo não é necessária para o presente propósito, apenas os resumirei nestes três tópicos: poder nutritivo, poder motor e poder gerador.

7. Quanto aos poderes da mente, eles são de dois tipos: cognitivo, ou imaginativo, ou conceptivo; e motor[1]. Primeiramente, [trato] do poder cognitivo.

8. Para que se entenda o que entendo por poder cognitivo, devemos recordar e reconhecer que há nas nossas mentes, de modo contínuo, certas imagens ou concepções** das coisas exteriores a nós, de tal modo que, se um homem pudesse permanecer vivo, e todo o resto do mundo fosse aniquilado, ele conservaria, apesar disso, a imagem do mundo e de todas as coisas que aí houvesse visto e percebido. Todo homem sabe pela sua própria experiência que a ausência ou a destruição de coisas uma vez imaginadas não causa a ausência ou destruição da própria imaginação. Essas imagens e representações das qualidades das coisas exteriores a nós são o que chamamos de nossa cognição, imaginação, ideias, noção, concepção, ou conhecimento delas. E a faculdade

---

1. Hobbes emprega o mesmo termo, *power motive*, para as faculdades do corpo e da mente. No final do capítulo VI, quando anuncia que passará a tratar das paixões e afecções humanas, esclarece-se a diferença funcional entre ambas as faculdades motoras. (N. do T.)

ou poder pelo qual somos capazes de tal conhecimento é o que aqui chamo de poder cognitivo ou conceptivo, isto é, o poder de conhecer ou conceber.

CAPÍTULO II
A causa da sensação

1. Tendo declarado o que designo pela palavra concepção, e por outras que lhe são equivalentes, passo agora às próprias concepções, a fim de apresentar suas diferenças, suas causas e a maneira de produzi-las, à medida que aqui isso se fizer necessário.

2. Originalmente todas as concepções procedem das ações da própria coisa da qual ela é a concepção. Ora, quando a ação é presente, a concepção que se produz é chamada de *sensação*, e a coisa por cuja ação esta última é produzida chama-se *objeto* da sensação.

3. Por meio de nossos vários órgãos temos várias concepções de várias qualidades nos objetos; assim, pela visão temos uma concepção ou imagem composta de cor ou figura, que é toda informação e conhecimento que, pelo olho, o objeto nos comunica acerca de sua natureza. Pela audição, temos uma concepção chamada som, que é todo o conhecimento que temos, pelo ouvido, da qualidade do objeto. E, assim, as demais sensações são também concepções das várias qualidades ou naturezas de seus objetos.

4. Uma vez que a imagem na visão, que consiste em cor e forma, é o conhecimento que temos das qualidades do objeto dessa sensação, não é difícil que um homem acate a opinião de que cor e forma são, elas mesmas, as próprias qualidades; e, pela mesma causa, que o som e o ruído são as qualidades do sino ou do ar. E essa opinião tem sido aceita há tanto tempo, que o contrário deve parecer necessariamente um grande paradoxo; no entanto, a introdução de *species* visíveis e inteligíveis* (o que é necessário para que se mantenha essa opinião), partindo de um objeto e voltando a ele, em um vaivém, é pior que qualquer paradoxo, sendo

uma óbvia impossibilidade. Esforçar-me-ei, portanto, para elucidar estes quatro pontos*:

(1) Que o sujeito ao qual cor e imagem são inerentes não é o objeto ou a coisa vista.
(2) Que não há realmente nada fora de nós que possamos chamar de imagem ou cor.
(3) Que a dita imagem ou cor é apenas uma aparição em nós daquele movimento, agitação ou alteração que o objeto provoca no cérebro ou nos espíritos, ou em alguma substância interna da cabeça.
(4) Que, tal como se dá na concepção pela visão, também nas concepções que surgem a partir de outras sensações, é o senciente, e não o objeto, o sujeito de sua inerência.

5. Todo homem possui experiência o bastante a ponto de ter visto o Sol e outros objetos visíveis refletindo-se na água e em espelhos; e só isso já basta para a seguinte conclusão: a cor e a imagem podem estar lá onde a coisa vista não está. Mas, porquanto seja possível dizer que, apesar de a imagem na água não estar no objeto, sendo uma coisa meramente fantástica, a cor poderia ainda assim estar realmente na própria coisa, incitarei ademais a esta experiência: por diversas vezes os homens veem diretamente um mesmo objeto duplicado, como duas velas no lugar de uma, o que pode acontecer por uma anormalidade visual, ou mesmo, se se quiser, por estarem os olhos igualmente ajustados, ou igualmente desajustados. As cores e figuras dessas duas imagens da mesma coisa não podem ser inerentes a ambas, porque a coisa vista não pode estar em dois lugares: uma dessas imagens não é, pois, inerente ao objeto. Mas, supondo-se que os órgãos da visão estão igualmente ajustados ou igualmente desajustados, segue-se que uma das imagens não é mais inerente do que a outra; e, consequentemente, nenhuma das duas está no objeto, o que corresponde à primeira proposição mencionada na seção precedente.

6. Em segundo lugar, todo homem pode provar para si mesmo que a imagem de qualquer coisa refletida em um espelho, na água ou em algo semelhante, não é nada que esteja no espelho ou atrás dele, nem na água ou dentro dela, o que corresponde à segunda proposição.

7. Quanto à terceira proposição, é preciso inicialmente considerar que, a cada grande agitação ou concussão do cérebro, como acontece em uma pancada, especialmente se for sobre o olho e o nervo óptico sofrer alguma grande violência, aparece determinada luz diante dos olhos. Essa luz não é nada de exterior, mas apenas uma aparição; sendo a concussão ou o movimento das partes do nervo óptico tudo o que há de real*. A partir dessa experiência podemos concluir que a aparição de luz exterior não é realmente nada senão movimento interno. Portanto, se se puder derivar um movimento dos corpos luminosos, de modo a afetar o nervo óptico adequadamente, seguir-se-á uma imagem de luz em algum ponto daquela linha pela qual o movimento desemboca no olho, isto é, no objeto, se olharmos diretamente para ele, ou no espelho ou na água, se olharmos através da linha de reflexão – o que, com efeito, corresponde à terceira proposição, a saber, que a imagem e a cor são apenas uma aparição em nós daquele movimento, agitação ou alteração que o objeto provoca no cérebro, nos espíritos, ou em alguma substância interna da cabeça.

8. Não é difícil provar que, de todos os corpos luminosos, brilhantes e iluminados, estende se um movimento até o olho e, através do olho, até o nervo óptico, e deste modo para o cérebro, efetuando-se assim aquela aparição de luz ou cor. E, em primeiro lugar, é evidente que o fogo, o único corpo luminoso que jaz sobre a terra, opera igualmente por movimento em todas as direções; de tal modo que, assim que o seu movimento é interrompido ou encerrado, ele se extingue instantaneamente, e não há mais fogo. Além disso, é também manifesto pela experiência que esse movimento pelo qual o fogo opera é dilatação e contração dele mesmo, alternadamente, que se costuma chamar de cintilação ou incandescência. Desse movimento no fogo deve necessaria-

mente se originar, em uma parte do meio que lhe é contígua, uma rejeição ou expulsão dele mesmo, em função do que essa parte rejeita também a seguinte, e assim sucessivamente uma parte incide sobre a outra até atingir o olho; e da mesma maneira, a parte externa do olho (respeitadas as leis da refração) pressiona a parte interna. Ora, a membrana interna do olho nada mais é do que um pedaço do nervo óptico, portanto, o movimento continua ainda dentro do cérebro, e por resistência ou reação do cérebro, ocorre outra vez no nervo óptico uma repercussão, a qual não concebemos como um movimento ou repercussão interior que vem de nós, mas, pensando que é algo exterior, chamamo-la de luz, conforme já se mostrou pela experiência da pancada. Pelo menos nesse assunto não temos nenhuma razão para duvidar que a fonte de luz, o Sol, opere de modo diferente do fogo; e assim toda visão tem a sua origem em um movimento tal como é descrito aqui. Pois onde não há luz, não há visão; e a cor deve ser também a mesma coisa que a luz, sendo, portanto, o efeito de corpos luminosos, cuja diferença consiste apenas no fato de que, quando a luz vem diretamente da fonte para o olho, ou indiretamente, por reflexão, de corpos lisos e polidos, e como tal não se altera por nenhum movimento interno particular, chamamos isso de luz. Mas quando o movimento chega aos olhos pela reflexão de corpos irregulares, ásperos e brutos, ou tais como os que são afetados por um movimento interno oriundo deles mesmos que pode alterar a luz, então chamamos isso de cor. A cor e a luz diferem apenas nisto: que uma é luz pura, e a outra é uma luz perturbada. Pelo que foi dito, torna-se manifesta não só a verdade da terceira proposição, como também a de todo o modo de produção de luz e cor.

9. Conforme foi descrito, assim como a cor não é inerente ao objeto, mas um efeito deste sobre nós, causado por um movimento no objeto, também o som não está na coisa que ouvimos, mas em nós mesmos. Um sinal manifesto disso é que, assim como um homem pode ver, pode também ouvir, de modo duplicado ou triplicado, pela multiplicação de ecos, os quais são sons tanto quanto o original; e, não es-

tando eles em um único e mesmo lugar, não podem ser inerentes ao corpo que os produz. Nada pode produzir qualquer coisa em si mesmo: o badalo não tem o som nele, mas apenas movimento, e produz movimento nas partes internas do sino; de modo que o sino tem movimento, e não som. O sino comunica movimento ao ar, e o ar tem movimento, mas não som. Pelo ouvido e pelos nervos o ar comunica movimento ao cérebro; e o cérebro tem movimento*, não som. Do cérebro o movimento repercute de volta nos nervos que estão voltados para fora, e aí ele se torna uma aparição exterior, que chamamos de som. E é bastante evidente que se passarmos para as demais sensações, o cheiro e o gosto de uma mesma coisa não são os mesmos para todo homem, e portanto não estão na coisa cheirada ou degustada, mas nos homens. Da mesma forma, o calor que sentimos do fogo está evidentemente em nós, e é muito diferente do calor que está no fogo. Pois o nosso calor é prazer ou dor, conforme seja extremo ou moderado; na brasa, porém, não há tal coisa. Por meio dessa quarta e última das proposições está provado que (*viz.*), tal como ocorre na concepção pela visão, também nas concepções que surgem de outras sensações, o sujeito de sua inerência não é o objeto, mas o senciente.

10. E disso se segue também que quaisquer acidentes ou qualidades que nossas sensações nos façam pensar que estão no mundo, eles não estão lá, constituindo apenas visões ou aparições. As coisas que realmente estão no mundo exterior são aqueles movimentos que causam essas visões. E esse é o principal engano da sensação, que deve ser corrigido pela própria sensação, pois, assim como a sensação me diz, quando vejo diretamente, que a cor parece estar no objeto, assim também ela me diz, quando vejo por reflexão, que a cor não está no objeto.

CAPÍTULO III
Da imaginação e dos seus tipos

1. Assim como a água estagnada, posta em movimento pelo impacto de uma pedra ou por uma rajada de vento, não

para de se mover imediatamente tão logo o vento cesse ou a pedra se assente, da mesma forma, ao ser desviado o órgão da sensação, o efeito que o objeto causou no cérebro não cessa, tão logo o objeto deixe de agir; isto é, embora a sensação desapareça, a imagem ou concepção permanece; mas mais obscuramente, enquanto estamos acordados, porque um ou outro objeto ocupa e solicita continuamente os nossos olhos e ouvidos, mantendo a mente em um movimento mais forte, de modo que o mais fraco não aparece facilmente. Essa concepção obscura é aquilo que chamamos de *fantasia* ou *imaginação*. Definindo-a, a imaginação é a concepção que permanece e que pouco a pouco se esmaece a partir do ato da sensação e depois dele.

2. Mas quando não há sensação presente, como ocorre no *sono*, as imagens que permanecem após a sensação (quando houver alguma) não são obscuras como nos sonhos, mas fortes e claras como na própria sensação. E a razão disso é que foi removido aquilo que ofuscava e enfraquecia as concepções, ou seja, a sensação e a ação presente dos objetos. O sono é, pois, a privação do ato de sentir (permanecendo o poder de sentir), e os sonhos são as imaginações dos que dormem.

3. As causas dos *sonhos** (quando elas são naturais) são as ações ou a violência das partes internas de um homem sobre o seu cérebro, restaurando-se o movimento das passagens da sensação, entorpecidas pelo sono. Os sinais pelos quais isso parece ser assim são as diferenças de sonhos, que se originam dos diferentes acidentes do corpo humano. Os homens idosos, sendo comumente menos saudáveis e mais propícios a dores internas, estão por isso mais sujeitos aos sonhos, em especial aos sonhos que atordoam, como os sonhos de cobiça ou os sonhos de ira, conforme o coração, ou outras partes internas, opere com mais ou menos intensidade sobre o cérebro, por meio de mais ou menos calor. Assim também a queda de diversos tipos de fleuma faz alguém sonhar com diferentes sabores de comida e bebida. E acredito que exista uma reciprocação de movimento do cérebro para as partes vitais e das partes vitais para o cére-

bro; em função do que não apenas a imaginação engendra movimento nessas partes, mas também o movimento nessas partes engendra uma imaginação semelhante àquela que o engendrou*. Se isso é verdade, e se as imaginações tristes alimentam a bile, então vemos também a causa pela qual uma bile forte ocasiona, por sua vez, sonhos terríveis; e por que os efeitos da lascívia podem em um sonho produzir a imagem de alguma pessoa que os provocou. Observando-se bem se em um sonho a imagem de uma pessoa é tão subordinada ao calor acidental daquele que sonha quanto o seu calor, quando acordado, se subordina à imagem da pessoa, se assim for, então tal movimento é recíproco. Outro sinal de que os sonhos são causados pela ação das partes internas é a desordem e a consequência casual de uma concepção ou imagem que leva a outra: pois quando estamos acordados, o pensamento ou concepção antecedente introduz o consequente, e é a sua causa, como a água que segue o dedo de um homem em uma mesa seca e plana. Mas em geral não há nos sonhos nenhuma coerência (e quando há, é por acaso), o que deve proceder do fato de que, nos sonhos, o movimento do cérebro não é restaurado igualmente em todas as partes; por isso ocorre que nossos pensamentos aparecem tais como as estrelas entre nuvens que perpassam, isto é, não na ordem que um homem escolheria para observá-las, mas como o voo incerto de nuvens dispersas permite.

4. Assim como a água ou qualquer coisa líquida, quando simultaneamente movida por diversos movimentos, recebe um movimento composto por eles, assim também o cérebro, ou os espíritos que estão dentro dele, tendo sido agitado por diversos objetos, compõe uma imaginação formada por diversas concepções que apareceram separadamente à sensação. Por exemplo: a sensação que nos mostra em um momento a figura de uma montanha, e em outro a cor do ouro; em seguida, porém, a imaginação reúne de uma só vez ambas as imagens em uma montanha dourada. Pela mesma causa é que nos aparecem castelos no ar, quimeras e outros monstros que não estão *in rerum natura***, mas que foram concebidos pela sensação em partes e em diferentes ocasiões.

E essa composição é aquilo que chamamos comumente de *ficção* da mente.

5. Há ainda outro tipo de imaginação que, pela clareza, rivaliza com a sensação e também com o sonho, qual seja, quando a ação da sensação é longa ou veemente, e tal experiência é mais frequente na visão do que nas outras sensações. Um exemplo disso é a imagem que se firma diante dos olhos após olharmos fixamente para o Sol. Também são exemplos da mesma coisa aquelas pequenas imagens que aparecem diante dos olhos no escuro (penso que todo homem teve experiência disso, principalmente os medrosos ou supersticiosos). E, para efeito de distinção, essas imaginações podem ser chamadas de *fantasmas*.

6. Pelas sensações (que estão numeradas de acordo com os cinco órgãos), percebemos (como já foi dito) os objetos exteriores a nós; e essa percepção é a nossa concepção desses objetos. Mas, de uma forma ou de outra, percebemos também as nossas concepções. Pois quando a concepção de uma mesma coisa surge de novo, percebemos que é ela de novo; ou seja, que tivemos a mesma concepção anteriormente; o que equivale a imaginar uma coisa passada – impossível para a sensação, que se dá apenas nas coisas presentes. Isso, portanto, pode ser catalogado como um sexto sentido, que não é externo como os demais, mas interno, e comumente chamado de *recordação*.

7. Quanto à maneira pela qual percebemos uma concepção passada, devemos lembrar que, na definição de imaginação, está dito que ela é uma concepção que se esmaece pouco a pouco, ou que se torna cada vez mais obscura. Uma concepção obscura é aquilo que representa conjuntamente o todo do objeto, mas nenhuma de suas partes menores isoladamente; e conforme são representadas muitas ou poucas partes, diz-se então que a concepção ou representação é mais ou menos clara. Visto que a concepção era clara, quando foi primeiramente produzida pela sensação, e representava distintamente as partes do objeto, e que ao surgir de novo é obscura, sentimos falta de algo que esperávamos

e, por isso, a julgamos passada e esmaecida. Por exemplo, um homem presente em uma cidade estrangeira vê não só ruas inteiras, como pode também distinguir casas particulares e partes dessas casas; depois de ter partido, já não consegue distingui-las na mente com tantos detalhes como antes, escapando-lhe alguma casa ou esquina; isso, porém, é ainda recordar a cidade; posteriormente, quando lhe escapam mais detalhes, isso também é recordar, mas não tão bem. Com o passar do tempo, a imagem da cidade volta, mas apenas como a de um amontoado de construções, o que é quase ter se esquecido dela. Visto assim que a recordação é maior ou menor conforme encontramos nela mais ou menos obscuridade, por que não podemos pensar que a recordação nada mais é do que a ausência das partes, que todo homem esperaria que lhe ocorresse após ter uma concepção do todo? Ver a uma grande distância no espaço e lembrar-se a uma grande distância no tempo é ter concepções parecidas da coisa, pois, em ambos os casos, falta a distinção das partes, sendo uma concepção fraca pela distância e a outra, pelo esmaecimento*.

8. A partir do que foi dito, segue-se que um homem nunca pode saber que sonha; ele pode sonhar que duvida se está ou não sonhando; mas a clareza da imaginação representa cada coisa com tantas partes, como a própria sensação, que consequentemente ele consegue perceber tudo como presente. Pelo contrário, pensar que se está sonhando é pensar aquelas suas concepções do sonho como passadas, isto é, mais obscuras do que eram na sensação; de modo que, para saber que se sonha, dever-se-ia pensar nelas simultaneamente como tão claras e não tão claras quanto a sensação, o que é impossível.

9. Pela mesma razão, segue-se que nos sonhos os homens não se surpreendem com lugares ou pessoas, como aconteceria quando estão acordados, pois um homem acordado estranharia estar em um lugar onde nunca esteve antes e não recordar como ali chegou. Mas em um sonho isso é pouco levado em consideração. A clareza da concepção no so-

nho afasta a desconfiança, a menos que a estranheza seja excessiva, como quando se pensa ter caído de uma grande altura sem se machucar; neste caso, em geral acorda-se.

10. Também não é impossível que um homem se engane a ponto de tomar como real um sonho passado. Pois, se ele sonha com coisas que no dia a dia estão na sua mente, e na mesma ordem em que ele costuma fazê-las quando acordado; e se, além disso, ele se deitou para dormir no mesmo lugar onde se encontra ao acordar (e tudo isso pode acontecer), não conheço nenhum *kritérion** ou marca que lhe permita discernir se aquilo foi ou não um sonho. Portanto, não surpreende ouvir um homem, vez por outra, contar um sonho seu como se fosse uma verdade, ou tomá-lo por uma visão.

CAPÍTULO IV
Dos vários tipos de digressão da mente

1. A sucessão de concepções na mente, as suas séries, ou o encadeamento de uma concepção com outra, podem ser casuais e incoerentes, como na maior parte dos sonhos; ou podem ser ordenados, como quando o pensamento anterior introduz o posterior; e é esse o discurso da mente. Mas, a fim de evitar equívocos, chamarei este último de *digressão* porque a palavra discurso** é comumente usada para significar a coerência e a consecução de palavras.

2. A causa da coerência ou encadeamento*** de uma concepção com outra é a sua primeira coerência ou encadeamento, no momento em que foram produzidas pela sensação. Por exemplo: de Santo André a mente passa para São Pedro, posto que seus nomes são lidos juntos; de São Pedro, para pedra, pela mesma causa; de pedra para fundação, posto que as vemos juntas; e pela mesma causa, de fundação para igreja, de igreja para povo, e de povo para tumulto. E, de acordo com esse exemplo, a mente pode passar quase de qualquer coisa para qualquer outra. Mas, assim como na sensação as concepções de causa e efeito se sucedem uma à outra, assim também, após a sensação, podem suceder-se na

imaginação. E é assim, em geral, que acontece. A causa disso é o apetite daqueles que, tendo uma concepção do fim, têm, juntamente com ela, uma concepção dos meios próximos para atingir tal fim. Como quando um homem, a partir do pensamento de honra, em relação ao qual ele tem um apetite, chega ao pensamento de sabedoria, que é o meio próximo para atingir tal fim; e daí ao pensamento de estudo, que é o meio próximo para atingir a sabedoria etc.

3. Deixando de lado esse tipo de digressão, em função do qual podemos prosseguir de qualquer coisa para qualquer outra, há diversas espécies de outro tipo. Primeiramente nas sensações. Há determinadas coerências de concepções que podemos chamar de *deambulação*. Exemplos disso: um homem que corre os olhos pelo chão, à procura de algum pequeno objeto perdido; os cães de caça que seguem uma pista desorientados; e a batida dos cachorros. Neste caso, adotamos arbitrariamente um começo.

4. Outra espécie de digressão ocorre, como no exemplo antes aduzido, quando o apetite fornece um começo ao homem: a honra, em relação à qual um homem tem apetite, faz com que ele pense no meio próximo de obtê-la, e este, por sua vez, no seguinte etc. A isso os latinos chamam *sagacitas*, isto é, *sagacidade*, e podemos chamá-la de caçar ou seguir uma pista, como os cães seguem a pista de um animal pelo cheiro, e os homens o caçam pelas suas pegadas; ou como os homens perseguem riquezas, posição, ou conhecimento.

5. Há ainda outro tipo de digressão que se inicia com o apetite para recuperar algo perdido, e que procede de maneira regressiva do presente para trás, isto é, do pensamento do lugar onde damos falta de algo ao pensamento do lugar de onde vínhamos por último; e do pensamento deste ao pensamento de um lugar anterior, até termos em nossa mente algum lugar em que possuíamos a coisa que perdemos, e isso é chamado de *reminiscência*.

6. A recordação da sucessão de uma coisa relativamente a outra, isto é, do que era antecedente, do que é consequente e do que é concomitante, é chamada de *experimento*;

seja o mesmo feito por nós voluntariamente, como quando pomos alguma coisa no fogo para ver que efeito o fogo produzirá sobre isso; ou pode não ser feito por nós, como quando nos lembramos de uma bela manhã seguida de um rubro anoitecer. Ter passado por muitos experimentos é o que chamamos de *experiência*, que nada mais é do que a recordação de quais antecedentes foram seguidos de quais consequentes.

*7. Nenhum homem pode ter em sua mente uma concepção do futuro, pois o futuro ainda não existe. Mas de nossas concepções do passado construímos um futuro; ou melhor, é em relação ao futuro que as chamamos de passado. Assim, depois de um homem ter se acostumado a ver os mesmos antecedentes seguidos pelos mesmos consequentes, sempre que ele vê ocorrer algo parecido com o que viu antes, espera que a isso se siga o mesmo que então se seguiu. Por exemplo: porque um homem viu frequentemente que as ofensas são seguidas de punição, quando vê uma ofensa, pensa na punição como o seu consequente. Mas o consequente daquilo que é presente é o que os homens chamam de futuro. E assim fazemos que a recordação se torne a previsão ou conjectura de coisas por vir, ou *expectativa* ou *presunção* do futuro.

8. Da mesma maneira, se um homem vê no presente aquilo que viu antes, ele pensa que o antecedente daquilo que viu antes é também o antecedente do que ele vê presentemente. Por exemplo: alguém que viu cinzas restarem após o fogo, e agora vê de novo cinzas, conclui novamente que houve fogo. E isso chama-se *conjectura* do passado, ou presunção do fato.

9. Se um homem observou frequentemente os mesmos antecedentes serem seguidos pelos mesmos consequentes, de modo que sempre que ele vê o antecedente, espera novamente pelo mesmo consequente; ou quando vê o consequente, pensa sempre que houve o mesmo antecedente; então ele chama ambos, o antecedente e o consequente, de *sinais* um do outro, assim como as nuvens são sinal de chuva futura e a chuva é sinal de nuvens passadas.

10. Nessa apreensão de sinais a partir da experiência é que os homens pensam residir ordinariamente a diferença de sabedoria entre eles, pelo que entendem comumente toda a habilidade ou poder cognitivo de alguém. Mas isso é um erro, pois esses sinais baseiam-se apenas em conjecturas; e conforme eles falham, com maior ou menor frequência, a sua garantia passa a ser maior ou menor, mas nunca será completa e evidente; pois, embora até hoje um homem tenha sempre visto o dia seguir-se à noite, ele não pode daí concluir que isso ocorrerá ou que tenha ocorrido eternamente. A experiência nada permite concluir universalmente. Se os sinais acertam vinte vezes para cada falha, vinte por um é quanto se pode apostar na ocorrência do evento; mas não se pode concluir isso como uma verdade. Fica claro a partir daí que farão melhores conjecturas os que tiverem mais experiência, já que eles têm mais sinais com que conjecturar; esta é a razão pela qual os velhos são mais prudentes, isto é, conjecturam melhor – *coeteris paribus** – do que os jovens. Pois, sendo mais velhos, têm mais recordações; e a experiência não é senão recordação. E os homens de imaginação rápida – *coeteris paribus* – são mais prudentes do que aqueles cuja imaginação é lenta, pois observam mais em menos tempo. E a *prudência* nada mais é do que a conjectura a partir da experiência, ou a estipulação cautelosa de sinais a partir da experiência, isto é, fazendo que os experimentos (pelos quais apreendem-se tais sinais) sejam todos recordados; pois os diversos casos não são tão semelhantes quanto parecem.

11. Assim como nas coisas conjecturais, concernentes ao passado e ao futuro, concluir a partir da experiência é prudência – aquilo que é provável que ocorra, ou que já tenha ocorrido –, do mesmo modo é um erro concluir a partir daí que algo tenha este ou aquele nome. Quer dizer, não podemos concluir a partir da experiência que alguma coisa deva ser chamada de justa ou injusta, de verdadeira ou falsa, nem concluir qualquer outra proposição universal, exceto pela recordação do uso de nomes arbitrariamente impostos pelos homens. Por exemplo: escutar um dado veredicto** (o mesmo veredicto, milhares de vezes e no mesmo caso) não é

suficiente para concluir que esse veredicto é justo (embora a maioria dos homens não tenha outro meio de concluir); para obter tal conclusão é necessário rastrear e descobrir por meio de muitas experiências o que os homens entendem pelas denominações de justo e injusto, e outras semelhantes. Além disso, conforme a décima seção do capítulo II, há outra advertência a ser feita quanto à conclusão a partir da experiência, a saber, que não devemos concluir que estão fora de nós as coisas que estão dentro de nós.

CAPÍTULO V
Dos nomes, do raciocínio e do discurso da língua

1. Visto que a sucessão de concepções na mente é causada (como foi dito antes) pela sua sucessão de uma a outra quando foram produzidas pelas sensações; e que não há concepção que não tenha sido produzida imediatamente antes ou depois de inúmeras outras, pelos inumeráveis atos de sensação, é necessário concluir que uma concepção não se segue à outra conforme nossa escolha ou a necessidade que temos delas, mas sim conforme nos ocorre ouvir ou ver essas coisas que as trarão à nossa mente. Constatamos a experiência disso nos animais selvagens, que, tendo a previdência de esconder os restos e sobras da sua comida, carecem, contudo, da recordação do lugar onde os esconderam, e assim não tiram nenhum proveito disso quando têm fome. Mas o homem, que neste ponto começa a elevar-se sobre a natureza dos animais, observou e recordou a causa desse defeito e, para corrigi-lo, imaginou e planejou estabelecer uma marca visível, ou outra sensível, que, quando vista novamente, pudesse trazer à sua mente o pensamento que teve quando a estabeleceu. Uma *marca*, portanto, é um objeto sensível que um homem erige voluntariamente para si, a fim de se recordar, por esse meio, de alguma coisa passada, quando esta mesma coisa for novamente objeto da sua sensação. Tal como os homens que passam por um rochedo

no mar e estabelecem alguma marca para se lembrarem do perigo que então correram, e assim o evitam.

2. Entre essas marcas estão as vozes humanas (chamadas de nomes ou denominações das coisas), sensíveis ao ouvido, que evocam em nossa mente algumas concepções de coisas às quais demos esses nomes ou denominações. Por exemplo, a denominação "branco" faz recordar a qualidade dos objetos que produzem em nós essa cor ou concepção. Portanto, um *nome* ou *denominação** é a voz de um homem, imposta arbitrariamente como uma marca, que traz à sua mente alguma concepção a respeito da coisa à qual ela é imposta.

3. As coisas nomeadas são os próprios objetos, como o homem; ou a própria concepção que temos do homem, como forma ou movimento; ou alguma privação, quando concebemos alguma coisa que não está nele, como a concepção de que ele não é justo, não é finito, e lhe damos o nome de injusto e infinito, o que significa privação ou defeito, seja na coisa nomeada, seja em nós que lhe demos esse nome. E quanto às próprias privações, damos-lhes os nomes de injustiça e de infinitude. De modo que há aqui dois tipos de nomes: uns, das coisas em relação às quais concebemos algo, ou das próprias concepções, que são chamados de *positivos*; outros, de coisas em relação às quais concebemos privação ou defeito, que são chamados de *privativos*.

4. Pela vantagem dos nomes é que somos capazes de ciência, e é pela falta deles que os animais não o são; como não o seria o homem sem o uso dos nomes, pois, assim como um animal não atina com a perda de um ou dois de seus muitos filhotes, por faltar-lhe os nomes de ordem (um, dois, três etc.), que chamamos de número, tampouco um homem saberia quantas moedas, ou outras coisas, se encontram diante de si se não repetisse oral ou mentalmente os nomes dos números.

5. Visto que há muitas concepções de uma única e mesma coisa, e que, para cada concepção singular, damos-lhe um nome singular, segue-se que, para uma única e mesma coisa, temos muitos nomes ou atributos; assim é quando, para um

mesmo homem, atribuímos as denominações de justo, valoroso etc., pelas suas diversas virtudes; e as de forte, garboso etc., para as diversas qualidades do corpo. E, novamente, porque de coisas diversas percebemos concepções semelhantes, muitas coisas têm necessariamente a mesma denominação. Assim é que, para todas as coisas que vemos, damos o nome de "visível", e para todas as coisas que vemos em movimento, damos a denominação de "móvel". Os nomes que damos para muitas coisas são chamados de *universais*; como o nome "homem" para cada particular da humanidade; e as denominações que damos a uma única coisa são chamadas de individuais, ou *singulares*, como Sócrates e outros nomes próprios, ou, por circunlocução, como aquele que escreveu a *Ilíada*, para designar Homero.

6. Essa universalidade de um nome em relação a muitas coisas tem sido a causa de os homens pensarem que as próprias coisas são universais. E ao sustentarem seriamente que além de Pedro, João e todos os demais homens que existem, existiram ou existirão no mundo, existe ainda algo mais que chamamos de homem, a saber, o homem em geral, enganam a si mesmos, tomando o universal, ou a denominação geral, por aquilo que essa denominação significa*. Se alguém desejasse que um pintor lhe fizesse o retrato de um homem, o que equivale a dizer, de um homem em geral, essa pessoa pretenderia apenas que o pintor escolhesse qual homem lhe agradaria pintar, e que seria necessariamente algum dos que existem, existiram ou existirão, nenhum dos quais é universal. Mas, quando lhe solicitasse desenhar o retrato do rei, ou de alguém em particular, o pintor se limitaria à pessoa escolhida. É evidente, portanto, que não há nada universal a não ser os nomes; que são também, por conseguinte, chamados de indefinidos; pois nós mesmos não os limitamos, mas deixamos que sejam empregados a critério do ouvinte; ao passo que um nome singular é limitado ou restrito a uma das muitas coisas que ele significa; como quando dizemos "este homem" apontando para ele, ou lhe atribuindo seu nome próprio, ou de alguma outra maneira semelhante.

7. As denominações universais e comuns a muitas coisas nem sempre são atribuídas a todas as coisas particulares (como deveriam sê-lo), em razão das concepções e considerações idênticas que estão presentes em todas elas. E isso constitui a causa de muitas denominações não serem de significação constante e de trazerem à nossa mente outros pensamentos que não aqueles para os quais foram estabelecidas. Tais denominações são chamadas de *equívocas**. Por exemplo: a palavra fé significa às vezes o mesmo que crença; às vezes, significa particularmente aquela crença que é própria de um cristão; e, às vezes, significa a garantia de uma promessa. Assim, todas as metáforas são equívocas (por definição). E quase não existe palavra que não se torne equívoca pelos diversos contextos da linguagem, ou pela diversidade de pronúncia e de gestos.

8. Essa equivocidade dos nomes dificulta a retomada das concepções para as quais o nome foi estabelecido; e isso não apenas na linguagem dos outros, em relação à qual devemos considerar o sentido, a ocasião e o contexto, bem como as próprias palavras; mas também no nosso próprio discurso, que, por derivar do costume e do uso comum da linguagem, não representa as nossas próprias concepções. Portanto, trata-se de uma grande habilidade, quando um homem, a partir das palavras, do contexto e de outras circunstâncias da linguagem, consegue se livrar da equivocidade e descobre o verdadeiro significado daquilo que é dito, e é isso o que chamamos de *entendimento***.

9. De duas denominações, e com a ajuda deste pequeno verbo, "*é*", ou algo equivalente, fazemos uma *afirmação* ou *negação*, ambas chamadas também nas escolas de *proposição*, consistindo na junção de duas denominações pelo dito verbo "é". Por exemplo, isto é uma proposição: o homem é uma criatura viva. E também isto: o homem não é justo. A primeira é chamada de afirmação, porque a denominação "criatura viva" é positiva; e a segunda, de negação, porque "não é justo" é privativo.

10. Em toda proposição, seja ela afirmativa ou negativa, a última denominação ou compreende a primeira, como nesta

proposição, "a caridade é uma virtude", em que o nome virtude compreende o nome caridade (e também muitas outras virtudes); neste caso a proposição é dita *verdadeira* ou *verdade*, pois a verdade e uma proposição verdadeira são a mesma coisa. Ou, então, a última denominação não compreende a primeira, como nesta proposição, "todo homem é justo", em que o nome *justo* não compreende todo homem, pois *injusto* é o nome da maior parte dos homens. Nesse caso, a proposição é dita *falsa*, ou falsidade, sendo a falsidade e uma proposição falsa a mesma coisa.

11. Sobre a maneira de construir um *silogismo** a partir de duas proposições, sejam ambas afirmativas, ou uma afirmativa e outra negativa, abstenho-me de escrever. Tudo o que tem sido dito acerca dos nomes ou proposições, embora seja necessário, não passa de um discurso árido; este não é o lugar para toda a arte da lógica, na qual deveria deter-me caso enveredasse por ela**. Além do mais, ela não é necessária, pois são poucos os homens que não têm uma lógica natural suficiente para bem discernir, por meio dela, se qualquer conclusão que eu vier a tirar neste discurso está bem ou mal deduzida. Basta apenas que eu diga aqui que construir silogismos é o que chamamos de *raciocinar* ou *raciocínio*.

12. Ora, quando um homem raciocina a partir de princípios considerados indubitáveis pela experiência, contanto que se evitem todos os enganos da sensação e toda a equivocidade das palavras, diz-se que a conclusão que ele tira está de acordo com a reta razão; mas quando um homem pode fazer derivar, a partir dessa conclusão e por um correto raciocínio, algo contrário a qualquer verdade evidente, diz-se então que ele concluiu contra a razão. E tal conclusão é chamada de absurdo.

13. Assim como a invenção dos nomes tem sido necessária para tirar os homens da ignorância, trazendo à sua recordação a coerência necessária entre uma concepção e outra, isso, por outro lado, tem precipitado os homens no erro. De modo que, se, pelo benefício das palavras e do raciocínio, eles superam os animais irracionais em conhecimento, pelos inconvenientes que acompanham tal benefício, supe-

ram-nos também em erro. De fato, verdadeiro e falso, por serem atinentes às proposições e à linguagem, não são coisas próprias aos animais, que não têm raciocínio – ao contrário dos homens, que multiplicam uma inverdade por outra.

14. É da natureza de quase todas as coisas corporais, quando movidas com frequência de uma mesma maneira, adquirir continuamente maior facilidade e aptidão para o mesmo movimento; de tal modo que com o tempo o movimento torna-se tão habitual que, para produzi-lo, basta apenas começá-lo. As paixões do homem, assim como são o início de todos os seus movimentos voluntários*, assim também são o começo da linguagem, que é o movimento da língua. Os homens, ávidos por mostrar a outrem o conhecimento, as opiniões, as concepções e as paixões de que são dotados, e tendo inventado para tal fim a linguagem, reproduziram, por meio dela e pelo movimento das suas línguas, toda aquela digressão da mente, mencionada no capítulo anterior, no discurso das palavras; e agora, para a maior parte dos homens, *ratio* é apenas *oratio***; e o costume tem sobre eles um poder tão grande, que a mente apenas sugere a primeira palavra, e as demais se seguem por hábito, sem que a mente as acompanhe. Como ocorre com os pedintes quando dizem o seu *paternoster*, juntando determinadas palavras da maneira como as aprenderam com as suas amas, com os seus colegas ou com os seus professores, sem terem nas suas mentes imagens ou concepções que correspondam às palavras que proferem. E assim como eles próprios aprenderam, assim ensinam à posteridade. Ora, se considerarmos o poder dos enganos da sensação, mencionados no capítulo II, seção 10, e também quão inconstantemente os nomes foram fixados, e como eles estão sujeitos à equivocidade e são diversificados pela paixão (raramente dois homens concordam a respeito do que se deve chamar bem ou mal; liberalidade ou prodigalidade; valor ou temeridade) e se considerarmos ainda quanto os homens estão sujeitos aos paralogismos***, ou falácias no raciocínio, posso de certo modo concluir que é impossível retificar em cada homem tantos erros (que necessariamente procedem dessas causas), sem começar nova-

mente a partir do primeiro fundamento verdadeiro de todo o nosso conhecimento, a sensação; e, em vez dos livros, ler de novo ordenadamente as nossas próprias concepções. Nesse sentido, tomo *nosce teipsum** como um preceito digno da reputação que adquiriu.

CAPÍTULO VI
Do conhecimento, da opinião e da crença

1. Conta-se a história de um homem que se dizia miraculosamente curado de cegueira congênita por Santo Albano ou por algum outro santo na cidade de St. Alban; e que lá estando o Duque de Gloucester, para se certificar da verdade do milagre, perguntou ao homem: "que cor é esta?", o qual, ao responder "é verde", denunciou-se e foi punido como impostor; pois, embora ele pudesse, pela visão recentemente recuperada, distinguir entre o verde, o vermelho e todas as outras cores tão bem quanto qualquer um que o interrogasse, ainda assim ele não teria como saber à primeira vista qual delas era chamada verde, vermelho ou por qualquer outro nome. Por meio desse exemplo podemos entender que há dois tipos de conhecimento: um nada mais é do que sensação, ou conhecimento original (conforme eu disse no começo do segundo capítulo) e a recordação disso; o outro é chamado de ciência, ou conhecimento da verdade das proposições e de como as coisas são denominadas, e deriva do entendimento. Ambos os tipos são apenas experiência; o primeiro é a experiência dos efeitos das coisas exteriores que agem sobre nós; e o segundo é a experiência que os homens têm do uso apropriado dos nomes na linguagem**. E, como eu disse, sendo toda experiência apenas recordação, todo conhecimento é recordação; e quanto ao primeiro, o registro que conservamos nos livros é chamado de história; os registros do segundo, porém, são chamados de ciências.

2. Há duas coisas necessariamente implicadas na palavra conhecimento***: uma é a verdade, a outra é a evidência;

pois aquilo que não é verdadeiro nunca pode ser conhecido. Pois, admita-se que um homem diga que ele conhece muito bem uma coisa; se isso depois se revelar falso, então ele é levado a confessar que não se tratava de conhecimento, mas de opinião. Do mesmo modo, se a verdade não for evidente, embora um homem a sustente, ainda assim o seu conhecimento sobre isso não é maior do que o daqueles que sustentam o contrário. Pois se a verdade bastasse para fazer disso um conhecimento, todas as verdades seriam conhecidas, o que não acontece.

3. O que é a verdade já foi definido no capítulo precedente; o que é a evidência, estabeleço agora. Evidência é a concomitância de uma concepção com as palavras que um homem usa para significar tal concepção no ato do raciocínio*. Pois quando um homem raciocina apenas com os lábios, tendo-lhe a mente sugerido apenas o começo – em função do costume de assim falar –, as palavras de sua boca não seguem as concepções de sua mente. E ainda que ele inicie o seu raciocínio com proposições verdadeiras, e proceda por silogismos perfeitos, logrando sempre conclusões verdadeiras, ainda assim, por falta da concomitância da concepção com as suas palavras, as suas conclusões não lhe são evidentes. Pois se as palavras por si sós fossem suficientes, um papagaio poderia ser ensinado a conhecer uma verdade tão bem quanto a dizê-la. A evidência está para a verdade assim como a seiva está para a árvore; enquanto a seiva se estende pelo corpo e pelos ramos da árvore, ela os conserva vivos; quando os deixa desamparados, eles morrem. Pois essa evidência, que consiste em conferir significado às nossas palavras, é a vida da verdade; sem ela, a verdade nada vale.

4. Portanto, o conhecimento que chamamos de *ciência***, defino-o como a evidência da verdade, a partir de algum início ou princípio da sensação. Pois a verdade de uma proposição nunca é evidente até que concebamos o significado das palavras ou termos em que consiste a proposição, os quais são sempre concepções da mente; nem podemos nos

recordar dessas concepções sem a coisa que as produziu por meio de nossas sensações. Portanto, o primeiro princípio do conhecimento é ter tais e tais concepções; o segundo, designar por tais e tais nomes as coisas das quais elas são concepções; o terceiro, combinar esses nomes de modo a formar proposições verdadeiras; o quarto e último, juntar essas proposições de modo que sejam conclusivas. E por meio desses quatro passos a conclusão é conhecida e evidente, e então dizemos conhecer a verdade da conclusão. E em relação a esses dois tipos de conhecimento, o primeiro é a experiência do fato e o segundo é a evidência da verdade; assim como o primeiro, se for grande, é chamado de prudência, também o segundo, se for muito, tem sido usualmente chamado, tanto pelos escritores antigos quanto pelos modernos, de *sapiência* ou sabedoria; e, quanto a este último, apenas os homens são capazes; quanto à prudência, os animais irracionais dela também participam.

5. Diz-se que uma proposição é suposta quando, mesmo não sendo evidente, admitimo-la temporariamente, a fim de que, juntando-lhe outras proposições, possamos concluir algo; e assim procede-se, de conclusão em conclusão, procurando comprovar se a proposição nos levará a alguma conclusão absurda ou impossível; caso isso aconteça, então sabemos que tal suposição era falsa.

6. Mas, se ao longo de muitas conclusões não chegamos a nenhuma que seja absurda, então pensamos que a suposição é provável; da mesma forma que, por erro de raciocínio ou por confiarmos em outra pessoa, pensamos ser provável qualquer proposição que admitimos como verdade. E todas essas proposições que são admitidas por confiança ou por erro, não dizemos conhecê-las, mas pensamos que são verdadeiras, e a admissão delas é o que se chama *opinião*.

7. E, particularmente, quando a opinião é admitida a partir da confiança em outros homens, os que a admitem dizem crer nela; e esta admissão é chamada de *crença*, e algumas vezes de fé.

8. Tanto a ciência quanto a opinião são o que designamos comumente pela palavra "consciência". Com efeito, os homens dizem que tal e tal coisa são verdadeiras para ou com base em suas consciências; o que nunca fazem se consideram a coisa duvidosa, donde se segue que conhecem ou pensam conhecê-la como verdadeira. Mas quando os homens dizem coisas com base em sua consciência, não presumem, com certeza, que conhecem a verdade do que dizem. Conclui-se, pois, que tal palavra é usada por aqueles que têm uma opinião não apenas sobre a verdade da coisa, mas também sobre o conhecimento que têm dela. De modo que "consciência", como os homens comumente usam essa palavra, significa uma opinião, não tanto sobre a verdade da proposição, mas sobre o seu próprio conhecimento dela, em relação ao qual a verdade da proposição é consequente. Defino, portanto, a consciência como a opinião da evidência.

9. Em muitos casos a crença*, que é a admissão de proposições com base na confiança, não está menos livre da dúvida do que o conhecimento perfeito e manifesto. E como não há nada que não tenha uma causa, também, quando há dúvida, deve conceber-se alguma causa para ela. Ora, há muitas coisas que admitimos a partir do relato de outrem e das quais é impossível imaginar-se qualquer causa de dúvida, pois nada pode se opor ao consenso de todos os homens, nas coisas que eles podem conhecer e não têm nenhuma causa para relatá-las diferentemente de como são (como se dá na maior parte de nossas histórias), a menos que um homem diga que todo o mundo conspirou para enganá-lo. E é o que basta quanto à sensação, imaginação, digressão, raciocínio e conhecimento, que são os atos do nosso poder cognitivo ou conceptivo. O poder da mente que chamamos de motor difere do poder motor do corpo; pois o poder motor do corpo é aquele pelo qual ele move os outros corpos, e que chamamos de força; mas o poder motor da mente é aquele pelo qual a mente confere movimento animal ao corpo no qual ela existe; os atos desse poder são as nossas afecções e paixões, e disto vou falar a seguir.

CAPÍTULO VII
Do deleite e da dor; do bem e do mal

1. Na oitava seção do capítulo II mostrou-se como as concepções ou aparições não são realmente nada senão movimento em alguma substância interna da cabeça. Esse movimento, que não para aí, mas se propaga até o coração, deve inevitavelmente ajudar ou impedir aquele movimento chamado vital; quando o ajuda, chama-se *deleite*, contentamento ou prazer, o qual não é realmente nada senão um movimento no coração, como a concepção, que é apenas um movimento no interior da cabeça; os objetos que causam isso são chamados de agradáveis ou deleitáveis, ou de algum outro nome equivalente; os latinos dizem *jucunda, a juvando*, significando ajuda; esse mesmo deleite, com referência ao objeto, é chamado de *amor*; mas quando tal movimento enfraquece ou impede o movimento vital, então ele é chamado de *dor*; e, em relação àquilo que o causa, de *ódio*, que em latim se expressa às vezes por *odium* e outras por *taedium*.

2. Esse movimento, que consiste no prazer ou na dor, é também uma solicitação ou provocação, seja para aproximar da coisa que agrada, seja para afastar da coisa que desagrada. E essa solicitação é o esforço ou o começo interno do movimento animal, que é chamado de *apetite* quando o objeto agrada; de *aversão*, quando desagrada e se trata de um desprazer presente; mas é chamado de *medo*, se se trata de um desprazer esperado. De modo que prazer, amor e apetite, que também é chamado de desejo, são nomes diversos para considerações diversas de uma mesma coisa.

3. Todo homem, por sua própria conta, chama de *bem* aquilo que lhe agrada e é deleitável, e de *mal* aquilo que lhe desagrada; de modo que, assim como os homens diferem entre si pela sua compleição, eles também diferem em relação à distinção comum entre bem e mal. Nesse sentido, não há tal coisa chamada de *agathón haplôs*[2], quer dizer, algo

---

2. Em grego no original. (N. do T.)

que seja simplesmente bom. Pois mesmo a bondade que atribuímos a Deus Todo-Poderoso é a sua bondade para nós. Assim como chamamos de bem e mal as coisas que nos agradam e desagradam, também chamamos de bondade e maldade as qualidades ou poderes pelos quais essas coisas nos agradam e desagradam. E os sinais dessa bondade são chamados pelos latinos de *pulchritudo*, e os sinais de maldade, de *turpitudo*, palavras para as quais não temos correspondentes exatos.

4. Assim como todas as concepções que temos imediatamente pela sensação ou são deleite, ou dor, ou apetite, ou medo, assim também o são as imaginações após a sensação. Mas, assim como há imaginações mais fracas, também há prazeres ou dores mais fracos.

5. Assim como o apetite é o início do movimento animal em direção a alguma coisa que nos agrada, da mesma forma a obtenção dessa coisa é o *fim* desse movimento, que também chamamos de escopo, objetivo e causa final* dele; e, quando atingimos esse fim, o deleite que ele nos proporciona é chamado de *fruição*; de modo que *bonum* e *finis* são apenas nomes diferentes para considerações diferentes de uma mesma coisa.

6. E quanto aos fins, alguns são chamados de *propinqui*, isto é, próximos; outros de *remoti*, ou mais distantes. Mas quando comparamos os fins mais próximos com os mais distantes, os mais próximos não são chamados de fins, mas de meios e caminho para aqueles. Quanto a um fim último, no qual os filósofos antigos situaram a felicidade e muito discutiram acerca do caminho para atingi-la, não há semelhante coisa neste mundo nem caminho que leve até ela, assim como também não há caminho que leve à Utopia, pois, enquanto vivemos, temos desejos, e o desejo pressupõe um fim mais distante. As coisas que nos agradam, na medida em que são o caminho ou o meio para um fim mais distante, são chamadas de *proveitosas*; e a sua fruição, de *uso*; e as coisas que não se aproveitam são *vãs*.

7. Visto que todo deleite é apetite, e que o apetite pressupõe um fim mais distante, segue-se então que não pode

haver nenhum contentamento senão no próprio prosseguir; portanto, não devemos nos surpreender quando vemos que, quanto mais os homens obtêm mais riquezas, honras ou outro poder, tanto mais o seu apetite cresce continuamente, e quando atingem o mais alto grau de um tipo de poder, passam a perseguir um outro, e assim o fazem sempre que se consideram atrás de alguém em algum tipo de poder. Por essa razão, entre aqueles que atingiram o mais alto grau de honra e riqueza, alguns simularam destreza em alguma arte; como Nero na música e poesia, ou Cômodo na arte dos gladiadores. E os que não simulam nenhuma dessas coisas precisam encontrar diversão e recreação para seus pensamentos na competição dos jogos ou dos negócios. E os homens que não sabem o que fazer queixam-se justamente disso, tratando-se para eles de uma grande tristeza. Portanto, a *felicidade* (pelo que entendemos um contínuo deleite) não consiste em ter prosperado, mas em prosperar*.

8. Há poucas coisas neste mundo que não tenham uma mistura de bem e de mal, ou nas quais não haja uma cadeia de bem e mal tão necessariamente ligados que um não possa ser tomado sem o outro. Por exemplo: os prazeres do pecado e a amargura da punição são inseparáveis, como também são inseparáveis, para a maioria, o trabalho e a honra. Mas quando, na totalidade da cadeia, o bem é a maior parte, o todo é chamado de bem; e quando é o mal que pesa mais, o todo é chamado de mal.

9. Há dois tipos de prazer. Um, que chamo de *sensual*, parece afetar o órgão corporal da sensação. O maior prazer sensual é o que nos incita a dar continuidade à nossa espécie; e, depois desse, o que incita um homem a alimentar-se para a preservação de sua pessoa individual. O outro tipo de deleite não é peculiar a nenhuma parte do corpo e é chamado de deleite da mente; é o que chamamos de *alegria*. Do mesmo modo, quanto às dores, algumas afetam o corpo e são, portanto, chamadas de dores do corpo; outras não o afetam e são chamadas de *tristeza*.

CAPÍTULO VIII
Dos prazeres da sensação; da honra

1. Tendo pressuposto na primeira seção do capítulo anterior que o movimento e a agitação do cérebro, que chamamos de concepção, se propagam até o coração, onde são chamados de paixão, obriguei-me por isso, quanto pude, a pesquisar e mostrar de que concepção procede cada uma das paixões de que comumente nos apercebemos. Pois são inúmeras as coisas que agradam e desagradam e agem de inúmeras maneiras; mas os homens se apercebem apenas de algumas das paixões que resultam dessas inúmeras coisas, e também por isso muitas das paixões não têm nome.

2. Primeiro, devemos considerar que há três tipos de concepção: uma é a concepção do presente, ou sensação; outra é a concepção do passado, ou recordação; e a terceira é a concepção do futuro, que chamamos de expectativa – todas elas foram claramente mostradas nos capítulos II e III. Cada uma dessas concepções é um prazer presente. Começando pelos prazeres do corpo que afetam os sentidos do tato e do paladar, na medida em que são orgânicos, a sua concepção é sensação; o mesmo ocorre com o prazer que resulta de todas as exonerações naturais, cujas paixões denominei anteriormente de prazeres sensuais, e os seus contrários, de dores sensuais; ao que se pode também acrescentar os prazeres e desprazeres do olfato, caso algum deles seja considerado orgânico, o que na maior parte não são, conforme se constata por esta experiência que todo homem conhece: os mesmos cheiros que desagradam quando parecem provir de outrem – embora provenham de nós mesmos – não nos desagradam, porém, quando pensamos que provêm de nós mesmos – embora provenham de outrem. Nesse caso, portanto, o desprazer é a concepção de um dano, de algo nocivo, sendo assim a concepção de um mal por vir, e não de um mal presente. Quanto ao prazer da audição, trata-se de algo diverso, e o próprio órgão não é afetado da forma anterior. Os sons simples agradam pela duração e uniformidade, como o som de um sino ou de um alaúde, a ponto

de parecer prazerosa a uniformidade prolongada da percussão de um objeto que afeta o ouvido; o contrário disso é chamado de dissonância, como o som estridente, e alguns outros que nem sempre afetam o corpo, apenas às vezes, suscitando de início um tipo de atrito nos dentes. A harmonia, ou o conjunto de vários sons consoantes, agrada pela mesma razão que o uníssono, que é o som produzido por cordas de mesma altura e igualmente tensionadas. Os sons de diferentes alturas agradam pela desigualdade e igualdade alternadas, isto é: para duas emissões da nota mais alta, a outra soa uma vez; por isso elas soam juntas a cada segunda vez. Isso foi bem provado por Galileu no primeiro diálogo sobre os movimentos locais[3*], onde ele também mostra que dois sons, separados por um intervalo de quinta, agradam ao ouvido por uma igualdade de som após duas desigualdades; pois enquanto a nota mais alta atinge o ouvido três vezes, a outra o atinge apenas duas vezes. Da mesma maneira, ele mostra em que consiste o prazer da concordância e o desprazer da discordância com relação a outras diferenças de notas. Há ainda outro prazer e desprazer dos sons, que consiste na sequência de uma nota após a outra, sendo ambas diversificadas pelo tom e pela cadência; neste caso, aquilo que agrada é chamado de melodia. Mas por que razão uma sucessão de sons, num determinado tom e cadência, é mais melódica do que outra, confesso que não sei; embora conjecture que seja porque algumas delas [melodias] possam imitar e reviver alguma paixão, que de outro modo não nos aperceberíamos, ao passo que outras [melodias] não o podem; pois qualquer melodia agrada apenas por certo tempo, como ocorre com a imitação. Também os prazeres da visão consistem em certa uniformidade da cor, pois a luz, a mais gloriosa de todas as cores, é feita a partir

---

3. Galileu Galilei, *Discorsi e dimonstrazioni mathematiche intorno à due nuove scienze attenenti alla mecanica e i movimenti locali* [Discursos e demonstrações matemáticas em torno de duas novas ciências atinentes à mecânica e aos movimentos locais], final da Primeira Jornada, 1638. (N. do T.)

da ação uniforme do objeto, ao passo que a cor (isto é, a luz alterada) é a luz sem uniformidade, como foi dito no capítulo II, seção 8. E, portanto, no que se refere às cores, quanto mais uniformidade nelas houver, tanto mais resplandecentes serão. E assim como a harmonia, que consiste em sons diversos, é um prazer para o ouvido, assim também algumas combinações de cores são talvez mais harmoniosas para os olhos do que outras. Há ainda outro prazer do ouvido, que acontece apenas com os virtuosos em música, prazer esse que é de outra natureza (ao contrário dos anteriores), em que não há uma concepção do presente, consistindo no regozijo por seu próprio virtuosismo; são desta natureza as paixões de que trato em seguida.

3. A concepção do futuro é apenas uma suposição dele, que procede da recordação daquilo que é passado; e concebemos que haverá algo no futuro, na medida em que sabemos que há algo no presente com poder para produzi-lo. Mas não podemos conceber que algo agora tem poder para produzir outra coisa no futuro, a não ser pela recordação de que esse algo produziu tal coisa até o momento. Do que se segue que toda a concepção do futuro é a concepção de um poder capaz de produzir algo; portanto, quem tem a expectativa de um prazer futuro deve, além disso, conceber em si mesmo algum poder pelo qual esse prazer possa ser atingido. E porque as paixões sobre as quais falarei em seguida consistem em uma concepção do futuro, isto é, em uma concepção do poder passado e do ato futuro, antes de prosseguir devo, na próxima seção, dizer algo a respeito desse poder.

4. Por tal poder entendo o mesmo que as faculdades do corpo e da mente, mencionadas no capítulo I, vale dizer, do corpo: nutritivo, gerador, motor; e da mente: conhecimento. E, além desses, entendo os poderes adicionais por meio dos quais se adquirem riquezas, posição de autoridade, amizade ou favor, e boa sorte, que, afinal, nada mais é realmente do que o favor concedido por Deus Todo-Poderoso. As impotências, deficiências ou fraquezas são, respectivamente, o contrário dos referidos poderes. E porque o poder

de um homem resiste e entrava os efeitos do poder de outro homem, o poder, simplesmente, não é mais do que o excesso de poder de um homem sobre outro. Pois poderes iguais que se opõem destroem-se mutuamente, e assim tal oposição é chamada de contenda.

5. Os sinais pelos quais conhecemos o nosso próprio poder são as ações que dele procedem; e os sinais pelos quais outros homens o conhecem são as ações, os gestos, o semblante e a linguagem, produzidos usualmente por tais poderes. O reconhecimento do poder é chamado de *honra*; e honrar um homem é conceber ou reconhecer mentalmente que esse homem está em vantagem, ou que excede em poder aquele que rivaliza ou que se compara com ele. *Honrosos* são os sinais pelos quais um homem reconhece o poder, ou o excesso de poder, que outro homem tem sobre o seu concorrente. Por exemplo: os sinais precedentes do poder de gerar e de possuir uma grande prole, como a beleza pessoal, que consiste na expressão vívida do semblante, entre outros sinais de ardor natural, são honrosos; também é honrosa a boa reputação junto a pessoas do sexo oposto, como sinal consequente do mesmo poder. São também honrosas as ações que procedem do vigor do corpo e da força bruta, pois são sinais consequentes de poder motor, tal como as vitórias em batalhas ou duelos; *et à avoir tué son homme*[4]. Também é honroso aventurar-se em grandes proezas e perigos, sendo um sinal consequente da opinião acerca da força que temos; e essa opinião é um sinal da própria força. É honroso ensinar ou persuadir, porque são sinais de conhecimento. E as riquezas são honrosas, enquanto sinais do poder que as adquiriu. São honrosos os presentes, os gastos e a magnificência de residências, de roupas e coisas semelhantes, como sinais de riqueza. A nobreza é honrosa por reflexão, pois é um sinal de poder dos ancestrais. E a autoridade, porque é um sinal de força, sabedoria, favor ou riquezas, pelas quais ela foi obtida. É honrosa a boa sorte, ou prosperidade casual, pois é um sinal do favor de

---

4. Em francês no original: *por ter matado seu rival*. (N. do T.)

Deus, a quem se deve atribuir tudo o que nos advém pela sorte, não menos do que o que obtemos pela nossa diligência. Os contrários desses sinais honrosos, ou as suas imperfeições, são desonrosos; e é de acordo com os sinais de honra e de desonra que calculamos e estabelecemos o valor ou *mérito* de um homem. Pois cada coisa vale tanto quanto um homem der pelo uso de tudo aquilo que ela pode proporcionar.

6. Os sinais de honra são aqueles pelos quais percebemos que um homem reconhece o poder e o mérito de outro, tais como louvar, exaltar, abençoar ou desejar felicidade, rogar ou suplicar, agradecer, ofertar ou presentear, obedecer, escutar com atenção, falar com consideração, aproximar-se com respeito, guardar distância, dar passagem e outros sinais semelhantes, que são a honra prestada pelo inferior ao superior.

Mas os sinais de honra do superior para com o inferior são tais como estes: louvá-lo ou preferi-lo diante de seu rival; ouvi-lo de modo mais condescendente; falar-lhe mais familiarmente; admiti-lo mais de perto; empregá-lo e pedir preferivelmente o seu conselho; apreciar as suas opiniões; e, em vez de dinheiro, dar-lhe qualquer presente ou, se for dinheiro, em quantidade tal que não insinue a sua necessidade de pouco, pois a necessidade de pouco é pobreza maior do que a necessidade de muito*. E isso é suficiente, quanto aos exemplos dos sinais de honra e poder.

7. Reverência é a concepção que temos a respeito de alguém que tem o poder tanto para nos fazer bem quanto para nos causar dano, mas que não tem vontade de nos lesar.

8. No prazer ou desprazer que os homens têm com os sinais de honra ou de desonra que lhes são prestados consiste a natureza das paixões em particular, sobre as quais falaremos no capítulo seguinte.

CAPÍTULO IX
Das paixões da mente

1. A *glória*, isto é, a glorificação interna ou o triunfo da mente, é aquela paixão que procede da imaginação ou con-

cepção de nosso próprio poder como superior ao poder de quem rivaliza conosco. Os sinais de glória, além daqueles presentes no semblante e outros gestos do corpo que não podem ser descritos, são a ostentação nas palavras e a insolência nas ações; e essa paixão, a quem desagrada, é chamada de orgulho; e a quem agrada, é denominada de justa avaliação de si mesmo. A imaginação do nosso poder e valor pode ser uma experiência certa e segura de nossas próprias ações, e nesse caso o sentimento de glória é justo e bem fundado, engendrando uma opinião sobre o seu aumento a partir de outras ações que se lhe seguem; nisso consiste o apetite que chamamos de *aspiração*, ou a progressão de um grau de poder para outro. A mesma paixão pode proceder não de alguma consciência de nossas próprias ações, mas da fama e da confiança que os outros têm em nós; pelo que alguém pode pensar bem de si mesmo e, não obstante, estar enganado; essa é a *falsa glória*, cuja consequente aspiração leva ao insucesso. Ademais, a ficção (que também é imaginação) de ações feitas por nós mesmos, embora nunca tenham sido feitas, é uma forma de glorificação; mas, como ela não engendra nenhum apetite e esforço para uma tentativa ulterior, trata-se de algo meramente vão e inaproveitável; como quando um homem se imagina fazendo as ações que leu em um romance, ou quando se imagina na pele de outro homem cujos atos ele admira. E isso é chamado de *vanglória*, exemplificada na fábula da mosca pousada no eixo de uma roda, dizendo para si mesma "quanta poeira eu levanto!"[5]. A expressão de vanglória é o que chamamos de anseio, e o que alguns escolásticos chamam de veleidade, confundindo-a com algum apetite distinto dos demais e criando uma nova palavra, assim como criaram uma nova paixão que não existia antes. São sinais gestuais de vanglória: a imitação dos outros, o fingimento de atenção a coisas que não se entendem, a afetação de maneiras, a procura de honra nos

---

5. Cf. Esopo, *Fedra*, III, 6. (N. do T.)

próprios sonhos e em outras pequenas histórias de si mesmo, do seu país, dos seus nomes e coisas afins.

2. A paixão contrária à glória é chamada de *humildade*, pelos que a aprovam, e de *abatimento* e miséria, pelos demais; ela procede da apreensão da nossa própria fraqueza, cuja concepção pode estar bem ou mal fundada. Se bem fundada, produz o medo de tentar qualquer coisa temerariamente; se mal fundada, pode ser chamada de medo vão – tal como o contrário da glória é vanglória –, e consiste no medo do poder, sem nenhum outro sinal do que se lhe seguirá, como as crianças que temem a escuridão imaginando fantasmas, e que temem todos os estranhos como inimigos. Essa é a paixão que amedronta completamente os homens, a ponto de não ousarem falar em público nem esperar ter êxito em qualquer ação.

3. Acontece às vezes que quem tem uma boa e bem fundada opinião sobre si mesmo pode, contudo, em razão do ardor que tal paixão engendra, descobrir em si mesmo um defeito ou imperfeição, e a lembrança disso o desanima; essa paixão é chamada de *vergonha*, e se o seu ardor for moderado e controlado, a pessoa que a sente será mais cuidadosa no futuro. Assim como essa paixão é um sinal de fraqueza, que é uma desonra, é também um sinal de conhecimento, que é uma honra. O sinal da vergonha é o rubor, que ocorre menos nos homens cônscios dos seus próprios defeitos, porque estes traem menos as fraquezas que reconhecem.

4. A *coragem*, em significação ampla, é a ausência de medo diante de um mal qualquer; mas, em sentido mais estrito e mais comum, é o desprezo pelos ferimentos e pela morte, quando estes obstam o caminho de um homem na direção de seu fim.

5. A *ira* (ou coragem súbita) é apenas o apetite ou desejo de superar uma oposição presente. Ela tem sido comumente definida como o pesar que procede de uma opinião de desprezo; o que se refuta a partir da nossa experiência frequente com coisas inanimadas e sem sensação, que nos levam à ira; coisas que, portanto, são incapazes de nos desprezar.

6. O *desejo de vingança* é a paixão que surge da expectativa ou imaginação de fazermos que aquele que nos causou dano perceba e admita que a sua ação foi danosa para si próprio; esse seria o apogeu da vingança. Pois, embora não seja difícil, retribuindo o mal com o mal, fazer que o adversário tenha desprazer com o seu próprio feito, fazê-lo admitir isso é tão difícil que muitos prefeririam morrer a admiti-lo. A vingança não visa à morte, mas sim ao cativeiro e à sujeição do inimigo; o que foi bem expresso pela exclamação de Tibério César – "Escapou-me?!"* – a propósito de alguém que, para frustrar sua vingança, se matou na prisão. Matar é o objetivo dos que odeiam, a fim de se livrarem do medo; a vingança visa ao triunfo, que não existe sobre um cadáver.

7. O *arrependimento* é a paixão que procede da opinião ou do conhecimento de que a ação praticada está fora do caminho para o fim que se pretendia atingir. O efeito do arrependimento é não continuar no mesmo caminho, mas, considerando ainda o fim, dirigir-se para um caminho melhor. O primeiro movimento dessa paixão, portanto, é o pesar. Mas a expectativa ou concepção de tomar um novo caminho é alegria. E, consequentemente, a paixão do arrependimento é composta e subsidiada por ambas; mas o que predomina é a alegria; do contrário, seria uma tristeza completa, o que não pode ser. Pois quem procede na direção de um fim é porque concebe um bem; logo, procede com apetite. E o apetite é alegria, como foi dito no capítulo VII, seção 3.

8. A *esperança* é a expectativa de um bem futuro, assim como o medo é a expectativa de um mal. Mas, quando há causas que nos fazem esperar o bem, e outras o mal, agindo alternadamente em nossas mentes, se as causas que nos fazem esperar o bem forem maiores que as que nos fazem esperar o mal, a paixão como um todo será esperança; caso contrário, o todo será medo. A privação absoluta de esperança é *desespero*, e um grau disso é a *difidência*.

9. A *confiança* é a paixão que procede da crença naquele que temos a expectativa ou esperança do bem; e, com relação a isso, estamos tão livres de dúvida, que não procura-

mos nenhum outro caminho. E a desconfiança, ou difidência, é a dúvida que faz alguém esforçar-se para se prover de outros meios. Que este seja o significado das palavras confiança e desconfiança, fica manifesto por isto: um homem nunca se acerca de um segundo caminho, a não ser quando desconfia que o primeiro não lhe dará auxílio.

10. A *piedade* é a imaginação ou ficção de uma calamidade futura para nós mesmos e procede da sensação da atual calamidade de outro homem; porém, quando pensamos que alguém não merece a calamidade que se abateu sobre ele, a compaixão passa a ser ainda maior, já que nos parece, com maior probabilidade, que a mesma coisa pode se abater sobre nós. Pois o mal que acontece a um inocente pode também acontecer a qualquer homem. Mas quando vemos um homem sofrer pelos seus grandes crimes, que consideramos não poderem facilmente recair sobre nós, então a piedade é menor. Portanto, os homens são capazes de se apiedar daqueles a quem amam, pois pensam que estes merecem o bem e, consequentemente, não merecem a calamidade. Como também são capazes de se apiedar dos vícios daqueles que nunca viram antes, e por isso todo homem decente, quando vai para a forca, desperta piedade nas mulheres. O contrário da piedade é a *dureza* de coração, que procede da lentidão da imaginação, ou de uma opinião excessivamente favorável de que se está a salvo de semelhante calamidade, ou do ódio por todos os homens, ou pela maioria deles.

11. A *indignação* é a mágoa que consiste na concepção do bom êxito de quem julgamos não o merecer. Visto que os homens não veem mérito em todos aqueles por quem sentem ódio, pensam que estes não merecem não apenas a sorte que têm, mas também as suas próprias virtudes. E de todas as paixões da mente, estas duas, a indignação e a piedade, são as mais facilmente suscitadas e exacerbadas pela eloquência; pois o agravamento da calamidade e a extenuação da culpa aumentam a piedade. E a extenuação do mérito de uma pessoa, junto com a magnificação de seu êxito (que são os condões de um orador), são capazes de transformar essas duas paixões em fúria.

12. A *emulação* é a mágoa que surge em um homem quando ele se vê superado ou ultrapassado pelo seu concorrente, junto com a esperança de se equiparar a ele ou de superá-lo no futuro, pela sua própria habilidade. Quanto à *inveja*, trata-se da mesma mágoa, embora acrescida do prazer de conceber na imaginação algum infortúnio que possa sobrevir ao concorrente.

13. Há uma paixão que não tem nome, mas cujo sinal é aquela contorção do rosto, chamada de *riso*, e que é sempre alegria; mas alegria de quê, em que pensamos e em que reside nosso triunfo quando rimos, isso até agora nunca foi explicado por ninguém. Que ela consista na graça (*wit*) ou, como se diz, na piada (*jest*), a seguinte experiência refuta: os homens riem das desgraças e indecências nas quais não há graça nenhuma nem nenhuma piada. E, na medida em que a mesma coisa, quando se torna conhecida ou usual, deixa de ser ridícula, seja o que for que incite o riso, deve ser algo novo e inesperado. Os homens riem frequentemente (em especial os que estão ávidos de aplausos por tudo o que fazem bem) de suas próprias ações quando desempenhadas para além de suas expectativas; como também riem das suas próprias piadas; nesse caso, é manifesto que a paixão do riso procede de uma súbita concepção de alguma habilidade presente naquele mesmo que ri. Os homens riem também das fraquezas alheias, já que as suas próprias habilidades, comparadas àquelas, são realçadas e ilustradas. Riem, ainda, de piadas cuja graça (*wit*) consiste sempre na descoberta espirituosa (*elegant*), que apresenta às nossas mentes algum absurdo de outra pessoa. E, neste caso, a paixão do riso procede também da súbita imaginação de nossa própria peculiaridade (*odds*) e distinção; afinal, o que seria mais recomendável a nosso respeito, e para o nosso próprio apreço, do que nos comparar com as fraquezas ou absurdos de outro homem? Pois, quando uma piada se dirige a nós ou aos amigos de cuja desonra participamos, nunca rimos dela. Posso, portanto, concluir que a paixão do riso nada mais é do que uma súbita glória, que surge de uma súbita concepção

de alguma distinção presente em nós, em comparação com as fraquezas dos outros, ou com as nossas próprias fraquezas anteriores; pois os homens riem de seus próprios desvarios passados, quando lhes vêm subitamente à recordação, exceto se tais desvarios trazem consigo alguma desonra presente. Não surpreende, portanto, que os homens considerem detestável que riam ou escarneçam deles, quer dizer, que triunfem sobre eles. O riso sem ofensa deve ter como objeto os absurdos e as fraquezas, sem relação com as pessoas, a fim de que todos os acompanhantes possam rir juntos. Pois rir consigo mesmo faz que todos os demais se aflijam e se examinem; além do mais, pensar que as fraquezas dos outros são matéria suficiente para o seu triunfo pessoal é um sinal de vanglória e um argumento de pouco valor.

14. O contrário do riso é a paixão cujos sinais são outro tipo de contorção facial, acompanhada de lágrimas e chamada de *choro*; trata-se do súbito aborrecimento consigo mesmo, ou de uma súbita concepção de imperfeição; é por isso que as crianças choram frequentemente; pois, visto que elas pensam que todas as coisas que desejam deveriam lhes ser dadas, cada recusa constitui necessariamente um súbito estorvo à sua expectativa, o que faz que elas fixem em sua mente a enorme fraqueza que as impede de se apossar de tudo aquilo que buscam. Pela mesma causa, as mulheres são mais propensas ao choro do que os homens, estando não apenas mais acostumadas a ter suas vontades atendidas, mas também a medir o seu poder pelo poder e o amor dos que as protegem. Os homens que procuram vingança são propensos a chorar, quando essa vingança é subitamente impedida ou frustrada pelo arrependimento do adversário – tais são as lágrimas da reconciliação. Os homens piedosos estão também sujeitos a essa paixão, ao verem aqueles por quem se apiedam e ao se lembrarem subitamente de que não podem ajudá-los. Outros tipos de choro nos homens procedem, na maior parte, da mesma causa que o pranto nas mulheres e nas crianças.

15. O apetite que os homens chamam de *luxúria*, e a sua correspondente fruição, é um prazer sensual, mas não é

apenas isso. Há nele, também, um deleite da mente, consistindo, pois, em dois apetites juntos: agradar e ser agradado. E o prazer que os homens têm ao agradar não é sensual, mas sim um prazer ou alegria da mente, que consiste em imaginar o poder que possuem de agradar tanto. Mas este nome, luxúria, é usado no sentido de algo condenável; do contrário, a palavra geral que a denomina é amor, pois essa paixão é apenas o desejo indefinido pelo sexo oposto, tão natural quanto a fome.

16. Quanto ao amor que diz respeito à alegria que um homem sente na fruição de algum bem presente, já se falou sobre isso na primeira seção do sétimo capítulo, em que está compreendida a afeição que os homens nutrem uns pelos outros, ou o prazer que têm na companhia uns dos outros; em virtude do que se diz que os homens são sociáveis por natureza. Mas há outro tipo de *amor*, chamado pelos gregos de *éros*[6], que é aquilo que designamos quando dizemos que um homem e uma mulher estão apaixonados. Pois, na medida em que essa paixão não pode existir sem diversidade de sexo, não se pode negar que ela participa daquele amor indefinido mencionado na seção anterior. Há, porém, uma grande diferença entre o desejo indefinido de um homem e o mesmo desejo dirigido *ad hanc**; e este último é o amor que serve como grande tema para os poetas. Mas, a despeito de seus louvores, ele deve ser definido pela palavra necessidade, pois trata-se da concepção da necessidade que um homem tem em relação à pessoa desejada. A causa dessa paixão não é sempre, nem na maioria dos casos, a beleza, ou outra qualidade do ser amado, a menos que haja, além disso, esperança na pessoa que ama, o que pode ser inferido pelo fato de que, quando há grande diferença entre as pessoas, são as superiores que em geral se apaixonam pelas inferiores, e não o contrário. E disso se segue que, na maioria das vezes, os que fundaram suas esperanças sobre algo de suas próprias pessoas têm muito mais sorte no amor

---

6. Em grego no original. (N. do T.)

do que aqueles que se fiam na sua aparência e na sua devoção; e os que menos se preocupam têm muito mais sorte do que os que se preocupam mais; não se apercebendo disso, muitos homens arremessam os seus préstimos, como uma flecha atrás da outra; até que, no fim, junto com as suas esperanças, perdem o juízo (*wits*).

17. Há ainda outra paixão algumas vezes chamada de amor, e outras, mais apropriadamente, de boa vontade ou *caridade*. Não pode haver argumento mais favorável ao poder de um homem do que achar-se capaz de realizar não apenas seus próprios desejos, mas também de ajudar outros homens a realizarem os seus; é nisso que consiste a concepção de caridade, na qual está contida primeiro aquela afeição natural dos pais pelos seus filhos, chamada pelos gregos de *storgé*[7], e também aquela afeição pela qual os homens procuram ajudar os que se unem a eles. Mas a afeição, pela qual muitas vezes os homens concedem benefícios a estranhos, não deve ser chamada de caridade, mas sim de contrato (em função do qual eles investem na amizade) ou de medo (o que os faz investir na paz). A opinião de Platão sobre o amor honroso, exposta (conforme é seu costume, pela pessoa de Sócrates) no diálogo intitulado *Convivium**, é a de que um homem pleno e prenhe de sabedoria, ou de outra virtude, procure naturalmente uma bela pessoa, com idade e capacidade para conceber, na qual ele possa, desprovido de considerações sensuais, engendrar e produzir a mesma sabedoria ou virtude. E essa é a ideia presente no célebre amor de Sócrates, sábio e continente, pelo jovem e belo Alcibíades; nesse amor, não se buscava a honra, mas sim a transmissão do conhecimento; ao contrário do que ocorre no amor comum, no qual, embora às vezes se faça tal transmissão, não é isso o que os homens buscam, mas sim agradar e serem agradados. Quiçá fosse esse amor de Sócrates a caridade ou o desejo de ajudar os outros e fazê-los progredir. Mas, então, por que deveria o sábio procurar o ignorante,

---

7. Em grego no original: *ternura*. (N. do T.)

ou ser mais caridoso com quem é bonito do que com os outros? Há algo aí de sugestivo, que diz respeito aos usos daquele tempo: embora Sócrates seja reconhecido como continente, ainda assim os homens continentes contêm neles mesmos a paixão, tanto quanto ou até mais do que os homens que saciam seu apetite. O que me faz suspeitar que esse amor platônico seja meramente sensual, apresentando-se, porém, coberto de uma pretensão honrosa, a fim de que os homens velhos frequentem a companhia de jovens bonitos.

18. Na medida em que todo conhecimento começa pela experiência, uma nova experiência é também, portanto, o começo de um novo conhecimento; e o aumento da experiência é o começo do aumento do conhecimento; portanto, qualquer coisa de novo que aconteça a um homem dá-lhe esperança e matéria para conhecer algo que ele não conhecia antes. Essa esperança e expectativa do conhecimento futuro, a partir de algo novo e estranho, é aquela paixão que chamamos comumente de *admiração*; e, considerada apetite, essa mesma paixão é chamada de *curiosidade*, ou seja, apetite de conhecimento. Assim como o homem, nas suas faculdades de discernimento, abandona tudo aquilo que ele tem em comum com os animais, graças à faculdade de impor nomes, também supera a natureza destes pela paixão da curiosidade. Pois, quando um animal vê alguma coisa nova ou estranha, considera-a apenas a ponto de discernir se isso pode lhe servir ou lhe causar algum dano; e, conforme o caso, aproxima-se ou foge; ao passo que o homem, recordando-se, na maioria dos eventos, da maneira como estes foram causados e iniciados, procura a causa e o início de todas as coisas novas que surgem diante de si. E dessa paixão da admiração e curiosidade surgiu não só a invenção dos nomes, mas também a suposição das causas de todas as coisas, causas essas pensadas como aquilo que poderia produzir as coisas. E desse começo derivou toda a filosofia, como a astronomia, a partir da admiração do curso do firmamento, e a filosofia natural, a partir dos estranhos efeitos dos elementos e de outros corpos. E dos graus de curio-

sidade procedem também os graus de conhecimento entre os homens; pois, para um homem que está à caça de riquezas ou de autoridade (que, em relação ao conhecimento, é apenas sensualidade), trata-se de um passatempo pouco agradável considerar se é o movimento do Sol ou o da Terra que produz o dia, ou, ainda, embrenhar-se em outra contemplação a respeito de qualquer acidente estranho, a não ser que isso conduza ou não ao fim que persegue. Porque a curiosidade é deleite, toda a novidade, portanto, também o é, especialmente aquela novidade pela qual um homem concebe uma opinião verdadeira ou falsa sobre a melhoria de seu próprio estado. Pois, neste caso, o homem encontra-se afetado pela mesma esperança que têm todos os jogadores enquanto as cartas estão sendo embaralhadas.

19. Há diversas outras paixões, mas faltam-lhes nomes; não obstante, algumas delas têm sido observadas pela maioria dos homens. Por exemplo*: de que paixão procede o prazer que os homens sentem quando observam da costa o perigo por que passam aqueles que enfrentam uma tempestade no mar, ou quando, durante um combate, a salvo em um castelo, observam dois exércitos que se defrontam no campo de batalha? No final de contas, trata-se certamente de uma alegria; caso contrário os homens nunca se aglomerariam para contemplar tal espetáculo. Entretanto, há nisso alegria e tristeza. Pois assim como há novidade e recordação da própria segurança presente, que é deleite, há também piedade, que é tristeza. Mas o deleite é tão predominante, que os homens ficam em geral contentes em tais casos por serem espectadores da miséria de seus amigos.

20. A *magnanimidade* não é mais do que glória, sobre a qual falei na primeira seção; mas é uma glória bem fundada na experiência certa de um poder suficiente para atingir o seu fim de maneira ampla. E a *pusilanimidade* é a dúvida a respeito desse poder; portanto, tudo o que é sinal de vanglória é também sinal de pusilanimidade, pois o poder suficiente faz da glória um estímulo para se atingir um fim. Estar satisfeito ou insatisfeito com a fama, seja ela verdadeira ou falsa, é um sinal de pusilanimidade, pois quem se fia na fama

não obtém o sucesso com base no seu próprio poder. Do mesmo modo, a astúcia e a falácia são sinais de pusilanimidade, pois elas não dependem do nosso próprio poder, mas sim da ignorância dos outros. O mesmo se pode dizer sobre a propensão à ira, porque ela indica uma dificuldade no proceder. A ostentação dos ancestrais também, porque todos os homens estão mais inclinados a alardear o seu próprio poder, quando o têm, do que a alardear o poder dos outros. Estar em inimizade e contenda com inferiores é um sinal de pusilanimidade, pois isso procede da falta de poder para pôr fim à guerra. Rir dos outros também, pois é afetação de glória perante as fraquezas de outros homens, não se tratando, pois, de qualquer habilidade própria. E também a indecisão, que procede da falta de poder suficiente para desprezar as pequenas diferenças que tornam difíceis as deliberações.

21. A comparação da vida do homem com uma corrida, embora ambas não se correspondam em todos os pontos, ainda assim corresponde tão bem a este nosso propósito que podemos, por tal comparação, ver e recordar quase todas as paixões mencionadas anteriormente. Mas devemos supor que esta corrida não tem nenhum outro objetivo, nem nenhum outro galardão, a não ser o de estar à frente. E em tal corrida:

Esforçar-se é apetite.
Ser remisso é sensualidade.
Considerar quem está atrás é glória.
Considerar quem está à frente é humildade.
Perder terreno, olhando para trás, vanglória.
Ser retido, ódio.
Voltar atrás, arrependimento.
Tomar fôlego, esperança.
Estar cansado, desespero.
Esforçar-se para alcançar quem vai à frente, emulação.
Suplantar ou derrubar, inveja.
Decidir ultrapassar um obstáculo previsto, coragem.
Ultrapassar um obstáculo imprevisto, ira.
Ultrapassar com facilidade, magnanimidade.

Perder terreno por pequenos obstáculos, pusilanimidade.
Prostrar-se diante do imprevisto é disposição para chorar.
Ver os outros prostrarem, disposição para rir.
Ver sobrepujado alguém que não gostaríamos que o fosse, piedade.
Ver sobrepujar alguém que não gostaríamos que o fizesse, indignação.
Apegar-se a alguém é amar.
Levar consigo quem assim se apega é caridade.
Prejudicar-se por precipitação é vergonha.
Ser continuamente sobrepujado é miséria.
Sobrepujar continuamente quem está logo adiante é felicidade.
E abandonar o trajeto é morrer.

CAPÍTULO X

Das diferenças entre os homens quanto à capacidade de discernimento, e a causa disso

1. Mostramos nos capítulos anteriores que a imaginação dos homens procede da ação de objetos externos sobre o cérebro, ou sobre alguma substância interna da cabeça, e que as paixões procedem da alteração aí ocorrida que continua até o coração. Consequentemente, é preciso (tendo em conta que a diversidade de graus de conhecimento nos diversos homens é maior do que a que pode ser atribuída à diversidade de conformação do cérebro) expor quais são as outras causas que podem produzir essas diferenças e o excesso de capacidade de um homem sobre o outro, que observamos diariamente. Quanto à diferença que surge a partir da doença e de outras deformações acidentais, omito-a, por não ser aqui pertinente; considero apenas a diferença surgida naqueles que têm saúde e órgãos corretamente conformados. Pois, se a diferença estivesse na conformação natural do cérebro, não poderia imaginar por que tal diferença não surgiria primeiro e principalmente nas sensações, que, sendo iguais tanto no homem sábio como no homem menos sá-

bio, permitem inferir uma igual conformação do órgão comum de todas as sensações, a saber, o cérebro.

2. Mas constatamos pela experiência que a alegria e a tristeza não procedem das mesmas causas em todos os homens, e que estes diferem muito na sua constituição física, em função do que aquilo que ajuda e favorece a constituição vital de um homem – e que, portanto, lhe é agradável – impede-a e frustra-a em outro, causando-lhe tristeza. Desse modo, a diferença de inteligência (*wits*) tem a sua origem nas diferentes paixões e nos fins para os quais o seu apetite conduz[8].

3. Em primeiro lugar, os homens cujos fins são algum deleite sensual, e que geralmente são dados à comodidade, comida, cargas e descargas do corpo, devem, por isso, necessariamente ser os que menos se deleitam com as imaginações que não conduzem a esses fins, como as imaginações de honra e glória, que, como eu disse antes, se referem ao futuro, pois a sensualidade consiste no prazer das sensações que agradam apenas no presente e afastam a inclinação para observar coisas que conduzem à honra, tornando os homens, consequentemente, menos curiosos e menos ambiciosos – curiosidade e ambição nas quais consiste a excelência do poder cognitivo – pelo que eles consideram menos o caminho para o conhecimento ou outra forma de poder. É isso o que os homens chamam de *embotamento*, que deriva do apetite de deleite sensual ou corporal. Pode-se bem conjecturar que tal paixão tenha o seu começo em um embrutecimento e em uma dificuldade do movimento dos espíritos em torno do coração.

4. O contrário do embotamento é aquela ágil deambulação da mente (descrita no capítulo IV, seção 3), que se associa à curiosidade de comparar as coisas que vêm à mente umas com as outras. Nessa comparação, um homem se deleita seja quando encontra uma inesperada similitude em coisas que de outro modo são muito dessemelhantes, situando-se aqui a excelência da *fantasia* (*fancy*)*, e daí procedem

---

8. Cf. Descartes, *O discurso do método*, VI. São Paulo, Martins Fontes, 2007.

aqueles graciosos símiles, metáforas e outros tropos, em função dos quais os poetas e oradores possuem o poder de tornar as coisas agradáveis ou desagradáveis, mostrando-as aos outros como boas ou más, conforme lhes aprouver; seja ainda quando discernem subitamente a dessemelhança em coisas que de outro modo parecem iguais. E é por essa virtude da mente que os homens alcançam o conhecimento exato e perfeito, cujo prazer consiste em uma instrução contínua e na distinção de pessoas, lugares e ocasiões. Tal virtude é comumente denominada *juízo,* pois o ato de julgar nada mais é do que distinguir ou discernir; e tanto a fantasia como o juízo são comumente compreendidos pelo nome de *inteligência* (*wit*), que parece ser uma sutileza e agilidade dos espíritos, ao invés da letargia dos espíritos supostos naqueles que são embotados.

5. Há outro defeito da mente que os homens chamam de *leviandade*, e que também revela mobilidade nos espíritos, mas em excesso. Um exemplo disso se passa naqueles que, no meio de algum discurso sério, se distraem com pequenas piadas ou observações espirituosas, o que os desvia de seu discurso por um parêntese, e desse parêntese a outro, até que finalmente eles se perdem ou transformam a sua narrativa em um sonho, ou em alguma bobagem premeditada (*studied nonsense*). A paixão da qual isso procede é a curiosidade, dotada porém de excessiva igualdade e indiferença, já que quando todas as coisas provocam igual impressão e deleite, elas se atropelam igualmente ao serem expressas.

6. A virtude oposta a esse defeito é a *gravidade* ou firmeza, na qual o fim, sendo o grande e principal deleite, dirige e mantém todos os outros pensamentos no caminho para atingir esse fim.

7. O extremo do embotamento é aquela demência natural que pode ser chamada de *estupidez*; mas o extremo da leviandade, embora se trate de uma demência natural, distinta da outra e evidente à observação de todo homem, ainda não tem nome.

8. Há uma falha na mente, chamada pelos gregos de *aphasía*[9], que é a *indocilidade* ou dificuldade de aprender. Essa falha deve surgir necessariamente de uma falsa opinião de que já se conhece a verdade daquilo que é posto em questão. Pois certamente os homens não são tão desiguais em capacidade quanto, por outro lado, é desigual a evidência entre o que é ensinado pelos matemáticos e o que é comumente apresentado em outros livros. Portanto, se as mentes dos homens fossem todas como papel em branco*, elas estariam quase que igualmente dispostas a reconhecer o que quer que lhes apresentassem, a partir de um método correto e de um raciocínio correto. Mas, uma vez que os homens aquiesceram a opiniões que não são verdadeiras, assimilando-as em suas mentes como registros autênticos, não é menos impossível falar inteligivelmente a tais homens do que escrever legivelmente sobre um papel já escrito. Portanto, a causa imediata da indocilidade é o preconceito; e a causa do preconceito é a falsa opinião do nosso próprio conhecimento.

9. Um outro e principal defeito da mente é aquilo que os homens chamam de *loucura*, que parece ser apenas uma imaginação de tal modo predominante sobre todo o resto, que passamos a não ter nenhuma outra paixão senão a que dela provém. E a concepção da loucura nada mais é do que excessiva vanglória ou vão abatimento. Isso é o mais provável pelos exemplos seguintes, que procedem, em aparência, cada um deles, de algum orgulho ou de algum abatimento da mente. Primeiramente, há o exemplo de um homem que pregava em Cheapside de uma carroça no lugar de um púlpito, dizendo ser ele próprio o Cristo, o que era um caso de orgulho espiritual ou loucura. Temos também diversos exemplos de loucura erudita (*learned madness*), em que os homens ficavam manifestamente perturbados sempre que alguma situação os levava a recordar-se das próprias habilidades. Entre os loucos eruditos, pode-se também enumerar (penso eu) aqueles que determinam o momento do fim do

---

9. Em grego no original. (N. do T.)

mundo, entre outros casos relacionados com profecias*. E a loucura galante de Dom Quixote nada mais é do que uma expressão do cúmulo da vanglória, que a leitura de romances** pode produzir em homens pusilânimes. Também o furor e a loucura do amor são apenas grandes indignações daqueles em cujo cérebro predomina o desprezo de seus inimigos ou de suas amantes. E o orgulho, na forma e no comportamento, conduziu diversos homens à loucura e fez que passassem a ser considerados pelo nome de fantasiosos.

10. E assim como esses são os exemplos extremos, assim também há muitos exemplos de gradações que bem poderiam ser consideradas demências. E como uma primeira gradação, um homem que, sem nenhuma evidência, se julga inspirado ou julga ter em si algum efeito do divino espírito santo que outros homens devotos não têm. Como uma segunda, um homem que fala continuamente o que pensa segundo um *cento**** de sentenças de outros homens gregos ou latinos. Como terceira, a maior parte da galantaria presente no amor e nos duelos. Uma gradação do furor é a malícia; e da loucura fantasiosa, a afetação.

11. Assim como os exemplos anteriores nos mostram a loucura e suas gradações, que procedem do excesso de autoestima, também há outros exemplos da loucura e suas gradações que procedem de um excessivo medo e do abatimento, como aqueles homens melancólicos, que se imaginam frágeis como vidro, ou alguma outra imaginação semelhante; são gradações desse tipo de loucura todos aqueles medos exorbitantes e infundados que comumente observamos nas pessoas melancólicas.

CAPÍTULO XI

Imaginações e paixões do homem relacionadas às coisas sobrenaturais

1. Até aqui tratamos do conhecimento das coisas naturais e das paixões que surgem naturalmente delas. Ora, posto que damos nomes não apenas às coisas naturais, mas tam-

bém às sobrenaturais, e que para todos os nomes devemos ter algum significado e concepção, passaremos em seguida a considerar os pensamentos e imaginações que temos na mente quando pronunciamos o santíssimo nome de Deus, bem como os nomes das virtudes que lhe atribuímos. Consideraremos também a imagem que nos vem à mente quando ouvimos os nomes espírito ou anjo, sejam eles bons ou maus.

*2. Na medida em que Deus Todo-Poderoso é incompreensível, segue-se que não podemos ter nenhuma concepção ou imagem da Deidade; consequentemente, todos os seus atributos significam a inabilidade e a deficiência do nosso poder para conceber qualquer coisa concernente à sua natureza, excetuando-se apenas esta concepção: *há um Deus.* De fato, os efeitos que reconhecemos naturalmente incluem necessariamente um poder que os produz, antes de eles terem sido produzidos; e esse poder pressupõe algo existente que o possui. Essa coisa que existe, dotada de poder para produzir, se não é eterna, deve ter sido produzida necessariamente por algo anterior a ela; e este último, por sua vez, por alguma outra coisa anterior, até chegarmos a algo eterno, quer dizer, ao primeiro de todos os poderes e à primeira de todas as causas. E é isso o que todos os homens chamam pelo nome de Deus, implicando eternidade, incompreensibilidade e onipotência. Desse modo, todos os homens que venham a refletir sobre isso podem reconhecer naturalmente que Deus existe, embora não saibam o que ele é; pois, mesmo que não seja possível a um homem cego de nascença ter alguma imaginação sobre que tipo de coisa é o fogo, ainda assim ele consegue saber que há algo que os homens chamam de fogo, uma vez que isso o aquece.

3. Apesar de atribuirmos a Deus Todo-Poderoso os atos de ver, ouvir, falar, conhecer, amar e coisas parecidas, que são nomes pelos quais entendemos algo a respeito dos homens a quem os atribuímos, não entendemos, por meio desses nomes, nada a respeito da natureza de Deus. Pois, assim como é razoável considerar: não pode Deus, que fez o olho, ver? que fez o ouvido, ouvir?, também o é quando dizemos:

Deus, que fez o olho, não pode ver sem o olho? e que fez o ouvido, não pode ouvir sem o ouvido? ou que fez o cérebro, não pode conhecer sem o cérebro? ou que fez o coração, não pode amar sem o coração? Portanto, os atributos conferidos à Deidade são tais que significam tanto a nossa incapacidade quanto a nossa reverência; a nossa incapacidade, quando dizemos: incompreensível e infinito; a nossa reverência, quando lhe damos aqueles nomes que entre nós são os das coisas que mais magnificamos e elogiamos, como onipotente, onisciente, justo, misericordioso etc. E quando Deus Todo-Poderoso se concede tais nomes presentes nas Escrituras, trata-se apenas de *antropopathôs*[10], quer dizer, rebaixando-se à nossa maneira de falar, sem o que não somos capazes de entendê-lo.

4. Pelo nome de espírito entendemos um corpo natural, de uma sutileza tal que não age sobre as sensações, mas que preenche o lugar que a imagem de um corpo visível poderia preencher. Portanto, nossa concepção de espírito consiste em figura sem cor; e por figura entende-se dimensão. Consequentemente, conceber um espírito é conceber algo que tem dimensão. Mas, em geral, os espíritos sobrenaturais significam alguma substância sem dimensão; e essas duas palavras se contradizem uma à outra, flagrantemente. Portanto, quando atribuímos a Deus o nome espírito, atribuímo-lo não como o nome de alguma coisa que concebemos – tanto quanto quando lhe imputamos sensação e entendimento –, mas como uma significação de nossa reverência, desejando abstrair dele toda a grosseria corporal.

5. No que se refere a outros espíritos, que alguns homens chamam de espíritos incorpóreos, e outros, de corpóreos, não é possível sequer chegar ao conhecimento de que tais coisas existem, contando apenas com meios naturais. Nós, cristãos, admitimos a existência de anjos bons e maus, que eles são espíritos, que a alma do homem é um espírito, e que esses espíritos são imortais. Mas conhecer isso, quer

---

10. Em grego no original. (N. do T.)

dizer, ter disso alguma evidência natural, é impossível. Pois toda evidência é concepção, conforme dissemos no capítulo VI, seção 3; e toda concepção é imaginação que procede da sensação, de acordo com o capítulo III, seção 1. E supomos que os espíritos devem ser aquelas substâncias que não agem sobre a sensação e, portanto, eles não são concebíveis. Embora a Escritura admita os espíritos, em nenhum lugar dela, porém, está dito que eles são incorpóreos, entendendo por isso a ausência de dimensões e quantidade; tampouco, penso eu, a palavra incorpóreo se encontra na Bíblia; embora esteja dito, a respeito do espírito, que ele reside nos homens; por vezes, que habita nos homens, ou que vem aos homens, que desce, vem e vai; e que os espíritos são anjos, quer dizer, mensageiros. Todas essas palavras consignificam[11] localidade, e localidade é dimensão, e o que quer que tenha dimensão é corpo, por mais sutil que seja. Parece-me, portanto, que a Escritura favorece mais aos que afirmam os anjos e espíritos como algo corpóreo, do que aos que afirmam o contrário. E no discurso natural é certamente contraditório dizer, acerca da alma do homem, que ela é *tota in toto* e *tota in qualibet parte corporis**, baseando-se não na razão ou na revelação, pois isso procede da ignorância em relação àquelas coisas chamadas de espectros, que são imagens que aparecem no escuro às crianças e aos que têm fortes temores e outras imaginações igualmente fortes, como foi dito no capítulo III, seção 5, onde os chamei de fantasmas. Pois, tomando-os como coisas que existem realmente fora de nós, como corpos, e considerando que surgem e desaparecem de modo tão estranho, diferentemente dos corpos, de que outro modo eles poderiam ser chamados senão de corpos incorpóreos? O que não é um nome, mas um absurdo da linguagem.

---

11. Em inglês no original, *consignify*. Optamos por traduzir literalmente tal termo, embora se trate de um neologismo na língua portuguesa. Segundo o Dicionário Oxford (2ª ed.), a acepção de *consignify* remete ao latim do período medieval – *consignificare* – estabelecida pelo lógico escocês Duns Scoto (1266-1308), denotando "significar conjuntamente" e "designar algo ao ser combinado com outras coisas". (N. do T.)

6. Com efeito, os pagãos e todas as nações do mundo admitiam a existência de espíritos e consideravam-nos na sua maioria incorpóreos; por isso é possível pensar que um homem, pela razão natural, sem conhecer a Escritura, pode alcançar este conhecimento: *existem espíritos*. Mas, como disse antes, a compreensão errônea dos pagãos pode proceder da ignorância quanto às causas dos espectros, fantasmas e outras aparições. Daí resulta que os gregos tinham muitos deuses, muitos demônios, bons e maus, e um gênio para cada homem; isso, porém, não é o reconhecimento da verdade de que existem espíritos, mas sim uma falsa opinião a respeito da força da imaginação.

7. E visto que o conhecimento que temos dos espíritos não é um conhecimento natural, mas sim a fé na revelação sobrenatural, concedida aos sagrados autores da Escritura, segue-se que todo o conhecimento que temos da inspiração, que é a operação dos espíritos em nós, deve também proceder da Escritura. Os sinais da inspiração nela registrados são os milagres, quando são grandes e manifestamente superiores àquilo que os homens podem fazer por impostura. Por exemplo: a inspiração de Elias foi dada a conhecer pela miraculosa queima do seu sacrifício[12]. Mas os sinais para distinguirmos se um espírito é bom ou mau são os mesmos pelos quais distinguimos se um homem ou uma árvore são bons ou maus, a saber, as ações e o fruto. Pois há espíritos mentirosos que às vezes inspiram os homens, como também há os espíritos da verdade. E, na Escritura, recomenda-se que julguemos os espíritos pela sua doutrina, e não a doutrina pelos espíritos. Pois, quanto aos milagres, o nosso Salvador proibiu que por meio deles pautemos nossa fé (Mt 24, 24). E São Paulo diz, em Gl 1, 8: *E se um anjo do céu vos exortar de outro modo [...] maldito seja ele*. Está claro, pois, que não devemos julgar, pelo anjo, se a doutrina é verdadeira ou não; mas sim, pela doutrina, se o anjo diz ou não a verdade. Da mesma forma, em 1 João 4, 1: *Não creiais em todos*

---

12. Cf. Antigo Testamento, 2 Rs 1-3. (N. do T.)

os espíritos, pois falsos profetas se põem a caminho do mundo; no versículo 2: *Nisto conhecereis o espírito de Deus: todo espírito que confessa que Jesus Cristo veio em carne é de Deus*; no versículo 3: *E todo espírito que não confessa que Jesus Cristo veio em carne não é de Deus; e esse é o espírito do Anticristo*; e no versículo 15: *Quem quer que confesse que Jesus é o Filho de Deus, Deus habita nele, e ele em Deus*. Portanto, o conhecimento que temos da boa e da má inspiração não surge pela visão de um anjo que possa transmiti-lo, nem por um milagre que pareça confirmá-lo, mas sim pela conformidade da doutrina com este artigo, ponto fundamental da fé cristã, que também São Paulo (1 Cor. 3, 2) diz ser o único fundamento: Jesus Cristo veio em carne.

8. Mas, se discernimos a inspiração por este ponto, e se reconhecemos e acreditamos nele com base na autoridade das Escrituras, então como podemos saber (alguns homens poderiam perguntar) se a Escritura merece uma tão grande autoridade que não deve ser menor que a da viva voz de Deus? Isto é, como sabemos que as Escrituras são a palavra de Deus? Primeiro, é manifesto que, se por conhecimento entendemos uma ciência infalível e natural, tal como está definido no capítulo VI, seção 4, e que procede da sensação, então não se pode dizer que sabemos que as Escrituras são a palavra de Deus, pois esse conhecimento procede de concepções engendradas pela sensação. E se entendemos o conhecimento como algo sobrenatural, só podemos conhecê-lo por inspiração; quanto à inspiração, porém, só podemos julgá-la pela doutrina. Segue-se, portanto, que não temos nenhum meio, natural ou sobrenatural, pelo qual o conhecimento das Escrituras possa ser chamado propriamente de ciência e de evidência infalíveis. Resta, assim, que o conhecimento que temos de que as Escrituras são a palavra de Deus é apenas fé. Pois o que quer que seja evidente, tanto pela razão natural como pela revelação sobrenatural, não pode ser chamado de fé; do contrário, quando estivéssemos no céu, a fé, assim como a caridade, não deveria cessar, o que é contrário à doutrina da Escritura. Ademais, devemos dizer

não que cremos naquelas coisas que são evidentes, mas que as conhecemos.

9. Visto então que o reconhecimento das Escrituras como a palavra de Deus não é uma questão de evidência, mas de fé, e que a fé (capítulo VI, seção 7) consiste na confiança que temos em outros homens, aparece claramente que os homens nos quais se confia são os santos homens da Igreja de Deus, que se sucedem uns aos outros, desde o tempo daqueles que viram em carne as admiráveis obras de Deus Todo-Poderoso; mas isso não implica que Deus não seja o artífice e a causa eficiente da fé, nem que a fé se origine no homem sem o espírito de Deus; pois todas as boas opiniões que admitimos e nas quais cremos, embora procedam do ouvir dizer, e este, por sua vez, do ensinamento, ambos os quais são naturais, ainda assim as boas opiniões são obra de Deus. Pois todas as obras da natureza são suas, e atribuídas ao Espírito de Deus. Por exemplo, em Ex 28, 3: *Dirás a todos os homens hábeis, nos quais infundi o espírito da sabedoria, que façam as vestes de Aarão, para sua consagração, a fim de que ele possa me servir no ofício de sacerdote.* Portanto, a fé pela qual cremos é obra do Espírito de Deus, no sentido de que o Espírito de Deus concede, mais a um homem do que a outro, sabedoria e habilidade no trabalho, e assim ele também intervém em outros pontos da nossa vida ordinária, de tal modo que um homem crê em algo que, pelas mesmas razões, outro homem não crê, assim como um homem reverencia a opinião e obedece às ordens de seus superiores, e outros não.

10. E visto que a nossa fé nas Escrituras como a palavra de Deus se origina da confiança e credibilidade que depositamos na Igreja, não pode haver dúvida de que, caso surja alguma dúvida ou controvérsia que não ponha em questão o ponto fundamental de que Jesus Cristo veio em carne, será mais seguro para um homem confiar na interpretação da Igreja do que na sua própria intervenção, racional ou espiritual, isto é, na sua própria opinião.

11. Ora, no que concerne às afeições do homem em relação a Deus, nem sempre elas são as mesmas descritas no

capítulo referente às paixões. Pois, neste, amar é deleitar-se com a imagem ou concepção da coisa amada; mas Deus é inconcebível. Amar a Deus, portanto, segundo a Escritura, é obedecer aos seus mandamentos e amarmos uns aos outros. Da mesma forma, confiar em Deus é diferente de confiarmos uns nos outros. Pois quando um homem confia em outro homem (capítulo IX, seção 9), ele põe de lado o seu próprio esforço; mas se fizermos isso ao confiarmos em Deus Todo-Poderoso, nós lhe desobedeceremos; e como podemos confiar naquele a quem desobedecemos? Confiar em Deus Todo-Poderoso, portanto, é remeter para a sua boa vontade tudo o que está acima de nosso próprio poder de realizar. E tudo isso equivale a reconhecer que há um único Deus, que é o primeiro mandamento. E confiar em Cristo nada mais é do que reconhecê-lo como Deus, que é o artigo fundamental de nossa fé cristã. E, consequentemente, confiar em Cristo, acreditar nele ou, como alguns dizem, entregarmo-nos e rendermo-nos a Cristo é a mesma coisa que o ponto fundamental da fé, a saber, que Jesus Cristo é o filho do Deus vivo.

12. Honrar a Deus, de coração, é a mesma coisa que chamamos ordinariamente de honra entre os homens, pois nada mais é do que o reconhecimento do seu poder; e os sinais disso são os mesmos sinais da honra prestada aos nossos superiores, que mencionamos no capítulo VIII, seção 6: reverenciá-lo, exaltá-lo, abençoá-lo, suplicar-lhe, agradecer-lhe, oferecer-lhe oblações e sacrifícios, atentar à sua palavra, falar-lhe com consideração em orações, vir humilde e decentemente à sua presença, e adornar o seu culto com magnificência e riqueza. E esses são os sinais naturais de que o honramos interiormente. E o contrário disso, portanto, são sinais de manifesto desprezo pela Majestade Divina: negligenciar as orações, falar-lhe extemporaneamente, vir à igreja desleixadamente, adornar menos o local de seu culto do que as nossas próprias casas, invocar seu nome em qualquer discurso frívolo. Há outros sinais que são arbitrários, como ficarmos despidos (tal como somos), tirarmos os sapatos, como Moisés na sarça ardente, e alguns outros gestos

desse tipo, os quais, por sua própria natureza, são indiferentes, até que sejam diferentemente determinados pelo consenso comum, a fim de evitar indecências e discórdias.

CAPÍTULO XII
Como, por deliberação, as ações dos homens procedem das paixões

1. Já se disse* como os objetos externos causam as concepções e como as concepções causam apetite e medo, que são os começos imperceptíveis das nossas ações. Pois, ou a ação se segue imediatamente ao primeiro apetite, como quando fazemos alguma coisa subitamente; ou, ainda, ao nosso primeiro apetite se sucede alguma concepção do mal que nos acontecerá por meio de tais ações, que é o medo que nos impede de prosseguir. E a esse medo pode se suceder um novo apetite, e a esse apetite, um outro medo, alternadamente, até que a ação seja realizada, ou até que algum acidente intervenha, tornando-a impossível, e essa alternância entre medo e apetite cesse. Tal sucessão alternada de apetite e medo, durante todo o tempo em que está em nosso poder realizar ou não a ação, é o que chamamos de *deliberação*; nome que lhe foi dado por causa daquela parte da definição em que se diz que a deliberação dura tanto tempo quanto a ação sobre a qual deliberamos, estiver em nosso poder; pois, durante todo esse tempo, temos a liberdade para realizar ou não a ação, e deliberação significa a suspensão de nossa própria liberdade.

2. Portanto, a deliberação requer duas condições da ação deliberada: uma, que seja uma ação futura; e outra, que haja a esperança de realizá-la, ou a possibilidade de não a realizar. Pois apetite e medo são expectativas em relação ao futuro; e, sem esperança, não há nenhuma expectativa de bem; nem de mal, sem a sua possibilidade. E, portanto, não se delibera sobre aquilo que é necessário. Na deliberação, o último apetite, como também o último medo, é chamado de *vontade*, a saber, quando o último apetite quer fazer e o último medo

não quer fazer, ou quer omitir. Portanto, dá no mesmo dizer vontade e última vontade, pois, embora um homem expresse, verbalmente ou por escrito, a sua atual inclinação e apetite, no que concerne à disposição de seus bens, ainda assim, isso não deverá ser tomado como a sua vontade, uma vez que ele ainda tem liberdade para deles dispor de outra forma; mas quando a morte suspende essa liberdade, aí então se trata da sua última vontade[13].

3. As ações e omissões *voluntárias** são as que têm origem na vontade; todas as outras são *involuntárias* ou *mistas*. Voluntárias, quando um homem as faz por apetite ou medo; involuntárias, quando as faz por necessidade da natureza, como no caso em que ele é empurrado, ou cai e, em consequência disso, causa benefício ou dano a outrem; e mistas, quando participam de ambas, como no caso em que um homem é levado à prisão, empurrado contra a sua vontade, e, ainda assim, vai voluntariamente em pé, com medo de ser arrastado pelo chão; de modo que, nesse ir para a prisão, o ato de ir é voluntário; para a prisão, involuntário. Exemplo de uma ação completamente voluntária: alguém que, de um navio, lança seus pertences ao mar para salvar a sua pessoa; a única coisa que há aí de involuntário é a dificuldade da escolha, que não se deve à ação da pessoa, mas à ação dos ventos; o que ela mesma faz não é mais contra a sua vontade do que fugir do perigo é contra a vontade de quem não vê nenhum outro meio de se preservar.

4. São também voluntárias as ações que procedem da ira súbita ou de algum outro apetite súbito, presente nos homens que conseguem discernir o bem e o mal; pois, neles, considera-se que o tempo precedente é deliberação. Afinal, também nesse tempo o homem delibera em que casos é bom bater, zombar ou realizar qualquer outra ação que procede da ira ou de outra paixão súbita.

5. O apetite, o medo, a esperança e as demais paixões não são chamadas de voluntárias; pois elas não procedem da

---

13. No original em inglês, *will*, que tem, nesta sentença, o mesmo significado de *testamento*. (N. do T.)

vontade, mas são a própria vontade; e a vontade não é voluntária. Pois um homem pode dizer que ele quer querer, tanto quanto pode dizer que quer querer querer, criando assim uma repetição infinita da palavra querer, o que é absurdo e desprovido de significado.

6. Assim como a vontade de fazer é apetite, e a vontade de omitir, medo, também as causas do apetite e do medo são as causas da nossa vontade. Mas a promessa de benefícios e danos, quer dizer, de recompensa e punição, é a causa de nosso apetite e de nossos medos e, portanto, também de nossas vontades, na medida em que acreditamos que essas recompensas e benefícios, tais como são propostos, chegarão a nós. E consequentemente as nossas vontades seguem as nossas opiniões, assim como as nossas ações seguem as nossas vontades. Nesse sentido, os que dizem que o mundo é governado pela opinião, dizem-no verdadeira e apropriadamente.

7. Quando as vontades de muitos concorrem para uma única e mesma ação ou efeito, este concurso de suas vontades é chamado de *consenso*; pelo que não devemos entender uma única vontade de muitos homens – pois cada homem tem a sua vontade singular –, mas sim muitas vontades para a produção de um único efeito. Quando, porém, as vontades de dois homens diferentes produzem ações que funcionam reciprocamente como resistências uma à outra, chama-se isso de *oposição*; e quando elas são de uma pessoa contra a outra, chama-se *luta*, ao passo que as ações que procedem do consenso são chamadas de *ajuda* mútua.

8. Quando muitas vontades estão envolvidas ou incluídas na vontade de um só ou na de vários que consentem (diremos adiante como isso é possível), então esse envolvimento de muitas vontades numa só ou em mais de uma é chamado de *união*.

9. Nas deliberações interrompidas, que podem ocorrer por nos desviarmos para outra ocupação, ou pelo sono, o último apetite dessa deliberação parcial é chamado de *intenção* ou propósito.

CAPÍTULO XIII
Como, pela linguagem, os homens agem uns sobre as mentes dos outros

1. Tendo falado dos poderes e atos da mente, tanto cognitivos quanto motores, considerados em cada homem isoladamente, sem relação com os outros, será conveniente neste capítulo falar dos efeitos desses mesmos poderes nas relações dos homens entre si, efeitos esses que são também os sinais pelos quais um homem percebe o que o outro concebe e intenciona. Quanto a esses sinais, alguns são tais que não podem ser facilmente dissimulados, como as ações e os gestos, especialmente se forem repentinos. No nono capítulo, ao tratar das diversas paixões, mencionei alguns exemplos de ações e gestos que correspondem a esses sinais. Há outros que podem ser dissimulados, que são as palavras ou a linguagem; do uso e do efeito destes últimos, ponho-me a falar aqui.

2.* O primeiro uso da linguagem é a expressão das nossas concepções, isto é, engendrar no outro as mesmas concepções que temos em nós mesmos. E a isto chama-se *ensinar*; se as concepções de quem ensina acompanham continuamente as suas palavras, começando por algo derivado da experiência, então engendra-se a mesma evidência no ouvinte que as entende, levando-o a conhecer algo. E isso, em relação ao ouvinte, é o que se chama *aprender*. Mas, se não há tal evidência, então esse ensinamento é chamado de *persuasão*, e engendra no ouvinte uma simples opinião, que não é mais do que aquilo que existe em quem fala. E os sinais de duas opiniões que se contradizem, a saber, a afirmação e a negação de uma mesma coisa, são o que se chama de *controvérsia*; mas, em se tratando de duas afirmações ou duas negações, chama-se *consenso* de opinião.

3. O sinal infalível de ensinar exatamente e sem erro é este: que nenhum homem jamais tenha ensinado o contrário; não poucos, por menos que sejam, mas nenhum. Pois a verdade costuma estar mais do lado de poucos do que do lado da multidão. Quando, porém, nas opiniões e questões

consideradas e discutidas por muitos ocorre que nenhum dos homens difere do outro, então é possível inferir com justeza que eles sabem o que ensinam e que, caso contrário, não o sabem. E isso aparece com a máxima clareza àqueles que consideraram os diversos assuntos sobre os quais os homens empregaram suas penas e os diversos modos pelos quais procederam, bem como a diversidade do seu sucesso. Pois os homens que se puseram a considerar somente a comparação de grandezas, números, tempos e movimentos, e suas mútuas proporções, foram por isso os autores de todas aquelas excelências que nos diferenciam dos povos selvagens, como são agora os habitantes de diversos lugares da América, e como foram outrora os habitantes daqueles países onde hoje as artes e as ciências florescem ao máximo. Pois, dos estudos desses homens procede tudo o que, em matéria de ornamento, nos chega pela navegação; e tudo o que temos de benéfico para a sociedade humana, graças à divisão, distinção e descrição da face da terra; e também tudo o que temos pelo cálculo dos tempos e pela previsão do curso do firmamento; e tudo o que temos pela medida das distâncias, planos e sólidos de todos os tipos; e tudo o que temos de elegante ou resistente nas construções. Se tudo isso não existisse, em que nos diferenciaríamos do mais selvagem dos índios? Ainda que até hoje nunca se tenha ouvido falar de qualquer controvérsia a respeito de alguma conclusão sobre esse assunto, não obstante a ciência que decorreu daí tem sido continuamente ampliada e enriquecida com conclusões da mais difícil e profunda especulação. A razão disso é evidente a qualquer um que examina os escritos desses homens, pois eles partem dos princípios mais básicos e simples – evidentes até mesmo para o homem de menor capacidade –, seguindo adiante, lentamente e com o máximo escrúpulo de raciocínio. A partir da imposição dos nomes, eles inferem a verdade das suas primeiras proposições; e por meio de duas dessas proposições, uma terceira; e de duas quaisquer da terceira, uma quarta; e assim por diante, conforme os passos da ciência mencionados no capítulo VI, seção 4. Por outro lado, os que escreveram sobre as faculdades, as paixões e os costumes dos homens, quer dizer, sobre a filosofia moral, ou sobre a política, o governo e as leis (a respeito dos quais há uma infinidade de volumes), longe de remover a dúvida e a controvérsia presentes nas questões de que trataram, multiplicaram-nas em demasia; e ninguém até hoje sequer pretende conhecer mais do que o que foi exposto por Aristóteles dois mil anos atrás. E, contudo, todo homem pensa que, nesse assunto, sabe tanto quanto qualquer outro, supondo, assim, que não necessita de nenhum estudo para tanto, além daquilo que lhe advém por um talento natural (*natural wit*), embora se divirtam ou empreguem suas mentes de modo diferente na busca de riqueza ou prestígio. A razão disso não é outra senão que, em seus escritos e discursos, eles tomam por princípios as opiniões vulgarmente recebidas, sejam verdadeiras ou falsas; e, na maioria dos casos, são falsas. Portanto, há uma grande diferença entre ensinar e persuadir; pois o sinal deste é a controvérsia, e o sinal daquele, a não controvérsia.

4. Há dois tipos de homens que podem ser comumente chamados de instruídos: um é o dos que procedem evidentemente a partir de princípios simples, como está descrito na seção anterior: esses homens são chamados de *mathematici*; o outro é o dos que se fundamentam em máximas da educação, da autoridade dos homens, ou do costume, tomando o discurso habitual da língua como raciocínio: esses homens são chamados de *dogmatici*. Ora, visto que, na seção anterior, os que chamamos de *mathematici* são absolvidos do crime de gerar controvérsia, e que os que não pretendem aprender não podem ser acusados, segue-se então que a culpa recai inteiramente nos dogmáticos, isto é, naqueles que são imperfeitamente instruídos e que insistem com paixão em que as suas opiniões sejam vistas por toda parte como verdades, sem nenhuma demonstração evidente, seja pela experiência, seja pelas passagens na Escritura de interpretação incontroversa.

5. A expressão daquelas concepções que causam em nós a expectativa do bem enquanto deliberamos, como também daquelas que causam a nossa expectativa do mal, é o

que chamamos de *aconselhar*. E assim como na deliberação interna da mente a respeito do que nós mesmos vamos ou não fazer, as consequências da ação são nossas conselheiras, por sucessão alternada na mente; assim também, no conselho que um homem toma de outros homens, os conselheiros fazem aparecer alternadamente as consequências da ação, embora nenhum deles delibere, fornecendo em conjunto todas as consequências a quem é aconselhado, com argumentos sobre os quais ele delibera dentro de si mesmo.

6. Outro uso da linguagem é a expressão do apetite, da intenção e da vontade. É assim que o apetite de conhecimento se exprime pela interrogação; a vontade de que outrem faça algo como pedido, rogo, petição; ou as expressões de nosso propósito ou intenção, como a *promessa*, que é a afirmação ou negação de alguma ação que deve ser feita no futuro; a *ameaça*, que é a promessa de mal; e a *ordem*, que é aquela linguagem pela qual significamos ao outro o nosso apetite ou desejo de que alguma coisa seja feita ou desfeita, por razões contidas na própria vontade. Pois não se diz com propriedade: *Sic volo, sic jubeo*, sem se considerar esta outra cláusula: *Stet pro ratione voluntas*[14]. E quando a ordem é razão suficiente para nos levar a agir, então é chamada de *lei*.

7. Outro uso da linguagem é a *instigação* e o *apaziguamento*, pelos quais aumentamos ou diminuímos as paixões uns dos outros. Trata-se da mesma coisa que a persuasão, não havendo aí uma diferença real. Pois gerar opinião e paixão é o mesmo ato; mas, enquanto na persuasão almejamos extrair opinião da paixão, na instigação e no apaziguamento, a finalidade é provocar a paixão a partir da opinião. E assim como, ao suscitar uma opinião a partir da paixão, quaisquer premissas são boas suficiente para inferir a conclusão desejada, assim também, ao provocar paixão a partir

---

14. Em latim no original: *Assim quero, assim ordeno*; e *Faça a vontade as vezes de razão*. Para Hobbes, a causa da vontade está nela própria, e nesse sentido a razão está contida na vontade. Portanto, o que preside a razão "aparente" de um comando, de uma ordem, é apenas a vontade humana. (N. do T.)

da opinião, não importa se esta é verdadeira ou falsa, ou se a narrativa é histórica ou fabulosa. Pois não é a verdade, mas sim a imagem que faz a paixão; e uma tragédia, se bem representada, não afeta menos que um assassinato.

8. Embora as palavras sejam os sinais que temos das opiniões e intenções dos outros – pois a equivocidade delas é tão frequente quanto a diversidade do contexto e a companhia na qual elas surgem (equivocidade da qual a presença daquele que fala, a visão que temos de suas ações e a conjectura sobre suas intenções devem ajudar a nos libertarmos) –, deve ser extremamente difícil descobrir as opiniões e significados daqueles homens que há muito se foram, e que não nos deixaram nenhuma outra significação disso a não ser os seus livros, que, possivelmente, não podem ser entendidos sem conhecimento suficiente de história para descobrir as já mencionadas circunstâncias, e também sem uma grande prudência ao observá-las.

9. Quando um homem nos apresenta (*signify*) duas opiniões contraditórias, uma das quais é clara e diretamente apresentada, e a outra ou é uma consequência derivada da anterior, ou não é conhecida como contraditória em relação à anterior (e isso quando ele não está presente para se explicar melhor), devemos aceitar a primeira de suas opiniões, pois ela é clara e diretamente apresentada como sua, ao passo que a outra poderia proceder de erro na dedução, ou da ignorância da incompatibilidade entre as opiniões. Pela mesma razão, o mesmo se pode dizer com relação a duas expressões contraditórias da intenção e da vontade de um homem.

10. Na medida em que quem fala a outro homem tem a intenção de fazer que este entenda o que lhe é dito, se ele lhe fala em uma língua que aquele que ouve não entende, ou usa alguma palavra que tem um sentido diferente para aquele que ouve quem assim fala, tem também a intenção de fazer que o outro não o entenda, o que é uma contradição de si mesmo. Deve-se sempre supor, portanto, que aquele que não tem a intenção de enganar admite a interpretação privada de sua linguagem por parte daquele a quem se dirige.

11. O silêncio daqueles que pensam será assim tomado como um sinal de consentimento; pois, requerendo tão pouco trabalho para dizer "Não", presume-se que, neste caso, quem não o diz, consente*.

CAPÍTULO XIV**
Do estado e do direito de natureza

1. Nos capítulos precedentes***, apresentou-se a natureza completa do homem, que consiste nos poderes naturais de seu corpo e de sua mente, podendo todos eles ser compreendidos nestes quatro elementos: força do corpo, experiência, razão e paixão.

2. Neste capítulo, será oportuno considerar em que condição de segurança nossa natureza nos colocou, e que possibilidade ela nos deixou para persistirmos e para nos preservarmos da violência de uns contra os outros. Primeiro, se considerarmos como são pequenas as diferenças de força ou de conhecimento entre os homens maduros e como é muito fácil para aquele que é mais fraco, em força ou inteligência, ou em ambas, destruir inteiramente o poder do mais forte – uma vez que se necessita de pouca força para tirar a vida de um homem –, podemos concluir que os homens, considerados na mera natureza[15], deveriam reconhecer-se em situação de

---

15. Em inglês no original: *in mere nature*. Optamos por traduzir literalmente tal expressão, tendo em conta os comentários em nota de J. C. A. Gaskin, organizador da edição de que nos valemos. *Na mera natureza*, no contexto das interpretações da filosofia de Hobbes, pode significar: conforme as características psicológicas reais do homem ou no estado de natureza, este último correspondendo à situação teórica que abstrai a organização civil. Segundo Gaskin, a maneira como Hobbes emprega os termos *nature* e *natural* pode indicar: 1) a característica efetiva do homem, seja na sociedade civil ou fora dela; 2) Hobbes fala também do estado de natureza como a condição geral do mundo, formulada a partir de 2.1) caso os limites da sociedade civil nunca tivessem sido estabelecidos; 3) Hobbes se refere, ainda, a quaisquer poderes naturais (físicos, mentais, emotivos) que os seres humanos teriam normalmente dentro ou fora da sociedade civil.

igualdade; e que aquele que se contenta com essa situação pode ser considerado um homem moderado.

3. Por outro lado, considerando-se a grande diferença que há entre os homens, em função da diversidade de suas paixões, e quantas delas são uma glória assoberbada, uma esperança de precedência e superioridade sobre seus semelhantes, não apenas em situação em que eles são igualmente poderosos, mas também quando são inferiores, é forçoso reconhecer que disso deve resultar necessariamente que aqueles homens moderados, que não procuram senão a igualdade de natureza, estarão expostos à força dos outros que tentarão subjugá-los. E disso se seguirá inevitavelmente uma desconfiança geral na humanidade e um medo mútuo entre os homens.

4. Ademais, uma vez que pela paixão natural os homens ofendem uns aos outros de diversos modos – cada um pensando bem a seu respeito e odiando constatar que ocorre o mesmo com os outros –, segue-se que eles devem necessariamente provocar um ao outro por meio de palavras ou por outros sinais de desprezo e ódio, inerentes a todas as comparações, até que estabeleçam por fim a preeminência pelo vigor e pela força do corpo.

5. Mais ainda: considerando-se que os apetites de muitos homens os levam a um único e mesmo fim – fim esse que às vezes não pode ser desfrutado em comum nem dividido –, disso se segue que o mais forte deve desfrutá-lo sozinho, e que é pela batalha que se decide quem é o mais forte. E assim, por causa da vaidade, da comparação ou do apetite, a maior parte dos homens, sem nenhuma garantia de superio-

---

Quaisquer que sejam as interpretações da noção de natureza – e todas as que destacamos parecem compatíveis em alguma medida –, gostaríamos ainda de frisar que o papel da razão, tomada como um instrumento de cálculo, que decompõe as coisas nas suas partes constitutivas, é fundamental para que se entenda que, historicamente, a noção de natureza em Hobbes afasta-se da formulação clássica, iniciada talvez por Aristóteles, no sentido de que já não se trata mais da natureza última das coisas, mas, modernamente, de um constructo artificial que pretende estabelecer os elementos mais simples e responsáveis pela resolução das coisas em geral. (N. do T.)

ridade, provoca os demais, que, do contrário, estariam satisfeitos com a igualdade.

6. E na medida em que a necessidade da natureza faz os homens quererem e desejarem o que é bom para si mesmos (*bonum sibi*) e evitarem o que é danoso – sobretudo este terrível inimigo da natureza, a morte, de quem esperamos tanto a perda de todo poder, como também as maiores dores corporais que acompanham essa perda –, não é contra a razão que um homem faça tudo o que puder para preservar a sua própria existência e o seu próprio corpo da morte e da dor. E aquilo que não é contra a razão, os homens chamam de *direito, jus* ou de liberdade irrepreensível de usar o nosso poder e a nossa habilidade naturais. É, portanto, um *direito de natureza* que cada homem faça tudo o que puder para preservar a sua própria vida e os membros do seu corpo.

7. Posto que um homem tem direito a um fim, e que o fim não pode ser alcançado sem os meios, isto é, sem as coisas necessárias para o fim, então não é contra a razão, e é portanto o direito de um homem usar de todos os meios e fazer tudo o que for necessário para a preservação do seu corpo.

8. Pelo direito de natureza, cada homem é também juiz de si mesmo, no que diz respeito à necessidade dos meios e à enormidade do perigo. Pois, se é contra a razão que eu seja juiz de meu próprio perigo, então é racional que outro homem o seja. Mas a mesma razão que faz com que outro homem julgue as coisas que me concernem, faz também que eu seja juiz das coisas que lhe concernem. E, portanto, tenho razão para julgar a sua sentença, seja essa em meu benefício ou não.

9. Conforme o direito de natureza, assim como o juízo de um homem deve ser empregado em seu benefício próprio, também a força, o conhecimento e o talento de cada homem são corretamente empregados quando ele os usa para si mesmo; do contrário, um homem não teria o direito de se preservar.

10. Por natureza todo homem tem direito a todas as coisas, vale dizer, a fazer o que lhe apraz a quem lhe apraz; a

possuir, usar e desfrutar todas as coisas que quer e pode. Pois, visto que todas as coisas que quer devem, por essa razão, lhe ser boas segundo seu próprio juízo, porque as quer e porque elas podem em algum momento contribuir para a sua preservação (e assim ele julga, porque fizemos que assim julgasse, seção 8), segue-se também que ele pode legitimamente fazer tudo. E por causa disso, diz-se com justiça: *Natura dedit omnia omnibus*, que a Natureza deu tudo a todos, de modo que *jus* e *utile*, isto é, o direito e o proveito, são a mesma coisa. Mas, com efeito, esse direito de todos os homens a todas as coisas não é melhor do que quando nenhum homem tem direito a nada. Pois o direito de um homem é de pouco uso e benefício quando outro, tão ou mais forte do que ele, tem direito à mesma coisa.

11. Considerando-se que os homens têm, por natureza, tendência a ofender uns aos outros, e que, além disso, o direito de todo homem a todas as coisas permite que, quando um invade com direito, o outro resiste com direito, os homens vivem em uma perpétua desconfiança, estudando como surpreender uns aos outros; o estado dos homens nessa liberdade natural é o estado de guerra. De fato, a *guerra* nada mais é que o tempo em que a vontade e a intenção de contender por meio da força são suficientemente demonstradas pelas palavras ou pelas ações; e o tempo que não é de guerra, é de *paz*.

12. O estado de hostilidade e de guerra é tal que a própria natureza é destruída e os homens matam-se uns aos outros (sabemos disso também tanto pela experiência das nações selvagens que existem hoje, como pelas histórias de nossos ancestrais, os antigos habitantes da Alemanha e de outros países hoje civilizados, onde encontramos um povo reduzido e de vida breve, sem ornamentos e comodidades, coisas essas usualmente inventadas e proporcionadas pela paz e pela sociedade). Por isso, quem deseja viver em tal estado, como o estado de liberdade e direito de todos a todas as coisas, contradiz a si mesmo. Pois por necessidade natural cada homem deseja o seu próprio bem, o que é contrário

a esse estado, no qual supomos uma contenda entre homens iguais por natureza, capazes de destruir uns aos outros.

13. Visto que esse direito de nos proteger, conforme nosso próprio discernimento e força, procede do perigo, e que esse perigo provém da igualdade de forças entre os homens, muito mais razão tem aquele que sobrepuja tal igualdade antes que o perigo apareça e a batalha se torne necessária. Portanto, quem tem em seu poder outro homem, seja para reprimi-lo ou governá-lo, para fazer-lhe o bem ou prejudicá-lo, tem direito, pela vantagem de seu poder atual, de precaver-se contra esse outro homem, como lhe aprouver, para a sua segurança futura. Portanto, aquele que já subjugou o seu adversário, ou que se apoderou de algum outro que não é capaz, seja pela meninice ou pela fraqueza, de lhe resistir, pode tomar pelo direito de natureza a melhor precaução ao fazer que essa criança, ou essa pessoa fraca e submissa, seja orientada e governada por ele no futuro. Pois, visto que sempre temos a intenção de buscar a nossa própria segurança e preservação, contradiríamos manifestamente tal intenção caso desejássemos abandonar essa pessoa, permitindo-lhe ao mesmo tempo reunir forças e tornar-se nosso inimigo. Disso se pode também inferir que o poder irresistível no estado de natureza é um direito.

14. Mas uma vez suposto, a partir da igualdade de força e de outras faculdades naturais dos homens, que ninguém tem poder suficiente para se proteger e se preservar por um longo tempo, enquanto permanecer no estado de hostilidade e de guerra, conclui-se, portanto, que a razão dita que, para o seu próprio bem, cada um busque a paz, enquanto houver esperança de alcançá-la, e toda a ajuda possível para se defender daqueles que não permitem que tal paz seja alcançada; e que faça tudo o que for necessário para obtê-la[16].

---

16. Cf. Hugo Grotius, *O direito da guerra e da paz*, livro II, capítulo XXIV, seção VI, parágrafo 2. (N. do T.)

CAPÍTULO XV
Da privação do direito natural por doação e pacto

1. Os que escrevem sobre o que chamamos lei de natureza até hoje não chegaram a um acordo. Na sua maioria, quando tais escritores têm oportunidade de afirmar que uma coisa é contra a lei de natureza, eles alegam apenas que ela vai contra o consenso de todas as nações, ou das nações mais sábias e civilizadas. Não se está de acordo, porém, quanto a quem deve julgar quais nações são as mais sábias. Outros afirmam que é contra a lei de natureza aquilo que é contrário ao consenso de toda a humanidade; essa definição não pode ser aceita, porque nesse caso nenhum homem poderia transgredir a lei de natureza, uma vez que a natureza de cada homem está contida na natureza da humanidade. Mas na medida em que todos os homens, levados pela violência de suas paixões e pelos maus costumes, fazem coisas que são comumente consideradas contrárias à lei de natureza, então não é o consenso da paixão ou de algum erro adquirido pelo costume que faz a lei de natureza. A razão* faz parte da natureza humana, tanto quanto a paixão, e ela é idêntica em todos os homens, porque todos eles concordam na vontade de serem dirigidos e governados no sentido daquilo que desejam alcançar, a saber, o seu próprio bem, o que é obra da razão. Portanto, não pode haver outra lei de natureza além da razão, nem outros preceitos da *lei natural* além daqueles que nos mostram os caminhos da paz, onde ela pode ser alcançada, e os meios de defesa, onde a paz não pode ser alcançada.

2. Portanto, um preceito da lei de natureza é *que todo homem se prive do direito que ele tem, por natureza, a todas as coisas*. Pois quando vários homens têm direito não só a todas as coisas, mas a outras pessoas, e põem isso em prática, disso resulta, de uma parte, invasão, e, de outra, resistência, o que corresponde à guerra; e por isso tal situação é contrária à lei de natureza, cujo cerne consiste em fazer a paz.

3. Quando um homem se priva e abre mão de seu direito, ele simplesmente renuncia a este ou o transfere para outro homem. *Renunciar* ao direito é declarar, por meio

de sinais suficientes, que é sua vontade não praticar mais aquela ação que, de direito, ele podia fazer antes. *Transferir* o direito para outrem é declarar, por meio de sinais suficientes, àquele que o aceita, que a sua vontade é não lhe resistir nem o impedir, em conformidade com o direito, àquilo que ele tinha antes de tê-lo transferido. Ora, visto que todo homem por natureza tem direito a todas as coisas, não é possível que um homem transfira a outrem um direito que ele não tinha anteriormente. E, portanto, tudo o que um homem faz, ao transferir um direito, nada mais é do que declarar a sua intenção de permitir que aquele a quem transferiu o seu direito possa beneficiar-se dele sem incômodo. Por exemplo: quando um homem dá a sua terra ou os seus bens a outrem, ele tira de si próprio o direito de nela entrar e de fazer uso da referida terra ou dos referidos bens, ou, em outras palavras, ele se impede de usar aquilo que deu.

4. Para a transferência do direito, duas coisas são requeridas: uma, da parte daquele que transfere, que haja uma indicação suficiente de sua vontade de fazê-lo; a outra, da parte daquele a quem se transfere, que haja uma indicação suficiente de sua aceitação. Na falta de uma dessas duas indicações, o direito permanece onde estava. Não se deve supor que aquele que dá o seu direito a alguém que não o aceita simplesmente renuncia ao direito, transferindo-o a qualquer um que o receba, visto que a causa da transferência do direito a um homem, preferivelmente a outro, está naquele que o transfere, e não nos demais.

5. Quando não se apresenta nenhum outro sinal, além das palavras, de que um homem renunciou ao seu direito ou o transferiu, é preciso que isso seja feito com palavras que designem o tempo presente ou passado, e não apenas o futuro. Pois aquele que fala do futuro, por exemplo, "amanhã eu darei", declara evidentemente que ainda não deu. Portanto, o direito lhe pertence ainda hoje, e assim continua até que ele o dê efetivamente. Mas aquele que diz "eu dou", presentemente, ou "eu dei alguma coisa ao outro", a fim de que a possua e a desfrute amanhã, ou em algum outro momento futuro, transferiu agora, efetivamente, o mencionado

direito que, de outro modo, ele ainda teria no momento em que o outro devesse desfrutá-lo.

6. Mas porque as palavras não são uma declaração suficiente da mente, conforme foi mostrado no capítulo XIII, seção 8, segue-se que as palavras que falam *de futuro* – em que a vontade daquele que fala pode ser apreendida por meio de outros sinais – podem ser tomadas muito frequentemente como se elas se referissem *de praesenti*. Pois quando aquele que dá gostaria que as suas palavras fossem entendidas por parte daquele a quem dá, como se ele tivesse transferido efetivamente o seu direito, então ele deve ser necessariamente entendido como querendo tudo aquilo que é necessário para tanto.

7. Quando um homem transfere qualquer direito seu a outrem, sem ter em consideração um benefício recíproco, presente, passado ou futuro, chama-se isso de *doação*. E as palavras que estão mais vinculadas com a doação são *de praesenti* ou *de praeterito*; pois, sendo somente *de futuro**, elas nada transferem, nem podem ser entendidas como se procedessem da vontade do doador; pois, em se tratando de uma doação, não se transmite nenhuma obrigação maior do que a que se afirma nas palavras. De fato, enquanto aquele que promete doar não tiver doado, sem nenhuma outra consideração a não ser a sua própria afeição, pode ainda deliberar, conforme as causas de suas afeições persistam ou diminuam. E aquele que delibera não realizou ainda a sua vontade, posto que a vontade é o último ato de sua deliberação. Portanto, aquele que promete não é por isso um doador, mas um *doson*, nome esse dado a Antíoco**, que com frequência prometia, mas raramente dava.

8. Quando um homem transfere seu direito, tendo em vista um benefício recíproco, isso não é uma doação simples, mas uma doação mútua chamada de *contrato*. Em todos os contratos, ou ambas as partes cumprem de imediato e dão, uma à outra, a certeza e a segurança de desfrutar o que é acordado entre elas, quando, por exemplo, compram, vendem ou barganham; ou uma das partes cumpre de imediato, e a outra promete, quando, por exemplo, se vende a crédito; ou ainda,

nenhuma das partes cumpre de imediato, embora uma confie na outra. É impossível que haja algum outro tipo de contrato além desses três. Pois ou ambos os contratantes confiam, ou nenhum dos dois confia, ou, ainda, um deles confia e o outro não.

9. Em todos os contratos em que existe confiança, a promessa daquele em quem se confia é chamada de *pacto**. E embora seja uma promessa que se refere ao futuro, ainda assim o direito que o pacto transfere quando tal momento chega não é menor do que em uma doação atual. Pois é um sinal evidente de que quem cumpriu entendeu que era a vontade daquele em quem confiou também cumprir. Portanto, as promessas que são feitas tendo em vista um benefício recíproco são pactos ou sinais da vontade, que é o último ato da deliberação, por meio dos quais a liberdade de cumprir ou não cumprir é suprimida; e consequentemente tais promessas são obrigatórias. Pois, quando cessa a liberdade, inicia-se a obrigação.

10. Todavia, quando o contrato que consiste na confiança mútua se dá entre partes que não estão obrigadas, de tal modo que nada seja cumprido no presente por ambas as partes – considerando a disposição dos homens para levar vantagem em tudo, em benefício próprio –, aquele que cumprir primeiro não faz senão expor-se à cobiça ou a outra paixão daquele com quem contratou. E, portanto, tais pactos não têm nenhum efeito. Pois não há razão nenhuma para que alguém cumpra primeiro, se não parecer provável que o outro cumprirá depois. E, parecendo provável ou não, aquele que duvida deverá julgar por si mesmo (como foi dito no capítulo XIV, seção 8) enquanto eles permanecerem no estado e na liberdade de natureza. Mas quando há um poder coercitivo sobre ambas as partes, de modo a privá-las de seus juízos privados nesta questão, tais pactos podem ser válidos, já que aquele que cumpre primeiro não tem nenhum motivo razoável para duvidar do cumprimento do outro, o qual pode ser compelido a tanto.

11. E uma vez que, em todos os pactos, contratos e doações, a aceitação por parte daquele a quem se transfere o

direito é necessária para a essência desses pactos, doações etc., é impossível fazer um pacto ou doação a alguém que por natureza, ou por carência, seja inapto, ou, mesmo sendo apto, não declare efetivamente que o aceita. Antes de tudo, portanto, é impossível qualquer homem fazer um pacto com Deus Todo-Poderoso, a não ser que lhe apraza declarar quem deverá receber e aceitar o mencionado pacto em seu nome. Também é impossível fazer pacto com aquelas criaturas vivas, de cujas vontades não temos nenhum sinal suficiente, por falta de uma linguagem comum.

12. Um pacto para realizar uma ação em determinado momento e lugar é dissolvido pelo pactuante quando chega esse momento, seja pelo seu cumprimento, seja pela sua violação. Com efeito, anula-se um pacto quando este se mostra impossível. Mas um pacto para não realizar, sem prazo determinado, o que equivale a dizer, um pacto para nunca fazer, é dissolvido pelo pactuante apenas quando ele o viola ou quando morre. E, geralmente, todos os pactos são exonerados pelo pactuário, a cujo benefício e direito aquele que faz o pacto está obrigado. Portanto, esse direito de renúncia do pactuário corresponde a um livramento para o pactuante. E, universalmente, pela mesma razão, todas as obrigações podem ser determinadas segundo a vontade de quem obriga.

13. Frequentemente, questionam-se se aqueles pactos que são extorquidos pelo medo obrigam. Por exemplo: se um homem, por medo da morte, prometeu dar cem libras a um ladrão no dia seguinte e não o denunciar, pode-se questionar se tal pacto é ou não obrigatório. Embora em alguns casos tais pactos possam ser nulos, ainda assim não se anula o caso em questão porque ele é extorquido pelo medo. Pois não parece haver nenhuma razão pela qual aquilo que fazemos por medo deva ser menos resoluto do que aquilo que fazemos por cobiça. Pois em ambos os casos a ação é realizada voluntariamente*. E se nenhum pacto que procedesse do medo da morte fosse bom, nenhuma condição de paz seria possível entre inimigos e nenhuma lei poderia ter força, pois elas são consentidas por aquele medo. Afinal, quem aceitaria

perder a liberdade que a natureza lhe deu para governar a si mesmo, por sua própria vontade e poder, se não temesse a morte ao manter essa liberdade? Como se poderia confiar em um prisioneiro de guerra que oferecesse sua rendição, devendo então não ser morto, se ele não estivesse obrigado, concedendo-lhe a vida, a cumprir a sua promessa? Todavia, após a introdução da política e das leis, o caso pode alterar-se; pois se o cumprimento de um pacto estiver proibido pela lei, então aquele que promete alguma coisa ao ladrão não só pode como deve recusar cumpri-lo. Mas se a lei não proíbe o cumprimento, deixando tal questão ao arbítrio de quem promete, então o cumprimento é ainda legítimo, e o pacto de coisas legítimas é obrigatório, mesmo em relação a um ladrão.

14. Aquele que doa, promete ou pactua com alguém, e depois doa, promete ou pactua com outra pessoa, torna nulo o ato posterior. Pois é impossível que um homem transfira um direito que ele próprio não possui; e ele não possui esse direito que ele próprio transferiu anteriormente.

15. Um *juramento* é uma cláusula anexada a uma promessa, contendo a renúncia à piedade de Deus, por parte de quem promete, caso não cumpra tanto quanto lhe for legítimo e possível cumprir. Isso se evidencia nas palavras que constituem a essência do juramento, a saber: *que Deus me ajude*. O mesmo se dava também entre os pagãos. E a fórmula empregada pelos romanos era: *Tu, oh Júpiter, mate aquele que rompe* [o pacto], *assim como eu mato este animal*. Portanto, se a intenção de um juramento é atrair a vingança sobre aqueles que rompem os pactos, então não há nenhum propósito em jurar pelos homens, por mais importantes que sejam, uma vez que as suas punições, quer eles queiram quer não, podem ser evitadas por diversos acidentes, ao passo que a punição de Deus não pode ser evitada. Embora fosse um costume de muitas nações jurar pela vida de seus príncipes, esses príncipes ambicionavam a honra divina e davam, assim, testemunho suficiente de que acreditavam que não se deveria jurar senão pela Deidade.

16. E visto que os homens não podem temer o poder no qual não creem, e que um juramento não serve para nada se eles não temem aquele por quem juram, é necessário que aquele que jura faça-o segundo a forma que admite na sua própria religião, e não segundo a forma usual de quem o obriga a jurar. Pois, embora todos os homens possam conhecer por natureza que há um poder Todo-Poderoso, eles não acreditam que juram por ele sob nenhuma outra forma ou nome senão a que a sua própria religião (que pensam ser a verdadeira) os ensina.

17. E, pela definição de juramento, ele parece não acrescentar ao pacto jurado uma obrigação maior que aquela que o pacto contém em si mesmo, mas põe o homem em situação de perigo e punição maiores.

18. Os pactos e os juramentos são *de voluntariis*, isto é, *de possibilibus*. Nem pode um pactuário entender que um pactuante faça promessas impossíveis, já que elas não podem ser objeto de deliberação; consequentemente (de acordo com o capítulo XIII, seção 10, que trata do pactuário intérprete), entende-se, pois, que nenhum pacto obriga um homem a fazer um esforço maior que o possível para cumprir a coisa prometida ou algo equivalente.

CAPÍTULO XVI

Algumas das leis de natureza

1. É comum dizer que a natureza não faz nada em vão. E mais certo ainda é que, assim como a verdade de uma conclusão nada mais é do que a verdade das suas premissas, do mesmo modo a força de um comando, ou da lei de natureza, nada mais é do que a força das razões que induzem a tanto. Portanto, a lei de natureza mencionada no capítulo anterior, seção 2, segundo a qual *todo homem deve se privar do direito etc.*, seria totalmente vã e ineficaz, se não fosse também esta uma lei da mesma natureza, *que todo homem está obrigado a manter e cumprir os pactos que faz*. Pois, que benefício pode haver para um homem, quando alguma coisa

lhe é prometida ou doada, se aquele que doa ou promete não o cumpre, ou, ainda, se conserva o direito de reaver o que deu?

2. A ruptura ou violação do pacto é aquilo que os homens chamam de *injúria*, consistindo em uma ação ou omissão que, por isso, é chamada de *injusta*. Trata-se, pois, de uma ação ou omissão sem *jus,* ou direito, o qual foi anteriormente transferido ou abandonado. Há grande semelhança entre o que chamamos de injúria ou injustiça, presente nas ações e na convivência mundana dos homens, e o que é chamado de *absurdo* nos argumentos e discussões dos escolásticos. Pois, assim como se considera que alguém foi conduzido a um absurdo, quando levado a contradizer uma asserção que defendia antes, assim também considera-se que alguém comete uma injustiça quando, por meio das paixões, faz ou omite o que antes prometeu, por meio de um pacto, não fazer ou não deixar de fazer. E, propriamente falando, em cada ruptura de pacto há uma contradição; pois aquele que pactua pretende fazer ou omitir, com vistas ao futuro; e aquele que realiza uma ação pretende isso no presente, que faz parte do tempo futuro contido no pacto. Portanto, quem viola um pacto quer que uma coisa seja, ao mesmo tempo, feita e não feita, o que constitui uma evidente contradição. Assim, a injúria é um absurdo da conduta, assim como o absurdo é um tipo de injustiça cometida na discussão[17].

3. Em toda violação de pacto (para quem quer que sofra o dano), a injúria é cometida apenas contra quem o fez. Por exemplo, se um homem promete obedecer ao seu mestre, e este lhe ordena que dê dinheiro a um terceiro, o que promete fazer, mas não faz, apesar de o dano incidir sobre o terceiro, ainda assim a injúria é cometida apenas contra o

---

17. O argumento desta segunda seção, a sua própria composição, corresponde praticamente à mesma estrutura da obra *Do Cidadão* [*De Cive*] (capítulo 3, seção 3), traduzida por Renato Janine Ribeiro, que apresenta a seguinte nota a propósito do termo *injury*: "Essa tradução se vê algo comprometida pelo fato de que, hoje, em português, 'injúria' designa mais propriamente um insulto do que a ofensa a um direito. Na falta, porém, de palavra melhor, creio que este composto *in + jus* será o mais adequado para expressar o ataque praticado por alguém ao direito de outra pessoa." (N. do T.)

mestre. Pois o pactuante não poderia violar nenhum pacto com quem nada pactuou e, por isso, não lhe causa nenhuma injúria: pois, pela sua própria definição, a injúria consiste na violação de um pacto.

4. As denominações de "justo", "injusto", "justiça", "injustiça" são equívocas e de significação diversa. Pois quando se atribuem as palavras "justiça" e "injustiça" às ações, elas significam [respectivamente] a mesma coisa que não injúria e injúria; e a ação é denominada justa ou injusta, mas não o homem que a pratica; pois, aplicadas ao homem, tais palavras denominam-no culpado ou não culpado. Mas quando se atribuem as palavras "justiça" e "injustiça" ao homem, elas significam propensão, afecção e inclinação natural, o que equivale a dizer, paixões da mente que o dispõem a praticar ações justas e injustas. De modo que, quando se diz que um homem é justo ou injusto, o que está sendo considerado não é a ação, mas a paixão e a aptidão para realizar determinada ação. Portanto, um homem justo pode ter cometido um ato injusto, assim como um homem injusto pode ter realizado de modo justo não apenas uma ação, mas a maioria de suas ações. Pois há um *oderunt peccare** na pessoa injusta, como também na pessoa justa, embora por razões diferentes: a pessoa injusta, que se abstém das injúrias por medo de punição, demonstra claramente que a justiça de suas ações depende de uma constituição civil, da qual procedem as punições; do contrário, conforme as motivações que as inspirem, tais ações seriam injustas no estado de natureza. Portanto, é preciso recordar essa distinção entre justiça e injustiça, e que quando a injustiça é tomada no sentido de culpa, a ação é injusta, mas não a pessoa; e quando a justiça é tomada no sentido de inocência, as ações são justas, mas nem sempre a pessoa. Do mesmo modo, quando a justiça e a injustiça são tomadas por hábitos da mente, a pessoa pode, nesse caso, ser justa ou injusta, ainda que nem todas as suas ações sejam.

5. No que se refere à justiça das ações, em geral ela se divide em dois tipos, um chamado de comutativo, e o outro de distributivo; diz-se que o primeiro consiste na proporção aritmética, e o outro na geométrica. A justiça comutativa está

relacionada com a permuta, como na compra, venda e troca; e a justiça distributiva consiste em dar a cada um conforme seu mérito. Essa distinção não é adequada, na medida em que a injúria, que é a injustiça da ação, não consiste na desigualdade das coisas trocadas ou distribuídas, mas na desigualdade (contrária à natureza e à razão) que os homens estabelecem para si mesmos acima de seus semelhantes; e dela trataremos mais adiante. Quanto à justiça comutativa, relacionada com a compra e venda, embora a coisa comprada não equivalha ao preço que lhe é dado, na medida em que tanto o comprador quanto o vendedor tornam-se juízes do valor, ficando assim ambos satisfeitos, nenhuma injúria poderá ser cometida contra nenhuma das partes, se nenhuma delas tiver confiado ou pactuado com a outra. E quanto à justiça distributiva, que consiste na distribuição de nossos próprios benefícios, visto que se diz que uma coisa é nossa porque podemos dela dispor ao nosso bel-prazer, nenhuma injúria pode ser cometida contra nenhum homem, mesmo que nossa liberalidade possa ser estendida mais a um do que a outro, a menos que estejamos obrigados pelo pacto, e, nesse caso, a injustiça consiste na violação do pacto, e não na desigualdade da distribuição.

6. Muitas vezes um homem beneficia ou contribui para o poder de outro homem, sem que haja algum pacto entre eles, simplesmente porque crê ter motivos para esperar obter a graça e o favor do outro e, com isso, conseguir uma assistência ou um benefício maior ou pelo menos igual para si mesmo. De fato, por necessidade da natureza, todo homem busca algum bem para si mesmo* em todas as suas ações voluntárias. Nesse caso, é uma lei de natureza *que nenhum homem tenha que suportar, por ter confiado a sua caridade ou afeição a outrem, um estado pior em função de sua confiança***. Pois, se ele assim fizer, os homens não ousarão confiar uns nos outros para a sua defesa, nem se colocarão à mercê uns dos outros a qualquer preço; ao contrário, eles aturarão o pior e mais extremo evento hostil. Em virtude dessa desconfiança generalizada, os homens não só serão compelidos à guerra, mas também terão medo de se

aproximar demais do perigo que um representa para o outro, e de fazer qualquer proposta de paz. Entenda-se isso, porém, em relação apenas aos que, como eu disse, conferem seus benefícios com base exclusiva na confiança, e não em vista do triunfo ou da ostentação. Pois, assim como, quando o fazem com base na confiança, o fim a que visam – o de serem bem tratados – é a recompensa, da mesma forma, quando o fazem por ostentação, eles têm a recompensa neles mesmos.

7. Mas visto que nesse caso não se celebra nenhum pacto, a violação dessa lei de natureza não deve ser chamada de injúria; ela tem outro nome: *ingratidão*.

8. É também uma lei de natureza: *Que cada homem ajude e se esforce para se acomodar com os outros, contanto que não haja perigo para a sua pessoa, nem perda dos meios de que dispõe para se preservar e se defender.* Com efeito, visto que as causas da guerra e da desolação procedem das paixões pelas quais nos esforçamos para nos acomodar e deixar os outros atrás de nós tanto quanto possível, segue-se que a paixão pela qual nos esforçamos para nos acomodar uns com os outros deve ser a causa da paz. Essa paixão é a caridade, definida no capítulo IX, seção 17.

9. E esse preceito da natureza inclui e compreende também o seguinte: *Que um homem perdoe quem lhe fez algo de errado, se este se arrepende e lhe dá garantias futuras.* Pois o *perdão* é a paz concedida àquele que, tendo provocado a guerra, o pede. Portanto, não é pela caridade, mas pelo medo, que um homem oferece a paz àquele que não se arrepende nem oferece garantia de preservá-la no futuro. De fato, aquele que não se arrepende conserva o pendor da inimizade; e o mesmo se passa com aquele que se recusa a dar garantia; consequentemente, presume-se que ele não busca a paz, mas a vantagem. Nesse caso, nem a lei de natureza nem a caridade exigem que ele seja perdoado, embora possa sê-lo algumas vezes por prudência. Do contrário, recusar o perdão a quem se arrepende e oferece garantia, mesmo considerando-se que não é possível que os homens

deixem de se provocar, é não admitir nunca a paz, o que vai contra a definição geral da lei de natureza.

10. E visto que a lei de natureza exige perdão quando há arrependimento e garantia futura, segue-se que a mesma lei ordena *que nenhuma vingança seja feita em consideração apenas a uma ofensa passada, mas pelo benefício futuro*; ou seja, toda vingança deveria voltar-se para a melhoria da pessoa que ofende ou de outros, pelo exemplo da punição; isso fica bastante evidenciado pelo fato de que a lei de natureza exige o perdão quando há garantia futura. Isso também é evidente pelo fato de que quando a vingança é considerada em relação à ofensa passada, ela nada mais é do que o triunfo e a glória presentes, sem nenhuma finalidade, já que esta implica algum bem futuro; e o que não aponta para nenhum fim é sem proveito; consequentemente, o triunfo da vingança é vanglória, e o que quer que seja vão é contra a razão; e prejudicar alguém, sem razão, contraria aquilo que supostamente beneficia todo homem, ou seja, a paz; e o que é contrário à paz é contrário à lei de natureza.

11. E porque todos os sinais de ódio e desprezo que mostramos uns aos outros provocam o mais alto grau de discórdia e combates (na medida em que, sob a condição de permanente escárnio, não se estima a própria vida como algo desfrutável, muito menos a paz), segue-se que deve estar necessariamente implicado como lei de natureza *que nenhum homem repreenda, insulte, zombe ou, de outro modo, declare a outrem o seu ódio, desprezo ou pouca estima*. Essa lei, no entanto, é muito pouco praticada. Afinal, o que pode ser mais ordinário do que as reprimendas dos ricos dirigidas aos que não o são? Ou as repreensões dos que ocupam o posto da judicatura dirigidas aos que são acusados no tribunal? Embora magoá-los dessa forma não faça parte da punição por seus crimes, nem esteja previsto no ofício dos que assim o fazem, o costume prevaleceu; de modo que o que era lícito na relação do senhor com o servo, que era sustentado por aquele, é também praticado como algo lícito na relação dos mais fortes com os mais fracos, ainda que aqueles não contribuam em nada para o sustento destes.

12. É também uma lei de natureza: *Que os homens permitam o comércio e o tráfego livremente entre si.* Pois aquele que permite uma coisa a alguém e a nega a outrem, declara seu ódio a quem ele nega. E declarar ódio é a guerra. Com base nesse argumento foi declarada a grande guerra entre os atenienses e os peloponenses*; pois, tivessem os atenienses concedido autorização aos megáricos, seus vizinhos, para que trafegassem em seus portos e mercados, essa guerra não teria começado.

13. Também é uma lei de natureza: *Que todos os mensageiros da paz, e todos aqueles que são empregados para granjear e manter a amizade entre os homens, possam chegar e partir com segurança.* De fato, se a paz é a lei geral da natureza, os meios para alcançá-la (é o que são esses homens) devem estar compreendidos nessa lei.

CAPÍTULO XVII
Outras leis de natureza

1.** A questão de saber quem é o melhor só pode ser determinada no estado da sociedade civil e política, embora seja erroneamente considerada uma questão de natureza, não apenas pelos ignorantes, que pensam que o sangue de um é por natureza melhor do que o de outro, mas também por ele (Aristóteles), cujas opiniões têm até hoje nestas regiões mais autoridade do que os escritos de qualquer outro homem. Pois ele imputa tamanha diferença natural entre os poderes dos homens, que não hesita em estabelecer, como fundamento de toda a sua política, que alguns homens são por natureza dignos de governar, enquanto outros deveriam por natureza servir. Esse fundamento não apenas enfraqueceu toda a estrutura de sua política, mas ofereceu também aos homens a desculpa e o pretexto para perturbarem e impedirem a paz entre si. Pois, ainda que houvesse uma tão grande diferença de natureza, que fizesse que, não por consenso entre os homens, mas sim por virtude inerente, um fosse o mestre e o outro o servo, nunca haverá uma concordância entre os homens sobre quem tem essa superioridade de virtude sobre os outros, e sobre quem é tão estúpido a ponto de não governar a si mesmo. No mínimo, cada qual se considera naturalmente tão capaz de governar o outro quanto o outro de governá-lo. E quando houve alguma contenda entre os espíritos mais sutis e os mais grosseiros (como tem havido frequentemente em tempos de sedição e de guerra civil), na maioria das vezes, estes últimos venceram; e, enquanto os homens arrogarem mais honras para si mesmos do que para os outros, não é possível imaginar como eles conseguirão viver em paz; consequentemente, devemos supor que a natureza, em nome da paz, ordenou esta lei: *Que todo homem reconheça o outro como seu igual*. E a violação dessa lei é o que chamamos de *orgulho*.

2. Assim como foi necessário ao homem que ele não preservasse o seu direito a todas as coisas, assim também foi necessário que ele preservasse o seu direito a algumas coisas. Por exemplo, o direito de defender o seu próprio corpo, o qual ele não poderia transferir; o direito de usar o fogo, a água, o ar livre e a um lugar para viver, e a todas as coisas necessárias à vida. A lei de natureza só ordena que alguém seja privado daqueles direitos que não podem ser mantidos sem a perda da paz. Visto então que muitos direitos são mantidos quando entramos em paz uns com os outros, a razão e a lei de natureza ditam: *Qualquer que seja o direito que um homem pede para ser mantido, ele deve admitir que todos os outros homens o mantenham*. Pois quem não age assim, não admite a igualdade mencionada na seção anterior. Não há nenhum reconhecimento da igualdade de valor, se não há a atribuição da igualdade do benefício e do respeito. E reconhecer *aequalia aequalibus* é a mesma coisa que reconhecer *proportionalia proportionalibus*[18]. Pois quando um homem reconhece que todos os homens são iguais, esse reconhecimento será proporcional ao número de homens com

---

18. Em latim no original: *reconhecer coisas iguais para pessoas iguais é o mesmo que reconhecer proporções numéricas*. (N. do T.)

relação aos quais se faz tal reconhecimento. E é isso o que os homens designam por justiça distributiva, que é propriamente denominada *equidade*. A violação dessa lei é aquilo que os gregos chamam de *pleonexía*, que em geral se traduz por cobiça, mas que se exprime mais precisamente, ao que parece, pela palavra *usurpação**.

3. Se não é possível celebrar nenhum outro pacto, a lei natural diz que *as coisas que não podem ser divididas sejam usadas em comum, em proporção ao número daqueles que devem usá-las, ou ilimitadamente, se a quantidade delas é suficiente*. Com efeito, supondo primeiramente que a coisa a ser usada em comum não seja suficiente para os que devem usá-la ilimitadamente, se alguns poucos fizerem uso dela mais do que os outros, então não se observa a igualdade requerida na segunda seção. Deve-se entender assim todas as demais leis de natureza, se não houver nenhum outro pacto precedente; pois um homem pode ter se apartado do seu direito àquilo que é comum, e assim o caso se altera.

4. No tocante às coisas que não podem ser divididas nem usadas em comum, a regra da natureza deve necessariamente ser uma destas: o sorteio ou o uso alternado, pois além dessas duas formas, nenhuma outra igualdade pode ser imaginada. Quanto ao uso alternado, quem começa tem a vantagem; e para reduzir essa vantagem à igualdade, não há nenhum outro meio além do sorteio. Portanto, nas coisas indivisíveis e incomunicáveis, a lei de natureza é esta: *Que o uso seja alternado, ou que a vantagem seja decidida por sorteio*, já que não há nenhuma outra forma de igualdade; e a igualdade é a lei de natureza.

5. Há dois tipos de sorteio: um arbitrário, feito pelos homens e conhecido comumente pelo nome de sorte, acaso, azar e outros semelhantes; e há o sorteio natural, como ocorre na primogenitura, que nada mais é do que o acaso, ou a sorte, de ter nascido primeiro; é este caso que, aparentemente, consideram os que chamam a herança de *cleronomia*, que significa a distribuição por meio da sorte. Em segundo lugar, há a *prima occupatio*, o ato de tomar posse de uma coisa da qual ninguém fez uso antes, ou de descobri-la

primeiro, o que, na maioria das vezes, também é mera obra do acaso.

6. Apesar de os homens concordarem com essas leis de natureza e se esforçarem por observá-las – considerando que as suas paixões tornam difícil compreender as ações e as circunstâncias das ações em que essas leis são transgredidas –, devem necessariamente surgir grandes controvérsias sobre a interpretação disso; em virtude desse fato, a paz deve ser necessariamente dissolvida, e os homens devem retornar ao seu estado anterior de hostilidade. Para evitar essas controvérsias, é necessário que haja algum árbitro ou juiz comum, a cuja sentença ambas as partes envolvidas na controvérsia devem se ater. E, portanto, é uma lei de natureza: *que em toda controvérsia, ambas as partes envolvidas devem concordar mutuamente com um árbitro em quem elas confiam e comprometer-se mutuamente em se ater à sentença que será dada pelo juiz*. Pois no caso em que cada homem é o seu próprio juiz, não há propriamente juiz algum; assim como, no caso em que cada homem molda o seu próprio direito, o efeito seria o mesmo daquele caso em que não houvesse absolutamente nenhum direito; e onde não há nenhum juiz, a controvérsia não tem fim e por isso o direito de hostilidade permanece.

7. Portanto, um *árbitro* ou juiz é alguém em quem confiam as partes envolvidas em alguma controvérsia, para decidi-la por meio da declaração de seu próprio juízo. Do que se segue, primeiro, que o juiz não deve estar implicado na controvérsia na qual ele põe fim; pois, nesse caso, ele é parte envolvida e deve, pela mesma razão, ser julgado por outrem. Em segundo lugar, que ele não pactue com nenhuma das partes, a fim de não pronunciar a sentença a favor de uma delas mais do que da outra. Ele não deve sequer prometer que a sua sentença será justa, pois isso equivaleria a transformar as partes em juízes da sentença e, assim, a controvérsia permaneceria indecidida. No entanto, por causa da confiança depositada nele, e pela igualdade das partes que a lei de natureza exige que ele considere, se ele der uma sentença diferente daquela que acredita ser justa, seja por

favorecimento seja por ódio a qualquer uma das partes, ele viola essa lei. E, em terceiro lugar, que nenhum homem se torne juiz em qualquer controvérsia alheia, a menos que os envolvidos consintam e concordem com isso.

8. Também é uma lei de natureza: *Que ninguém se intrometa ou force seu conselho a outro homem que se declare relutante em ouvi-lo*. Pois visto que um homem pede conselho apenas quando tem em conta o que é bom ou ruim para si mesmo, e não para o conselheiro, e que o conselho é uma ação voluntária, tendendo por isso também ao bem do conselheiro, segue-se que pode haver frequentemente uma justa causa ao se suspeitar do conselheiro. E mesmo que não haja nenhuma causa para tanto, ainda assim, visto que o conselho mal recebido é uma ofensa desnecessária a quem não o deseja ouvir, e que todas as ofensas tendem a romper com a paz, a intromissão é, portanto, contrária à lei de natureza.

9. Quem vir essas leis de natureza, determinadas e inferidas com tantas palavras e com tanto cuidado, poderá pensar que há ainda muitas dificuldades e que é necessária muita sutileza para que se reconheça e se aja de acordo com as mencionadas leis em todas as ocasiões repentinas, nas quais se dispõe de pouco tempo para refletir. E isso é verdade, quando consideramos o homem na maioria de suas paixões, tais como ira, ambição, avareza, vanglória e outras que tendem de fato à exclusão da igualdade natural; contudo, sem essas paixões, há uma regra fácil para saber de imediato se a ação que vou realizar é contra ou não a lei de natureza; e essa regra consiste apenas em que *alguém se imagine no lugar da parte com quem ele tem de tratar e, reciprocamente, que imagine esta parte em seu lugar*; isso nada mais é do que, por assim dizer, mudar as balanças. Pois a paixão de cada um pesa mais na sua própria balança do que na balança do vizinho. E tal regra é muito bem conhecida e expressa por este velho ditado: *Quod tibi fieri non vis, alteri ne feceris.**

10. Essas leis de natureza têm, em resumo, a finalidade de proibir que sejamos os nossos próprios juízes e que as

moldemos ao nosso próprio feitio, e elas ordenam que nos acomodemos uns com os outros; caso elas fossem observadas por uns, mas não por outros, isso transformaria os que observam as leis em presas daqueles que as negligenciam, deixando os bons sem defesa contra os maus e também com o encargo de assisti-los; o que vai contra o escopo dessas leis, que são feitas exclusivamente para a proteção e a defesa daqueles que as observam. A razão, portanto, e a lei de natureza, que está acima de todas essas leis particulares, ditam esta lei geral: *Que essas leis particulares sejam observadas na medida em que elas não nos sujeitem a nenhum incômodo, segundo nosso próprio juízo, em virtude da negligência daqueles pelos quais nós as observamos.* Consequentemente, elas não exigem mais do que o desejo e a intenção constante de nos esforçarmos prontamente em observá-las; a não ser que os outros homens nos deem uma razão contrária para se recusarem a observá-las por nós. Portanto, a força da lei de natureza não é *in foro externo*, até que haja segurança para que os homens a obedeçam; mas é sempre *in foro interno*, no qual, mesmo que o ato de obediência não seja seguro, a vontade e a disposição para cumprir são tomadas por cumprimento.

11. Entre as leis de natureza, não se incluem os costumes e as prescrições. De fato, toda ação que é contra a razão, por mais reiterada que seja, ou por mais precedentes que haja a seu respeito, é ainda contra a razão e, portanto, não é uma lei de natureza, mas o seu contrário. Porém, com a mudança das circunstâncias, o consenso e a convenção podem de tal modo alterar os casos em que a lei de natureza pode ser posta, que o que antes era razão, pode depois ser contra ela, embora a razão seja sempre a lei. Pois, ainda que cada homem seja obrigado a reconhecer a igualdade do outro, se esse outro tiver algum motivo para renunciar a essa igualdade, tornando-se assim inferior, então, se daí em diante aquele que não renunciou considerar o que renunciou um inferior, nem por isso o que não renunciou viola a lei de natureza que ordena o reconhecimento da igualdade. Em suma, *por seu próprio consentimento, e não pelo costume, um*

homem pode privar-se da liberdade que a lei de natureza lhe concede; mas nenhum homem pode ab-rogar essas ou outras leis de natureza.

12. Na medida em que a lei propriamente dita é uma ordem, e esses ditames, por procederem da natureza, não são ordens, eles não são chamados de leis em relação à natureza, mas em relação ao autor da natureza, Deus Todo-Poderoso.

13. Visto que as leis de natureza concernem à consciência, não apenas aquele que realiza uma ação contrária as viola, mas também aquele cuja ação lhe é conforme, caso pense o contrário. Pois, embora aconteça que a ação seja correta, ainda assim, em seu julgamento, ele desdenha a lei.

14. Pela paixão natural cada homem chama de bem aquilo que lhe agrada no presente, ou na medida em que consegue prevê-lo; e do mesmo modo, aquilo que lhe desagrada, ele chama de mal. Portanto, quem prevê todos os meios de se preservar (que é o fim que por natureza todo o mundo almeja) deve chamar isso de bem, e o contrário de mal. E esse é o bem e o mal que nem todo homem chama assim conforme a paixão, mas que todos os homens o chamam pela razão*. Portanto, o cumprimento de todas essas leis é o bem segundo a razão; e a violação delas é o mal. Assim também o hábito, a disposição ou a intenção de cumpri-las é o bem, e de negligenciá-las, o mal. E daí vem a distinção entre *malum poenae* e *malum culpae*; em que *malum poenae* é qualquer pena ou molestamento da mente, mas *malum culpae* é a ação que contraria a razão e a lei de natureza. Também o hábito de agir conforme essa ou outras leis de natureza, que tendem à nossa preservação, é o que chamamos de *virtude*; e o hábito de fazer o contrário, *vício*. Por exemplo, a justiça é o hábito pelo qual respeitamos os pactos; a injustiça, o vício contrário. A equidade é o hábito pelo qual reconhecemos a igualdade de natureza; a arrogância, o vício contrário. A gratidão é o hábito pelo qual retribuímos o benefício e a confiança dos outros; a ingratidão, o vício contrário. A temperança é o hábito pelo qual nos abstemos de todas as coisas que tendem à nossa destruição; a intemperança, o vício contrário. A prudência é a mesma coisa que

a virtude em geral. Quanto à opinião comum de que a virtude consiste na mediocridade, e que o vício consiste em extremos*, não vejo nenhum fundamento para isso, nem consigo encontrar tal mediocridade. A coragem, quando a ousadia é extrema, sendo boa a causa, pode ser uma virtude; e o medo, quando o perigo é extremo, não é um vício. Dar a um homem mais do que lhe é devido não é injustiça, embora o seja quando lhe é dado menos; e nas doações, não é a soma delas que faz a liberalidade, mas a razão. E assim se passa com todas as outras virtudes e todos os outros vícios. Sei que essa doutrina da mediocridade é de Aristóteles, mas as suas opiniões sobre a virtude e o vício nada mais são do que as opiniões que foram recebidas em seu tempo, e que ainda o são pela maioria dos homens sem reflexão; e, portanto, muito provavelmente tais opiniões não são acuradas.

15. A virtude se resume em ser sociável com aqueles que querem ser sociáveis, e assustador com os que não querem[19]. E é nisso que também se resume a lei de natureza; pois, quando se é sociável, cumpre-se a lei de natureza para a paz e a sociedade; e ser assustador é a lei de natureza na guerra, onde ser temido é uma proteção que um homem tira do seu próprio poder; e assim como ser sociável consiste em agir com equidade e justiça, ser assustador consiste em agir com honra. E a equidade, a justiça e a honra contêm todas as virtudes.

CAPÍTULO XVIII
Uma confirmação das mesmas coisas pela palavra de Deus

1. As leis mencionadas nos capítulos anteriores, assim como são chamadas de leis de natureza, por serem ditames

---

19. No original em inglês, *formidable*. Infelizmente traduzimos tal termo por *assustador*, devido ao desuso da acepção de *formidável* como algo que inspira grande medo, preservando-se nos nossos dias apenas a ideia de algo admirável. (N. do T.)

da razão natural, e também de leis morais, porque concernem aos costumes e à convivência entre os homens, assim também elas são leis divinas no que diz respeito ao seu autor, Deus Todo-Poderoso; devem, portanto, concordar ou pelo menos não se opor à palavra de Deus revelada na Sagrada Escritura. Neste capítulo, portanto, apresentarei algumas passagens da Escritura que parecem mais consoantes com as ditas leis.

2. Em primeiro lugar, a palavra de Deus parece situar a lei divina na razão, pois a atribui ao coração e ao entendimento todos estes textos, como em Sl 40, 8: *Tua lei está em meu coração*; em Heb 8,10: *Depois daqueles dias, disse o Senhor, porei minhas leis em suas mentes*; a mesma coisa em Heb 10, 16. Em Sl 37, 31, ao se falar do homem justo, está dito: *a lei de Deus está em seu coração*. Em Sl 19, 7, 8: *A lei de Deus é perfeita e restaura a alma. Ela dá sabedoria ao simples e luz aos olhos*. Em Jr 31, 33: *Porei a minha lei nos seus interiores, e a escreverei em seus corações*. E em Jo 1, o próprio legislador, Deus Todo-Poderoso, é chamado de *lógos*[20]; chamado também no versículo 4 de *a luz dos homens*; e no versículo 9 de *a luz que ilumina todo homem que vem ao mundo*; todas essas passagens são descrições da razão natural.

3. Que a lei divina, como lei moral, consista naqueles preceitos que tendem à paz, parece estar bem confirmado nas seguintes passagens da Escritura: em Rm 3, 17, a justiça, que é o cumprimento da lei, é chamada de *o caminho da paz*. E em Sl 85, 10: *A justiça e a paz devem se beijar*. Em Mt 5, 9: *Abençoados sejam os pacificadores*. E em Heb 7, 2: *Melquisedeque, rei de Salém, é por interpretação rei de justiça e rei de paz*. E no versículo 21 diz-se que Cristo, nosso Salvador, é sacerdote *eternamente, segundo a ordem de Melquisedeque*; do que se pode inferir que a doutrina de Cristo, nosso Salvador, assimila o cumprimento da lei à paz.

4. Que a lei de natureza é inalterável, isso é sugerido pelo fato de que o sacerdócio de Melquisedeque é eterno; e

---

20. Em grego no original, que equivale à formulação tradicional: *No princípio era o Verbo*. (N. do T.)

pelas palavras de nosso Salvador em Mt 5, 18: *O céu e a terra passarão, mas nem um jota nem um til da lei passarão até que todas as coisas sejam cumpridas.*

5. Que os homens devem respeitar seus pactos, ensinado em Sl 15, onde a questão colocada no versículo 1, *Senhor, quem habitará teu tabernáculo*, etc., é respondida no versículo 4, *aquele que jura, com dano para si, mas não muda*. E que os homens devem ser gratos onde não há pacto, em Dt 25, 4: *Não amordaçarás o boi que esmaga o grão*, o que São Paulo (1, Cor 9, 9) interpreta não como bois, mas como homens.

6. Que homens se contentam com a igualdade é o fundamento da lei natural, e é também da segunda tábua da lei divina, em Mt 22, 39-40: *Amarás o teu próximo como a ti mesmo. Destas duas leis dependem toda a lei e todos os profetas*; o que não quer dizer que um homem deve visar ao benefício do seu próximo como o seu próprio bem, ou dividir os seus bens entre os que lhe são próximos; quer dizer sim que ele deve estimar o seu próximo como digno de todos os direitos e privilégios que ele próprio usufrui, e atribuir-lhe tudo aquilo que ele considera que deve ser atribuído a ele mesmo; o que nada mais é do que ser humilde, brando e contente com a igualdade.

7. E quanto à distribuição igual do direito, ela deve ser feita de acordo com a proporção numérica, o que corresponde a dar *aequalia aequalibus* e *proportionalia proportionalibus*; em Nm 26, 53-54 encontramos o mandamento de Deus a Moisés: *Deverás dividir a terra de acordo com o número de nomes; aos muitos deverás dar mais, aos poucos deverás dar menos, a cada um de acordo com o seu número*. Quanto à decisão por sorteio, como um meio de paz, encontra-se em Pr 18, 18: *O sorteio faz cessar os pleitos e decide entre os poderosos*.

8. Não há dúvida de que a acomodação e o perdão entre os homens, estabelecidos anteriormente como leis de natureza, são também uma lei divina. Pois eles constituem a essência da caridade, que é o escopo de toda a lei. Que não deveríamos reprovar ou repreender um ao outro é a doutrina de nosso Salvador, expressa em Mt 7, 1: *Não julgueis,*

para não serdes julgados; (versículo 3) *Por que vês o cisco que está no olho de teu irmão, e não vês a trave que está em teu próprio olho?* Também a lei que nos proíbe de impor nosso conselho aos outros, se eles não o admitirem, é uma lei divina. De fato, após ter sido rejeitada a nossa caridade e o nosso desejo de corrigir uns aos outros, insistir é repreender e condenar o outro, o que é proibido no último texto citado e também em Rm 14, 12-13: *Cada um de nós deverá prestar contas de si próprio a Deus. Portanto, deixemos de nos julgar uns aos outros, mas antes empreguemos nisto nosso juízo: que nenhum homem ponha escândalo ou tropeço diante de seu irmão.*

9. Ademais, a regra dos homens concernente a esta lei de natureza, *Quod tibi fieri non vis, alteri ne feceris*[21], é confirmada pelas seguintes passagens: em Mt 7, 12: *Portanto, tudo aquilo que vós gostaríeis que os homens vos fizessem, fazei a eles: pois tal é a lei e os profetas*. E em Rm 2, 1: *Naquilo que julgas o outro, condenas a ti mesmo*, etc.

10. É igualmente evidente, de acordo com as Escrituras, que essas leis concernem apenas ao tribunal de nossa consciência e que as ações que lhe são contrárias não serão punidas por Deus Todo-Poderoso, a menos que procedam da negligência e do descaso. E, em primeiro lugar, quanto ao fato de que essas leis são feitas para a consciência, isso aparece em Mt 5, 20: *Pois eu vos digo, se vossa justiça não exceder a justiça dos escribas e fariseus, não entrareis no reino dos céus*. Ora, os fariseus eram entre os judeus os mais precisos no cumprimento exterior; faltava-lhes, contudo, a sinceridade da consciência, do contrário nosso Salvador não teria exigido uma justiça maior que a deles. Pela mesma razão o Cristo, nosso Salvador, diz: *O publicano afastou-se do templo justificado, mas não o fariseu*. E Cristo diz: *O seu jugo é suave e o seu fardo é leve*; o que vem do fato de que o Cristo não exige mais do que o nosso maior esforço. E em Rm 14, 23: *Aquele que duvida está condenado, se ele come*. E em inúmeras passagens, tanto no Velho como no Novo Testamento,

---

21. Cf. capítulo XVII, seção 9. (N. do T.)

Deus Todo-Poderoso declara que toma a intenção pelo ato, nas boas e nas más ações. Por tudo isso, comprova-se claramente que a lei divina é ditada à consciência. Por outro lado, não está menos comprovado que, sejam quais forem o número e a maldade das ações cometidas por um homem enfermo, sempre que as condenar em sua consciência, ele estará liberto das punições que tais ações, de outro modo, trazem consigo. Pois, *A qualquer tempo que um pecador se arrependa de seus pecados no fundo de seu coração, apagarei todas as suas iniquidades de minha recordação, disse o Senhor.*

11. Quanto à vingança, que pela lei de natureza não deve visar (como eu disse no capítulo XVI, seção 10) a um deleite presente, mas sim a um proveito futuro, destaca-se certa dificuldade – como se a vingança não estivesse de acordo com a lei divina – da parte daqueles que objetam que a punição deverá continuar após o dia do juízo, quando não houver mais lugar nem para a melhoria nem para o exemplo. Essa objeção teria alguma força, caso tal punição tivesse sido ordenada após todos os pecados terem passado; mas, considerando que a punição foi instituída antes do pecado, ela serve para o benefício da humanidade, posto que mantém os homens em convivência pacífica e virtuosa por meio do terror; portanto, tal vingança se referiria apenas ao futuro.

12. Finalmente, não há nenhuma lei da razão natural que possa ser contrária à lei divina, pois Deus Todo-Poderoso deu a razão ao homem para que ela o ilumine. E eu espero que não seja uma impiedade pensar que Deus Todo-Poderoso exigirá no dia do juízo uma justificativa estrita do uso que fizemos da razão e das instruções que deveríamos seguir em nossa peregrinação terrestre, não obstante a oposição e as afrontas dos sobrenaturalistas de hoje à convivência racional e moral.

CAPÍTULO XIX
Da necessidade e da definição de um corpo político

1. No capítulo XII, seção 16, mostrou-se que as opiniões dos homens, sobre as recompensas e punições que se

seguem às suas ações, são as causas que realizam e governam a vontade para essas ações. Portanto, nesse estado humano, no qual todos os homens são iguais e em que é permitido a cada homem ser o seu próprio juiz, os temores que eles têm uns em relação aos outros são iguais, e a esperança de cada um consiste na sua própria destreza e força; consequentemente, quando um homem é provocado por sua paixão natural a violar essas leis de natureza, não há para os outros nenhuma garantia de sua própria defesa exceto a antecipação. Por causa disso, o direito de cada um (por mais que esteja inclinado à paz) de fazer o que quer que pareça bom aos seus próprios olhos ainda subsiste como o meio necessário para se preservar. Portanto, enquanto não houver segurança entre os homens para a manutenção da lei de natureza, de um em relação ao outro, eles continuarão no estado de guerra, e nada que tenda à proteção ou à comodidade de um homem lhe é ilícito; essa proteção e essa comodidade consistem no auxílio e na ajuda mútua que os homens prestam uns aos outros, do que se segue também o medo que inspiram uns aos outros.

2. Há um provérbio que diz: *inter arma silent leges*[22]. Portanto, pouca coisa há a dizer sobre as leis que os homens devem observar entre si em tempo de guerra, no qual a existência e o bem-estar de cada homem são as regras de suas ações. Entretanto, a lei de natureza ordena que, na guerra, os homens não saciem a crueldade de suas paixões presentes, em função das quais suas consciências não anteveem nenhum benefício futuro. Afinal, tal comportamento revela não uma necessidade, mas uma disposição da mente para a guerra, o que é contrário à lei de natureza. Lemos que outrora a rapina era um ofício; não obstante, muitos dos que a praticavam não apenas pouparam as vidas daqueles que dominaram, mas também lhes deixaram as coisas que eram necessárias para preservar as vidas que lhes haviam sido concedidas, tais como os seus bois e os instrumentos para a

---

22. Em latim no original: *Em tempo de guerra as leis silenciam*. (N. do T.)

lavoura, embora levassem consigo todo o rebanho restante e os outros recursos. E assim como a própria rapina estava autorizada segundo a lei de natureza, por causa da falta de segurança para se manterem de outra forma, assim também o exercício da crueldade era proibido segundo a mesma lei de natureza, a menos que o medo sugerisse alguma coisa contrária. Pois nada além do medo pode justificar que se tire a vida de outrem. E porque o medo dificilmente pode se manifestar, a não ser por alguma ação desonrosa que revele* a consciência de sua própria fraqueza, todos os homens nos quais predomina a paixão da coragem ou da magnanimidade abstêm-se da crueldade; de modo que, embora não haja na guerra nenhuma lei cuja violação seja uma injúria, ainda assim há aquelas leis cuja violação é uma desonra. Em uma palavra, a única lei das ações na guerra é, portanto, a honra; e o direito de guerra é a providência.

3. Visto que a ajuda mútua é necessária para a defesa, assim como o medo mútuo é necessário para a paz, devemos considerar como são requeridas grandes ajudas para essa defesa e para inspirar tal medo mútuo, de modo que os homens não se arrisquem facilmente uns contra os outros. É evidente, em primeiro lugar, que a ajuda mútua de dois ou três homens oferece muito pouca segurança; pois a superioridade de um ou dois homens do outro lado é suficiente para encorajá-los a atacar. E por isso, antes que os homens tenham segurança suficiente para se socorrerem, é preciso que o número deles seja tão grande, que a superioridade de uns poucos que o inimigo possa ter não constitua uma vantagem segura nem perceptível.[23]

4. E mesmo supondo o maior número possível de homens reunidos para a sua mútua defesa, ainda assim isso não surtirá efeito, a não ser que todos eles dirijam suas ações para um único e mesmo fim; essa direção para um único e mesmo fim é o que chamamos de consenso, conforme o capítulo XII, seção 7. Esse consenso (ou concórdia) entre tan-

---

23. Cf. Hobbes, *Leviatã*, XVII. (N. do T.)

tos homens, embora possa ter sido causado pelo medo de um iminente invasor, ou pela esperança de uma iminente conquista ou de uma pilhagem, dura tanto quanto dura a ação. Contudo, pela diversidade de juízos e paixões presentes em tantos homens, que lutam naturalmente pela honra e para obter vantagem uns sobre os outros, é impossível o consenso não apenas no caso em que cada um ajuda o outro contra o inimigo, mas também quanto ao fato de que a paz possa perdurar entre eles mesmos sem um medo mútuo e comum que os governe.

5. Mas a isso pode-se contrapor a experiência que temos acerca de determinadas criaturas que, não obstante sejam irracionais, vivem continuamente numa tal boa ordem e governo, voltadas para seu benefício comum, encontrando-se tão livres da sedição e da guerra em seu meio que, para a paz, o proveito e a defesa, nada melhor pode ser imaginado. E a experiência que temos disso encontra-se naquelas pequenas criaturas, as abelhas, que são por isso reconhecidas entre os *animalia politica*. Por que então não podem os homens, que anteveem o benefício da concórdia, garanti-la sem a coerção, assim como as abelhas? A isso respondo que, entre as outras criaturas vivas, não se questiona a precedência na sua própria espécie, nem há rivalidade quanto à honra ou ao reconhecimento da sabedoria de uma em relação à outra, como há entre os homens, acarretando a inveja e o ódio entre eles e, consequentemente, a sedição e a guerra. Em segundo lugar, cada uma dessas criaturas vivas visa à paz e à alimentação comum a todas elas, ao passo que os homens visam à dominação, à superioridade e ao bem particular, que são diferentes em cada um e geram o confronto. Em terceiro lugar, essas criaturas vivas desprovidas de razão não possuem um saber suficiente a ponto de atentarem, ou de pensar que atentam, para qualquer defeito no governo; e por isso estão satisfeitas com isso; mas, em uma multidão de homens, sempre há os que se consideram mais sábios que os outros, e lutam para alterar aquilo que consideram estar errado; e vários deles lutam para alterar de variadas maneiras, o que causa a guerra. Em quarto lugar, falta-lhes a linguagem, sendo

portanto incapazes de instigar entre si a dissensão, o que não falta aos homens. Em quinto lugar, elas não têm nenhuma concepção de certo e errado, mas apenas de prazer e dor; e por isso, enquanto estão à vontade, elas não censuram umas às outras, nem ao seu comandante; ao passo que os homens, que se fazem juízes do certo e do errado, são os que menos ficam em paz quanto mais estão à vontade. Por último, a concórdia natural, tal como se dá entre essas criaturas, é obra de Deus por meio da natureza, mas a concórdia entre os homens é artificial e resulta de um pacto. Portanto, não é de surpreender que, em multidão, essas criaturas irracionais se governam muito mais firmemente do que os homens, que se governam por meio de uma instituição arbitrária.

6. Resta, portanto, que o consenso (pelo que entendo a concorrência da vontade de muitos homens com vistas a uma única ação) não oferece ainda a segurança suficiente para a paz comum, caso esses homens não erijam algum poder comum, que lhes infunda medo, coagindo-os assim tanto a manter a paz entre si como a juntar suas forças contra um inimigo comum. E para que isso seja feito, não se pode imaginar outra forma senão a da união, que está definida no capítulo XII, seção 8, como aquilo que envolve ou inclui as vontades de muitos na vontade de um só, ou na vontade da maior parte de determinado número de homens, o que equivale a dizer, na vontade de um único homem ou de um *conselho*; pois um conselho nada mais é do que uma assembleia de homens que deliberam sobre algo que é comum a todos.

7. A realização de uma união consiste em que por um pacto cada um se obrigue para com um único e mesmo homem, ou para com um único e mesmo conselho, nomeado e determinado por todos a executar as ações que o dito homem ou conselho lhes ordene que faça; e a não executar nenhuma ação que esse homem ou esse conselho lhes proíba ou ordene não fazer*. Além disso, caso se trate de um conselho a cujas ordens eles concordam em obedecer, então eles também concordam que todo homem deve ter por comando o conselho inteiro, que corresponde ao comando da maioria daqueles homens que compõem o conselho. Ainda

que a vontade do homem, que é voluntária apenas no início das ações voluntárias, não esteja sujeita à deliberação e ao pacto, quando um homem concorda em sujeitar a sua vontade ao comando de outrem, ele se obriga a isto: a resignar a sua força e os meios de que dispõe àquele que ele concorda em obedecer; por isso, aquele que deve comandar pode, pelo uso de todos os meios e forças deles, inspirar o terror com vistas a ajustar a vontade de todos em uma unidade e concórdia entre si.

8. Essa união assim realizada é o que os homens hoje chamam de *corpo político* ou *sociedade civil*; e que os gregos chamam de *pólis*, isto é, cidade, que pode ser definida como uma multidão de homens reunida em uma só pessoa por meio de um poder comum, para sua paz, defesa e benefício comuns.

9. E assim como essa união, em torno de uma cidade ou de um corpo político, é instituída com um poder comum sobre todas as pessoas particulares ou membros que a compõem, para o bem comum de todas elas, assim também pode-se instituir entre a multidão desses membros uma união subordinada de alguns homens, a fim de executar algumas ações comuns em benefício comum dos membros dessa união ou do conjunto da cidade, por exemplo, para exercer o governo subordinado, dar conselhos, para o comércio e outras coisas semelhantes. Esses corpos políticos subordinados são usualmente chamados de *corporações*; e o seu poder sobre os particulares de sua própria sociedade corresponde àquele que o conjunto da cidade da qual são membros lhes outorgou.

10. Em todas as cidades ou corpos políticos não subordinados, mas independentes, o homem ou conselho a quem os membros particulares deram o poder comum é chamado de *soberano*, e o seu poder é chamado de poder soberano, e consiste no poder e na força que cada um dos membros lhe transferiu por meio de um pacto. Como é impossível que um homem transfira realmente sua própria força a outrem, ou que este último a receba, deve-se concluir que transferir o poder e a força de um homem nada mais é do que pôr de

lado ou abrir mão do seu próprio direito de resistir àquele a quem o transferiu. E cada membro do corpo político é chamado de *súdito*, isto é, súdito do soberano.

11. A causa que em geral leva um homem a tornar-se súdito de outrem é (como eu já disse) o medo de não poder se preservar de outro modo. E um homem pode por medo sujeitar-se a quem o ataca, ou pode atacá-lo; ou ainda, os homens podem se juntar para se sujeitar àquele sobre quem estão de acordo, por medo dos outros. Quando muitos homens se sujeitam conforme o primeiro modo, surge daí, como que naturalmente, um corpo político do qual procede a dominação paternal e despótica; e quando se sujeitam conforme o outro modo, por meio da mútua concordância entre muitos, o corpo político que formam é na maioria das vezes chamado de república, para distingui-lo do modo anterior, ainda que esse seja o nome geral dado a ambos. Tratarei, em primeiro lugar, das repúblicas e, em seguida, dos corpos políticos patrimoniais e despóticos.

PARTE II
DE CORPORE POLITICO

CAPÍTULO XX
Dos requisitos para a constituição de uma república

1. A primeira parte deste tratado, já encerrada*, consagrou-se inteiramente ao estudo do poder natural e do estado natural do homem; a saber, sobre a sua cognição e paixões, nos onze primeiros capítulos; e como daí procedem as suas ações, no décimo segundo; como os homens conhecem as mentes uns dos outros, no décimo terceiro; em que estado as paixões inserem os homens, no décimo quarto; a que situação são conduzidos pelos ditames da razão, isto é, quais são os artigos principais da lei de natureza, no décimo quinto, décimo sexto, décimo sétimo e décimo oitavo; e, por último, como uma multidão natural de pessoas se une por meio de pactos em uma pessoa civil ou em um corpo político. Nesta parte, será estudada a natureza de um corpo político e as suas leis, também chamadas de leis civis. E, considerando o que dissemos no último capítulo e na última seção da primeira parte, a saber, que há duas formas de erigir um corpo político: uma pela instituição arbitrária de muitos homens reunidos conjuntamente, o que equivale a uma criação a partir do nada por meio do engenho humano; e a outra, por compulsão, como se fosse gerada a partir da força natural, tratarei, em primeiro lugar, do corpo político erigido a partir da reunião e do consenso de uma multidão.

2. Tendo que considerar aqui uma multidão de homens, prestes a se unir por meio do pacto em um corpo político, para se defender uns dos outros e também contra os inimigos comuns, segue-se que o conhecimento dos pactos que eles devem realizar depende do conhecimento das pessoas e dos seus fins. Em primeiro lugar, no que se refere aos indivíduos, eles são muitos, embora não constituam ainda uma só pessoa, e não se pode atribuir uma ação, feita em uma multidão de pessoas reunidas, à multidão, nem chamá-la verdadeiramente de ação da multidão, a menos que a mão e a vontade de cada homem (sem nenhuma exceção) tenham concorrido para isso. Pois, embora as pessoas estejam juntas na multidão, elas nem sempre coincidem em seus desígnios. Com efeito, mesmo quando em períodos de tumulto, ainda que alguns homens concordem com um malefício, e outros com outro malefício, no conjunto reina entre eles um estado de hostilidade e não de paz; tal como no caso dos judeus sediciosos, sitiados em Jerusalém, que podiam se unir contra os seus inimigos, e ainda assim lutavam entre si. Portanto, sempre que alguém diz que determinado número de homens praticou algum ato, deve-se entender que cada homem em particular, contido naquele número, consentiu nisso, e não apenas a maioria deles. Em segundo lugar, embora congregados na intenção de se unir, eles encontram-se ainda naquele estado em que todo homem tem direito a todas as coisas, e consequentemente, como foi dito no capítulo XIV, seção 10, em um estado em que nada usufruem. Portanto, não há lugar para *meum* e *tuum* [o meu e o teu] entre eles.

3. Logo, a primeira coisa que eles devem fazer é consentir, cada qual expressamente, em algo que os aproxime mais de seus fins; e, para tanto, não se pode imaginar outra coisa senão isto: que eles aceitam a vontade da maioria de todos eles, ou a vontade da maioria de determinado número de homens por eles escolhidos e nomeados; ou, enfim, que aceitam que a vontade de um único homem implique a vontade de todos e seja tomada como tal. Feito isso, eles estão unidos e formam um corpo político. E se se supõe que a maior parte do número total implica a vontade de

todos os particulares, diz-se então que eles constituem uma *democracia*, quer dizer, um governo no qual o número total (ou tantos quantos se queira), estando reunido, forma o soberano, e em que cada homem particular é um súdito. Se se supõe que a maior parte de determinado número de homens, nomeados e distinguidos do restante, implica a vontade de cada um dos particulares, diz-se então que se trata de uma *oligarquia*, ou *aristocracia*, palavras essas que significam a mesma coisa, denotando também as diversas paixões daqueles que se valem delas; pois, quando os homens que exercem um tal ofício agradam, eles são chamados de uma aristocracia, do contrário, de uma oligarquia; e, nesse sistema, aqueles cuja maioria expressa a vontade da multidão inteira, enquanto reunidos, constituem o soberano, e cada homem em particular é um súdito. Por último, se o consenso deles é tal que a vontade de um único homem (por eles nomeado) represente a vontade de todos, então o seu governo ou união é chamado de *monarquia*; e aquele único homem é o soberano, e cada um dos demais, súdito.

4. Esses vários tipos de uniões, governos e sujeições da vontade humana podem ser entendidos como feitos absolutamente, isto é, para todo o tempo futuro, ou somente por um tempo limitado. Mas, na medida em que estamos aqui tratando de um corpo político instituído para o benefício e a defesa perpétuos daqueles que o constituem e que desejam, pois, que dure para sempre, não tratarei dos corpos políticos temporários, e considerarei apenas aqueles que são feitos para sempre.

5. O fim para o qual um homem desiste e cede ao outro, ou a outros, o direito de se proteger e de se defender por seus próprios meios, é a segurança que ele espera obter de ser protegido e defendido por aqueles a quem cedeu esse direito. E um homem pode considerar-se em estado de segurança* quando é capaz de prever que nenhuma violência lhe será feita, cujo autor não possa ser dissuadido pelo poder do soberano, a quem todos se submeteram; e, sem essa segurança, não há razão para que um homem se desfaça de

suas próprias vantagens, fazendo-se presa dos outros. Portanto, quando não se tem erigido um tal poder soberano, que possa oferecer essa segurança, deve-se concluir que cada homem conserva ainda o direito de fazer tudo aquilo que lhe pareça bom. Ao contrário, quando algum súdito tem o direito, segundo o seu próprio juízo e discernimento, de fazer uso de sua força, deve-se concluir que todo homem dispõe do mesmo direito e, consequentemente, que não há em absoluto nenhuma república estabelecida. Para saber, portanto, até que ponto, quando se institui uma república, um homem sujeita a sua vontade ao poder dos outros, é preciso reportar-se ao fim, a saber, à segurança. Deve-se, pois, transferir por meio de um pacto tanto quanto seja necessário para a obtenção disso; caso contrário, todo homem preserva a sua liberdade natural para se defender.

6. Os pactos com os quais concordam todos os homens reunidos para a instituição de uma república, se redigidos sem que se erija um poder de coerção, não oferecem segurança razoável para nenhum deles que assim pactua, nem devem ser chamados de leis, e deixam ainda os homens no seu estado de hostilidade natural. Pois visto que a vontade da maioria dos homens é governada apenas pelo medo, e que onde não há poder de coerção não há medo*, segue-se que a vontade da maioria dos homens servirá a suas paixões de cobiça, luxúria, ira, entre outras, e esses pactos serão violados; com isso, também os demais, que de outro modo celebrariam tais pactos, ficam liberados e não possuem nenhuma lei senão a que provém deles mesmos.

7. Como foi dito no capítulo XV, seção 3, da primeira parte, esse poder de coerção consiste na transferência do direito de cada homem de resistir àquele a quem foi transferido o poder de coerção. Segue-se, portanto, que nenhum homem em qualquer que seja a república tem direito de resistir àquele ou àqueles a quem foi conferido esse poder coercivo ou, como os homens costumam chamar, a espada da justiça, supondo que seja possível não resistir. Pois (Parte I, capítulo XV, seção 8) os pactos não nos obrigam senão a fazer tudo o que nos é possível.

8. Na medida em que aqueles que entre si mesmos se encontram em segurança, por meio dessa espada da justiça que mantém todos eles em respeito, permanecem, não obstante isso, à mercê de inimigos externos, se não se encontrar algum meio de unir seus recursos e forças naturais para resistir a esses inimigos, a paz entre eles será tão somente vã. Por isso, é preciso que todos os membros compreendam que a paz é um pacto em que cada um contribui com a sua força particular para a defesa do todo, a fim de constituir um poder tão forte quanto possível para a sua defesa. Ora, visto que cada homem já tinha transferido o uso de sua força àquele ou àqueles que detêm a espada da justiça, segue-se que o poder de defesa, isto é, a espada da guerra, está nas mesmas mãos em que está a espada da justiça; e, consequentemente, essas duas espadas são uma só, estando inseparável e essencialmente anexadas ao poder soberano.

9. Além do mais, visto que o direito de deter a espada nada mais é do que dispor de seu uso, dependendo apenas do juízo e discernimento daquele ou daqueles que a detêm, segue-se que o poder de judicatura (em todas as controvérsias em que a espada da justiça deve ser usada) e (em todas as deliberações concernentes à guerra, onde é requerido o uso dessa espada) o direito de resolver e de determinar o que deve ser feito pertencem ao mesmo soberano.

10.* E mais: considerando que não é menor, mas ao contrário, muito maior, a necessidade de se prevenir da violência e da rapina, do que a de puni-las quando são cometidas, e que toda violência procede de controvérsias entre os homens, que tratam do *meum* e do *tuum*, do certo e do errado, do bom e do mau, entre outros, coisas essas que os homens costumam avaliar de acordo com o seu próprio juízo, segue-se que compete também ao juízo do poder soberano estabelecer e tornar conhecida a medida comum a partir da qual cada homem saiba o que é seu e o que é do outro, o que é bom e o que é mau, o que deve e o que não deve ser feito, bem como lhe compete ordenar a observância disso. E essas medidas das ações dos súditos são aquilo que os homens chamam de *leis políticas* ou civis. A elaboração dessas leis deve de direito competir àquele que detém o poder da espada, pelo qual os homens são compelidos a observá-las; pois, de outro modo, a elaboração delas seria vã.

11. Mais ainda: visto que é impossível que qualquer homem detentor de um tal poder soberano seja capaz de ouvir e decidir pessoalmente todas as controvérsias, de estar presente em todas as deliberações concernentes ao bem comum e de executar e cumprir todas aquelas ações comuns que lhe competem, em função do que haverá a necessidade de magistrados e ministros dos negócios públicos, segue-se consequentemente que a indicação, nomeação e limitação desses magistrados e ministros devem ser entendidas como uma parte inseparável da mesma soberania, à qual o conjunto da judicatura e da execução já foi anexado.

12. Assim, na medida em que se transfere o direito de uso das forças de cada membro particular para o soberano, um homem por conta própria lançará mão facilmente da seguinte conclusão: que ao poder soberano (faça ele o que fizer) pertence a impunidade*.

13. A suma desses direitos de soberania, quais sejam, o uso absoluto da espada durante a paz e a guerra, a elaboração e ab-rogação das leis, a judicatura e a decisão supremas em todos os debates e deliberações da justiça, a nomeação de todos os magistrados e ministros, junto a outros direitos aí incluídos, torna o poder soberano na república não menos absoluto do que era absoluta, antes da república, a liberdade de cada homem de fazer ou não fazer o que considerasse bom. Aqueles que não tiveram a experiência dessa situação miserável, à qual os homens são reduzidos por uma longa guerra, consideram a soberania uma condição tão penosa que dificilmente conseguem reconhecer que, da parte deles, os pactos e a sujeição, tais como aqui foram estabelecidos, sejam necessários para a paz. E por isso alguns imaginam que uma república possa ser constituída de maneira tal que o poder soberano seja tão limitado e moderado quanto eles próprios consideram adequado. Por exemplo: eles supõem que uma multidão de homens se pôs de acordo quanto a determinados artigos (os quais eles logo chamam de leis), expondo o

modo como devem ser governados; e que, feito isso, eles entram em acordo quanto ao homem, ou o conjunto de homens, que observarão o cumprimento e a execução dos mesmos artigos. E, para habilitar esse homem ou esse conjunto de homens nessas etapas, destinam-lhes uma provisão limitada de terras, impostos, multas e coisas semelhantes, as quais, se mal empregadas, não serão mais concedidas sem um novo consentimento daqueles que autorizaram a primeira provisão. E assim pensam ter criado uma república onde seja ilícito que qualquer homem em particular faça uso de sua própria espada para se defender; e nisso eles se enganam.

14. Pois, primeiro, além da renda, é necessário arregimentar as tropas, o que depende da vontade daquele que possui tal renda; se, no entanto, a renda é limitada, as tropas também o serão; mas o uso de tropas limitadas contra o poder do inimigo, que não podemos limitar, é insuficiente. Portanto, sempre que acontece uma invasão maior do que a capacidade das tropas para lhe resistir, se não há nenhum outro meio de se recrutar mais, então cada homem está autorizado por necessidade da natureza a prover-se do melhor que puder para si mesmo; e assim a espada privada e o estado de guerra estão novamente restaurados. Mas visto que a renda, sem o direito de comandar os homens, não serve para nada durante a paz ou a guerra, supõe-se então que seja necessário àquele que detém a administração dos artigos, tratados na seção anterior, possuir também o direito de dispor das forças de homens particulares. Ora, a razão que lhe dá esse direito sobre cada um em particular, lhe dá também sobre todos em geral. E, portanto, o seu direito é absoluto. Pois aquele que tem direito a todas as tropas, também tem o direito de delas dispor. Além disso, supondo que essas tropas e renda limitadas se tornem escassas, tanto por necessidade quanto por negligência no seu uso; e que, para supri-las, a mesma multidão precise se reunir novamente, quem terá o poder de reuni-los, isto é, de obrigá-los a se reunir? Se aquele que exige o fornecimento tem esse direito, qual seja, o direito de compelir todos eles, então a sua soberania é absoluta; caso contrário, cada homem em particular tem liber-

dade para comparecer ou não, para formar ou não uma nova república; e assim retorna o direito da espada privada. Mas, supondo que eles estejam reunidos voluntária e espontaneamente para considerar tal fornecimento, se nesse caso lhes compete decidir concedê-lo ou não, também lhes compete decidir que a república subsista ou não. E, portanto, não incide sobre eles nenhuma obrigação civil que os impeça de usar a força, caso considerem que ela sirva para a sua defesa. Portanto, esse dispositivo, por parte dos que querem fazer primeiro as leis civis e em seguida o corpo civil (como se a política fizesse um corpo político, e não um corpo político fizesse a política), não tem nenhum efeito.

15. Outros, a fim de evitar a dura condição, conforme eles julgam, de sujeição absoluta (que, com ódio, chamam também de escravidão), conceberam um governo que consideram ser um misto de três tipos de soberania. Por exemplo: eles supõem que o poder de elaborar leis seria conferido a uma grande assembleia democrática; o poder da judicatura, a outra grande assembleia; e a administração das leis, a uma terceira assembleia ou a um único homem; e chamam essa política de monarquia mista, de aristocracia mista ou de democracia mista, conforme um desses três tipos predomine com maior visibilidade. E, nesse estado de governo, consideram que o uso da espada privada esteja excluído.

16. E, supondo que assim o fosse, como se livrariam dessa condição que chamam de escravidão? Pois, nesse estado, nenhum homem estaria autorizado a ser o seu próprio juiz ou o autor do seu próprio destino nem a fazer quaisquer leis para si mesmo; e enquanto se combinassem essas três situações, todos estariam absolutamente submetidos a elas, como uma criança ao seu pai, ou um escravo ao seu mestre no estado de natureza. Portanto, seria preciso que o livramento de tal sujeição consistisse no desacordo entre aqueles para os quais foram distribuídos os direitos do poder soberano. Mas o próprio desacordo é a guerra. Ou a divisão da soberania não produz nenhum efeito na supressão da simples sujeição, ou então dá ensejo à guerra; nesse caso, a espada privada recupera o seu direito. Mas, conforme já foi mos-

trado nas seções precedentes (7, 8, 9, 10, 11, 12), a verdade é que a soberania é indivisível; e essa aparente mistura de diversos tipos de governo não é uma mistura das próprias coisas, mas uma confusão em nosso entendimento, que não descobre facilmente a quem estamos submetidos.

17. Embora a soberania não seja mista, pois sempre se trata de uma democracia simples, ou de uma aristocracia simples, ou de uma monarquia pura, não obstante, na sua administração, todos esses tipos de governo podem ter uma posição subordinada. Pois, supondo que o poder soberano seja democrático, como o foi por algum tempo em Roma, ainda assim é possível ter ao mesmo tempo um conselho aristocrático, tal como era o senado; e ao mesmo tempo é possível ter um monarca subordinado, como o era o seu ditador, que detinha por um tempo o exercício integral da soberania, tal como se dá com os generais em tempo de guerra. Assim, também pode haver em uma monarquia um conselho aristocrático de homens escolhidos pelo monarca; ou um conselho democrático de homens escolhidos a partir do consenso (autorizado pelo monarca) de todos os particulares da república. E é essa a mistura que se impõe, como se ela fosse uma mistura de soberania. Como se um homem pudesse pensar o seguinte: porquanto o grande conselho de Veneza nada faz ordinariamente senão escolher magistrados, ministros de estado, capitães, governadores de cidades, embaixadores, conselheiros, entre outros, a sua parcela de soberania reduz-se apenas à escolha de magistrados; e, desse modo, declarar a guerra, conquistar a paz e elaborar as leis não são realizações que lhe competem, e sim àqueles conselheiros que foram indicados para tanto; contanto que seja da parte destes últimos fazer isso, mas de maneira subordinada, pois a autoridade suprema repousa no grande conselho que os escolhe.

18. E assim como a razão nos ensina que um homem, considerado fora da sujeição às leis e a todos os pactos que são obrigatórios para os outros, está livre para fazer e desfazer, e deliberar quanto lhe aprouver (cada membro seu obedecendo à vontade do homem inteiro), e que tal liberdade nada mais é do que o seu poder natural, sem o qual ele não

é melhor do que uma criatura inanimada nem capaz de ajudar a si mesmo; assim também a razão nos ensina que um corpo político, qualquer que seja o seu tipo, não estando submetido a nenhum outro corpo político nem obrigado por pactos, deveria ser livre e ser ajudado em todas as suas ações pelos seus membros, cada qual em seu lugar, ou pelo menos não sofrer resistência deles. Pois, de outro modo, o poder de um corpo político (cuja essência consiste na não resistência dos membros) seria nulo e também o corpo político não traria nenhum benefício. Isso é confirmado pelas práticas de todas as nações e repúblicas do mundo. Pois há alguma nação ou república em que o homem ou o conselho, que equivale virtualmente ao todo, não tenha poder absoluto sobre cada membro particular? Ou ainda, há alguma nação ou república que não tenha durante suas guerras o poder e o direito de instituir um general? Ora, o poder de um general é absoluto; e isso porque havia um poder absoluto na república da qual ele se originou. Pois nenhuma pessoa, natural ou civil, pode transferir a outrem mais poder do que ela própria tem[1].

19. Conforme já mostrei, em toda república onde os homens particulares estão privados de seu direito de se proteger reside uma soberania absoluta. Mas saber em qual homem ou em qual assembleia de homens está situada a soberania não é tão evidente assim, a ponto de necessitarmos de algumas marcas para podermos discerni-la. Em primeiro lugar, é uma marca infalível da soberania absoluta, em um

---

1. Evitando interferir em demasia no movimento próprio do texto, isto é, na exposição da criação do Estado Civil hobbesiano, gostaríamos apenas de destacar que nesta seção 18 talvez se encontre uma de suas formulações que se vale, de maneira mais direta, da analogia do corpo humano com o corpo político. Podemos tomar esta passagem como um esboço, segundo um viés historiográfico, daquilo que, em 1651, com a publicação do *Leviatã*, veio a ser expresso, no frontispício dessa obra, como também na sua introdução, sob a forma de uma correspondência precisa entre os órgãos do corpo natural e os do corpo artificial do Estado. Marca-se aí, qual um autômato, a necessidade da coesão da soberania. (N. do T.)

homem ou em uma assembleia de homens, quando nenhuma pessoa natural ou civil tem o direito de punir aquele homem, ou de dissolver aquela assembleia. Pois quem de direito não pode ser punido, não pode de direito sofrer resistência; e quem de direito não pode sofrer resistência, tem o poder coercivo sobre todos os demais, e por isso pode planejar e governar as ações deles como bem lhe aprouver; e isso é a soberania absoluta. No sentido contrário, aquele que pode ser punido em uma república por qualquer um – ou a assembleia que pode ser dissolvida – não é o soberano. Pois requer-se sempre que um poder para punir e dissolver seja maior do que o de ser punido e dissolvido; e tal poder não pode ser chamado de soberano enquanto houver um poder maior do que ele. Em segundo lugar, um homem ou uma assembleia cujo direito não é derivado do direito presente de nenhum outro, e que pode fazer leis ou ab-rogá-las, como bem lhes aprouver, tem a soberania absoluta. Pois, visto que as leis que eles fazem devem ser elaboradas supostamente a partir do direito, segue-se que os membros da república, para os quais as leis foram feitas, estão obrigados a obedecê-las e, consequentemente, a não resistir à sua execução; essa não resistência constitui o poder absoluto daquele que as ordena. Da mesma forma, também é uma marca dessa soberania o fato de ter o direito original a indicar magistrados, juízes, conselheiros e ministros de estado, pois sem esse poder nenhum ato de soberania ou de governo pode ser cumprido. Por último e de maneira geral, deve-se concluir necessariamente que quem quer que possa, em uma república, por meio de sua própria autoridade independente, realizar qualquer ato que outro não possa, detém o soberano. Pois os homens têm por natureza direito igual; portanto, a desigualdade deve proceder do poder da república. Portanto, aquele que por sua própria autoridade realiza legitimamente qualquer ato que outro homem não pode fazer age pelo poder da república que está nele mesmo; e isso é a soberania absoluta.

CAPÍTULO XXI
Dos três tipos de república

1. Tendo falado no capítulo anterior sobre a instituição política em geral, falarei aqui das suas formas específicas e de como cada uma delas é instituída. Por ordem temporal, a primeira dessas três formas é a democracia; e isso deve ser necessariamente assim porque uma aristocracia e uma monarquia requerem a nomeação de pessoas sobres as quais se está de acordo; esse acordo, em uma grande multidão de homens, deve consistir no consenso da maioria; e no governo em que os votos da maioria implicam os votos dos demais, existe de fato uma democracia.

2. Na construção de uma democracia nenhum pacto é feito entre o soberano e qualquer súdito. Pois, durante a construção de uma democracia, não há nenhum soberano com quem pactuar. Pois não se pode imaginar que uma multidão faça um pacto consigo mesma, ou com uma parte dela mesma, quer seja um homem, quer seja determinado número de homens, para que ela se torne soberana; nem que uma multidão, considerada um agregado, possa dar a si mesma algo que não tem. Visto que a democracia soberana não é conferida por meio do pacto de uma multidão (o que supõe que a união e a soberania já estejam consolidadas), resta, pois, que tal soberania seja conferida pelos pactos particulares de cada homem singular; o que equivale a dizer: que cada homem com cada homem, em benefício de sua própria paz e defesa, pactue a celebração e obediência a tudo o que a maioria do número total, ou a maioria de um número deles, decidir e ordenar, como bem lhe aprouver reunir-se em determinado momento e lugar. E é isso que dá existência à democracia; os gregos chamavam a assembleia soberana pelo nome de *Demus* (*id est*, o povo), de onde vem o termo democracia. De modo que onde cada homem pode expor a sua vontade e dar o seu voto, diante da corte suprema e independente, o soberano é chamado de povo.

3. Pelo que já foi dito, pode-se concluir sem dificuldade que tudo aquilo que o povo faz a qualquer membro ou

súdito particular da república não deve ser chamado por este último de injúria. Pois, em primeiro lugar, a injúria (conforme definida na Parte I, capítulo XVI, seção 2) é a violação do pacto; mas os pactos (como se disse na seção precedente) não são feitos entre o povo e um homem particular; e, consequentemente, ele (isto é, o povo) não pode cometer nenhuma injúria ao homem particular. Em segundo lugar, por mais injusta que seja a ação que faça esse *demus* soberano, ela é feita pela vontade de cada um dos seus membros, que são responsáveis por essa ação. Portanto, se eles chamam-na de injúria, apenas acusam a si mesmos. E é contra a razão praticar uma ação e ao mesmo tempo queixar-se dela; pois tal contradição implica o seguinte: enquanto antes ele ratificou os atos do povo em geral, agora desautoriza algum desses atos em particular. Portanto, diz-se verdadeiramente *volenti non fit injuria**. Entretanto, nada impede que diversas ações feitas pelo povo possam ser injustas diante de Deus Todo-Poderoso, se elas violam algumas das leis de natureza.

4. E quando o povo, pela pluralidade de vozes, decreta ou ordena alguma coisa contrária à lei de Deus ou de natureza, embora o decreto ou a ordem seja o ato de cada homem, não apenas dos que estão presentes na assembleia, mas também dos ausentes dela, ainda assim a injustiça do decreto não é a injustiça de cada homem particular, mas apenas daqueles homens que pelos seus votos expressam a execução do decreto ou ordem. Pois, assim como o corpo político é um corpo fictício, assim também as suas faculdades e vontades são fictícias. Mas, para tornar injusto um homem particular, que consiste em um corpo e em uma alma naturais, é preciso uma vontade natural e real.

5.** Embora em todas as democracias o direito de soberania esteja na assembleia, que corresponde virtualmente ao corpo inteiro, recai sempre em um homem particular ou em um pequeno número deles o uso desse direito. Pois, tal como em todas as grandes assembleias, nas quais cada homem pode entrar como lhe aprouver, não há meio de deliberar e aconselhar sobre o que fazer, senão por longos e complicados discursos, pelos quais cada homem pode esperar mais ou menos inclinar e influenciar a assembleia em favor de seus próprios fins. Portanto, em uma multidão de oradores, onde sempre alguém sobressai sozinho, ou um pequeno número de homens, iguais entre si, sobressaem em relação ao resto, esse homem ou esse grupo reduzido deve necessariamente influenciar o todo, de modo que uma democracia de fato não é mais do que uma aristocracia de oradores, interrompida às vezes pela monarquia temporária de um orador.

6. Visto que uma democracia é por instituição o início tanto da aristocracia como da monarquia, devemos considerar agora como a aristocracia deriva disso. Quando os membros particulares da república se cansam de comparecer às cortes públicas, por residirem muito longe ou por estarem ocupados com seus negócios privados, e estão descontentes com o governo do povo, eles se reúnem para formar uma aristocracia; para a realização disso, não se requer mais do que examinar um a um os nomes dos que a deverão constituir, e assentir na eleição deles; e, pela pluralidade de voto, transferir para o conjunto de homens, assim nomeados e escolhidos, o poder que tinha o povo antes.

7. Nessa maneira de instituir uma aristocracia, fica evidente que os poucos, ou os *optimates**, não fizeram pacto com nenhum membro particular da república da qual eles são soberanos; e, consequentemente, por mais perverso que seja o ato deles diante de Deus Todo-Poderoso, de acordo com aquilo que foi dito anteriormente na seção 3, nada do que fazem a um homem particular pode ser chamado por este de injúria. Além disso, é impossível que um povo sob a condição de corpo político possa pactuar com a aristocracia ou os *optimates*, aos quais o povo tem a intenção de transferir a sua soberania; pois, tão logo se institua a aristocracia, aniquila-se a democracia, e os pactos feitos entre eles tornam-se nulos.

8. Em todas as aristocracias, a admissão daqueles que devem de tempos em tempos votar na assembleia soberana

depende da vontade e do decreto dos *optimates* atuais; pois, sendo estes os soberanos, detêm o direito de nomear todos os magistrados, ministros e conselheiros de estado (conforme a décima primeira seção do capítulo anterior), e podem portanto decidir que esses cargos sejam eletivos ou hereditários, como lhes aprouver.

9. A democracia engendra a instituição de um monarca da mesma maneira que ela engendrou a instituição da aristocracia, qual seja, pela decisão do povo soberano de transferir a soberania a um homem nomeado e aprovado pela pluralidade do sufrágio. E se essa soberania é verdadeira e efetivamente transferida, o estado ou a república é uma monarquia absoluta, na qual o monarca dispõe livremente tanto da sucessão quanto da posse do reinado, mas não do domínio eletivo. Pois, supondo que se faça primeiro um decreto desta maneira: que tal pessoa deverá deter a soberania durante a sua vida; e que escolherão posteriormente um novo soberano; nesse caso, ou o poder do povo é dissolvido, ou não. Se dissolvido, após a morte daquele que é escolhido, ninguém está obrigado a respeitar os decretos daqueles que, como homens particulares, realizarão conjuntamente uma nova eleição. Consequentemente, se há algum homem que, em proveito do reinado daquele que está morto, tem força suficiente para manter a multidão em paz e obediência, segue-se que ele pode legitimamente, ou antes, que está obrigado, pela lei de natureza, a fazer assim. Se durante a escolha de seu rei vitalício esse poder do povo não estiver dissolvido, então o povo será ainda soberano, e o rei será apenas o seu ministro, que exercerá, porém, integralmente a soberania – um grande ministro, de fato, mas em nada diferente em seu tempo daquilo que era um ditador em Roma. Nesse caso, com a morte daquele que havia sido escolhido, os que se reúnem para proceder a uma nova eleição não detêm nenhuma nova autoridade além daquela antiga que tinham para fazê-lo. Com efeito, eles permaneceram soberanos durante todo o tempo, o que se comprova pelos atos dos reis eleitos, que obtiveram do povo que seus filhos pudessem sucedê-los.

Por isso deve-se concluir que, quando um homem recebe alguma coisa da autoridade do povo, ele o recebe do povo não como seu súdito, mas do povo como seu soberano. Ademais, ainda que na eleição de um rei vitalício o povo lhe assegure o exercício da soberania durante toda a sua vida, ainda assim, se o povo vir alguma causa para retomar a soberania, ele poderá fazer isso antes do tempo estabelecido. Da mesma forma, um príncipe que confere um posto vitalício pode, não obstante, com base na suspeita de abuso do cargo, retomá-lo conforme lhe aprouver; de modo que cargos que exigem dedicação e cuidado são concedidos, por parte de quem os concede, como *onera*, isto é, como encargos para aqueles que os exercem; e a retomada destes não é, portanto, uma injúria, mas um favor. Entretanto, se na eleição de um rei há a intenção do povo de restringir a soberania, reservando para si o poder de se reunir em tempos e lugares conhecidos e determinados, a restrição da soberania não tem nenhum efeito, na medida em que ninguém está obrigado a respeitar os decretos e as decisões daqueles que se reúnem sem a autoridade soberana.

10. Mostramos na seção anterior que os reis eleitos, que exercem a sua soberania por um tempo (a qual termina junto com a sua vida), são súditos ou soberanos: são súditos quando o povo, elegendo-os, reserva-se o direito de se reunir em ocasiões e lugares determinados e conhecidos; ou são soberanos absolutos e dispõem da sucessão como bem lhes aprouver, quando o povo, elegendo-os, não tiver estabelecido nenhuma data ou lugar para se reunir, ou deixado ao rei eleito o poder de reuni-lo e dissolvê-lo em certas ocasiões, quando lhe aprouver. Há outro tipo de limitação temporal àquele que se elege para o exercício do poder soberano (limitação essa que não sei se já foi ou não praticada em algum lugar, mas que pode ser imaginada e serve de objeção ao rigor do poder soberano): trata-se do caso em que o povo transfere a sua soberania sob condição. Por exemplo: durante determinado tempo o soberano deverá observar tais e tais leis prescritas pelo povo. E, tanto nesse

como no caso anterior dos reis eleitos, é preciso saber se, na eleição de tal soberano, o povo reservou ou não para si o direito de se reunir em ocasiões e lugares determinados e conhecidos; se não o fez, a sua soberania é então dissolvida, e ele não tem o poder de julgar a violação das condições impostas ao soberano, nem de comandar quaisquer tropas para a deposição daquele a quem impuseram tal condição; encontrando-se assim no estado de guerra, entre eles próprios, tal como se encontravam antes de se tornar uma democracia; consequentemente, se aquele que é eleito, pela vantagem de possuir as forças públicas, for capaz de compelir o povo à unidade e obediência, ele não apenas tem o direito de natureza assegurado, mas também a lei de natureza o obriga a tanto. Mas, se na eleição do soberano, o povo se reservou o direito de se reunir, fixando determinadas datas e lugares para esse propósito, então ele ainda é soberano e pode convocar o seu rei condicional a prestar contas, conforme ao povo aprouver, e privá-lo do seu governo, se julgar que ele o merece, ou por violar a condição que lhe foi imposta, ou por outro motivo. Com efeito, os que detêm o poder soberano não podem, por nenhum pacto com um súdito, estar condicionados a mantê-lo em um cargo que ele obteve por ordem deles, e que ocupa não para o seu próprio bem, mas para o bem do povo soberano.

11. As controvérsias em torno do direito do povo procedem da equivocação desta palavra. Pois a palavra povo tem uma significação dupla. Em um sentido, significa apenas o conjunto diferenciado de homens em função do lugar que habitam, como o povo da Inglaterra, ou o povo da França; o que nada mais é do que a multidão de pessoas particulares que habitam essas regiões, sem ter em consideração nenhum contrato ou pacto entre elas, pelos quais cada uma delas está obrigada às demais. Em outro sentido, povo significa uma pessoa civil, quer dizer, um homem ou um conselho em cuja vontade está incluída e contida a vontade de cada um em particular. Por exemplo: neste último sentido, a câmara baixa do parlamento compreende todos os co-

muns, na medida em que eles a ocupam com autoridade e direito para tanto; mas, dissolvida a câmara, ainda que lá permaneçam, eles não são mais o povo, nem os comuns, mas apenas o agregado ou a multidão de homens particulares que lá se encontram, por maior que seja a concordância ou o concurso de suas opiniões. Como consequência disso, aqueles que não fazem distinção entre essas duas significações costumam atribuir a uma multidão dissolvida direitos tais que pertencem apenas ao povo que está virtualmente contido no corpo da república ou soberania. E quando grande número de autoridades do povo se arrebanha em uma nação, costuma-se atribuir-lhe o nome de toda a nação. Nesse sentido, diz-se que o povo se rebela, ou que o povo exige, quando não é mais do que uma multidão dissolvida, em relação à qual, ainda que se diga que um homem pode exigir ou ter direito a algo, não se pode dizer que o amontoado ou multidão exige ou tem direito a algo. Pois quando cada homem tem um direito distinto, não resta nada a que a multidão possa ter direito; e quando os particulares dizem: *isto é meu, isto é teu* e *isto é dele*, tendo dividido tudo entre si, não pode haver nada em relação a que a multidão possa dizer: *isto é meu*; tampouco os que exigem algo, dizendo *isto é meu* ou *isto é dele*, constituem um corpo, propriamente dito; e quando dizem *nosso*, entende-se que é cada homem que o reivindica em particular, e não a multidão. Por outro lado, quando a multidão está unida em um corpo político, constituindo assim um povo, em outro sentido do termo, e as vontades dos seus membros estão virtualmente compreendidas no soberano, nesse caso cessam os direitos e as exigências dos particulares; e aquele ou aqueles que detêm o poder soberano realizam tudo aquilo que os homens exigem e reivindicam sob o nome de *seu*, ao que antes chamavam, no plural, de *deles*.

12. Vimos como os homens particulares tornam-se súditos ao transferir os seus direitos. Resta considerar como é possível se livrar de tal sujeição. Primeiramente, se aquele ou aqueles que detêm o poder soberano renunciam vo-

luntariamente a esse poder, não há dúvida de que cada homem está novamente livre para obedecer ou não. Do mesmo modo, se aquele ou aqueles que detêm a soberania sobre os demais isentam, entretanto, um ou mais homens de sua sujeição, cada homem assim isentado está livre. Pois aquele ou aqueles aos quais um homem está obrigado têm o poder de livrá-lo.

13. Deve-se aqui entender que quando aquele ou aqueles que detêm o poder soberano concedem tal isenção ou privilégio a um súdito, que não está separado da soberania e que, no entanto, mantém diretamente o poder soberano – isto sem que saibam as consequências do privilégio assegurado –, ainda assim, a pessoa ou as pessoas que foram isentadas ou privilegiadas não estão por isso liberadas. Pois, quando existem significações contraditórias da vontade (Parte I, capítulo XIII, seção 9), deve-se entender por vontade aquilo que é diretamente significado, e não aquilo que resulta como consequência.

14. Também o exílio perpétuo é uma forma de se livrar da sujeição, pois, não estando mais sob a proteção da soberania que o baniu, um homem não tem outro meio de subsistir senão por si mesmo. Ora, é lícito que todo homem que não possui nenhuma outra defesa defenda a si mesmo; do contrário, não haveria nenhuma necessidade de os homens entrarem em uma sujeição voluntária, como fazem nas repúblicas.

15. Do mesmo modo, um homem pode livrar-se de sua sujeição pela conquista; pois quando se arruína o poder de uma república, ficando cada homem particular à mercê da espada de seu inimigo, ele se rende e fica obrigado a servir àquele que o aprisiona e, consequentemente, dispensado da sua obrigação anterior. Pois nenhum homem pode servir a dois mestres.

16. Por último, a ignorância quanto à sucessão isenta um homem da obediência; pois ninguém é obrigado a obedecer a quem não conhece.

CAPÍTULO XXII*
Do poder dos mestres[2]

1. Tendo estabelecido nos dois capítulos precedentes a natureza da instituição de uma república, pelo consentimento de muitos homens em conjunto, passo agora a tratar do domínio ou do corpo político por aquisição, que é comumente chamado de reino patrimonial. Mas, antes de entrar nesse assunto, é necessário esclarecer por meio de qual título alguém pode adquirir o direito, isto é, a propriedade ou o domínio sobre outra pessoa. Pois quando um homem tem domínio sobre outro, forma-se então um pequeno reino; e tornar-se rei por aquisição nada mais é do que ter adquirido direito ou domínio sobre muitos.

2. Portanto, considerando novamente os homens no estado de natureza, sem pactos entre eles ou sujeição de um ao outro – como se eles acabassem de ser criados agora, macho e fêmea –, há apenas três títulos por meio dos quais um homem pode ter direito e domínio sobre outro; dois deles podem ser estabelecidos presentemente, que são os seguintes: a proposta voluntária de sujeição e a submissão por coerção; e o terceiro deve ser estabelecido supondo-se que haja crianças geradas por eles [macho e fêmea]. No que concerne ao primeiro desses três títulos, já se tratou disso antes nos dois últimos capítulos; pois é a partir dele que surge o

---

2. No original em inglês, *master*. Optamos por traduzir literalmente esse termo, embora saibamos que, em português, "mestre" não conserva diretamente o sentido latino de *magister*, qual seja, aquele que manda, dirige, tem domínio etc., sendo em geral empregado na nossa língua no sentido de sabedoria, referindo-se ainda ao processo de aprendizado que o mestre propicia ao aprendiz ou discípulo. Contudo, como este capítulo e o seguinte estão voltados justamente para relação senhorial, e visto que Hobbes emprega o termo *lord*, não como um cargo político, mas na acepção de mando que o senhor (*lord*) exerce sobre o servo (*servant*) e o escravo (*slave*), a fim de evitar confusão, adotamos "mestre" como tradução para *master*. Vale notar ainda que a composição deste capítulo, bem como a discussão dos termos que expressam a situação de domínio, correspondem ao oitavo capítulo de *Do Cidadão*. (N. do T.)

direito dos soberanos* sobre seus súditos em uma república instituída. No que concerne ao segundo título (que ocorre quando um homem se submete a quem o ataca por medo da morte), advém dele um direito de domínio. Pois quando cada homem (como acontece nesse caso) tem direito a todas as coisas, para que se torne efetivo o mencionado direito não é preciso mais do que um pacto, por parte daquele que é derrotado, de não resistir àquele que o derrotou. E assim o vencedor passa a ter um direito de domínio absoluto sobre o vencido. Com isso se constitui logo um pequeno corpo político, que compreende duas pessoas: o soberano, que é chamado de *mestre* ou senhor; e o outro, o súdito, que é chamado de *servo*. E quando um homem adquiriu direito sobre um número tão considerável de servos, que os seus vizinhos não podem invadi-lo com segurança, então tal corpo político é um reino despótico.

3. Quando um servo capturado em tempos de guerra é mantido em servidão por vínculos naturais, como os grilhões ou coisas semelhantes, ou mantido em prisão, é preciso entender que não se fez nenhum pacto entre o servo e o seu mestre; pois esses vínculos naturais não têm nenhuma necessidade de ser reforçados pelos vínculos verbais do pacto; e o que eles mostram é que não se confia no servo. Mas pacto (Parte I, capítulo XV, seção 9) supõe confiança. Resta, pois, ao servo, mantido assim em servidão ou aprisionado, o direito de se livrar, caso possa, por não importa quais meios. Esse tipo de servo é o que comumente, sem paixão, se chama de *escravo*. Os romanos não tinham um termo diferenciado e compreendiam todos sob o nome de *servus*; entre eles, aqueles que eram amados, e em quem não tinham receio de confiar, tinham a permissão de circular livremente, e eram incumbidos de tarefas tanto domésticas como externas; enquanto os demais ficavam acorrentados ou, então, coarctados na sua resistência por entraves naturais. E assim se passava com as outras nações, tal como entre os romanos: os que pertenciam ao primeiro tipo de servo não tinham nenhum vínculo senão o de um suposto pacto, sem o qual o mestre não tinha nenhuma razão para confiar ne-

les; e os do outro tipo não tinham nenhum pacto e nenhum outro vínculo de obediência a não ser os grilhões ou outra forma de custódia por força.

4. Portanto, deve-se supor que um mestre não tem menos direito sobre aqueles cujos corpos ele deixa em liberdade, do que sobre aqueles que mantém agrilhoados e encarcerados; e que exerce um domínio absoluto sobre ambos; e que pode dizer, a respeito de seu servo, que ele é *seu*, assim como pode dizê-lo em relação a qualquer outra coisa. Tudo aquilo que o servo tinha, e que poderia chamar de *seu*, é agora de seu mestre; pois quem dispõe da pessoa, dispõe de tudo aquilo de que a pessoa poderia dispor; de modo que, ainda que haja o *meum* e o *tuum* entre os servos, que são distintos um do outro, por concessão e em benefício de seu mestre, ainda assim não há nenhum *meum* e *tuum* pertencentes a qualquer um deles, em oposição ao próprio mestre, a quem eles não devem resistir, mas obedecer a todas as suas ordens como leis.

5. E visto que tanto o servo quanto tudo aquilo que o envolve são propriedade do mestre, e que todo homem pode dispor de algo que é seu e transferi-lo como lhe aprouver, o mestre pode portanto alienar seu domínio sobre eles ou concedê-lo por testamento a quem ele escolher.

6. Caso ocorra que o próprio mestre se torne servo de outro, por captura ou sujeição voluntária, então esse outro é o mestre supremo; e doravante os servos daquele que se tornou servo não têm para com ele nenhuma outra obrigação além daquela que seu mestre supremo considerar adequada; pois, na medida em que ele dispõe do mestre subordinado, dispõe de tudo aquilo que este último possui e, consequentemente, de seus servos; de modo que a restrição do poder absoluto dos mestres não procede da lei de natureza, mas da lei política daquele que é o seu mestre supremo ou soberano.

7. Os servos imediatos ao mestre supremo estão desobrigados de sua servidão ou sujeição da mesma maneira que os súditos são libertos de seu dever de sujeição em uma república instituída. Em primeiro lugar, por libertação; pois aque-

le que aprisiona (o que é feito pela aceitação daquilo que o prisioneiro lhe transfere), põe-no novamente em liberdade, transferindo-lhe de volta aquilo que foi transferido. E esse tipo de libertação é chamado de *manumissão*. Em segundo lugar, por exílio; neste caso, trata-se apenas de conceder manumissão a um servo, não como benefício, mas sim como punição a este. Em terceiro lugar, por meio de uma nova captura, em que o servo, tendo se esforçado para se defender, cumpriu por isso o seu pacto com seu mestre anterior e, para assegurar a própria vida, ao entrar em um novo pacto com o conquistador, está obrigado a se esforçar ao máximo para preservar da mesma forma esse novo pacto. Em quarto lugar, aquele que ignora quem é o sucessor de seu mestre falecido está desobrigado a obedecer; pois nenhum pacto se mantém além do tempo que um homem sabe para quem o deve cumprir. E, por último, o servo que não tem mais a confiança de seu mestre, e que está acorrentado e sob custódia, fica por isso dispensado da obrigação *in foro interno* e, portanto, se consegue escapar, pode legitimamente fugir.

8. Mas os servos subordinados, embora tenham recebido a manumissão do seu mestre (que está imediatamente acima deles), nem por isso estão dispensados de se sujeitar ao seu senhor supremo; com efeito, o mestre imediato não tem propriedade sobre os servos, tendo transferido anteriormente seu direito a outrem, qual seja, ao seu próprio e supremo mestre. Se o principal senhor manumitisse seu servo imediato, nem por isso libertaria os servos de suas obrigações para com aquele que foi manumitido. Pois, por meio dessa manumissão, o servo imediato recupera o domínio absoluto que tinha anteriormente sobre os outros servos. Afinal, após uma libertação (que é a dispensa de um pacto), o direito permanece tal como era antes de o pacto ser feito.

9. Assim como esse direito de conquista torna um homem mestre de outro, torna-o também mestre das criaturas irracionais. Pois, se um homem no estado de natureza está em hostilidade com os outros, e tem por isso o título legítimo para subjugar ou matar, conforme sua consciência e discernimento lhe sugerirem, para sua segurança e benefício, com

muito mais razão ele pode fazer o mesmo com os animais, vale dizer, salvar e preservar para seu serviço, conforme seu discernimento, aquelas criaturas que são por natureza aptas para obedecer e adequadas para o uso; e matar e destruir numa guerra perpétua todas as outras que lhe são ferozes e nocivas. Esse domínio, portanto, pertence à lei de natureza, não à divina lei positiva. Com efeito, se não tivesse havido tal direito antes da revelação da vontade de Deus nas Escrituras, então nenhum homem, a quem as Escrituras não tivessem atingido, teria direito de fazer uso dessas criaturas, tanto para a sua alimentação quanto para o seu sustento. E seria uma penosa condição para a humanidade se um animal feroz e selvagem tivesse mais direito de matar um homem, do que um homem de matar um animal.

CAPÍTULO XXIII*
Do poder dos pais e do reino patrimonial

1. Das três formas pelas quais um homem se sujeita a outro, mencionadas na seção 2 do último capítulo, nomeadamente a submissão voluntária, a captura e o nascimento, tratou-se das duas primeiras sob a denominação de súditos e servos. Devemos agora estabelecer a terceira forma de sujeição, que se dá sob a denominação de filhos; e por meio de qual título um homem vem a ter propriedade sobre um filho, que foi gerado por dois seres, a saber, macho e fêmea. E, considerando novamente os homens destituídos de qualquer pacto entre eles, e que (conforme a Parte I, capítulo XVII, seção 2) todo homem pela lei de natureza tem o direito ou a propriedade sobre o seu próprio corpo, segue-se que o filho deveria ser antes propriedade da mãe (de cujo corpo a criança é parte, até o momento da separação) do que do pai. Portanto, para a compreensão do direito que um homem ou uma mulher tem sobre o seu filho, ou sobre o filho deles, duas coisas devem ser consideradas: primeiro, que direito a mãe ou outra pessoa tem originariamente sobre um filho re-

cém-nascido; segundo, de que modo o pai ou qualquer outro homem pode ter esse direito pretendido pela mãe.

2. Quanto ao primeiro, os que escreveram sobre esse assunto fizeram da geração, assim como do consentimento das próprias pessoas, um direito de domínio sobre elas. E porque a geração dá direito a duas pessoas, a saber, ao pai e à mãe – tendo em conta que o domínio é indivisível –, eles imputam por isso apenas ao pai o domínio sobre a criança, *ob praestantiam sexus**; embora não mostrem, nem eu sou capaz de atinar, a coerência pela qual da geração infere-se o domínio, ou a razão pela qual a vantagem de maior força (que, na maioria dos casos, o homem tem mais do que a mulher) daria geral e universalmente ao pai o direito à propriedade sobre o filho, e o retiraria da mãe.

3. O direito de domínio sobre um filho não procede de sua geração, mas de sua preservação. No estado de natureza, portanto, a mãe, que tem o poder de salvar ou destruir o filho, tem o direito de fazê-lo por meio desse poder, de acordo com o que foi dito na Parte I, capítulo XIV, seção 13. E se a mãe considera apropriado abandonar ou expor o seu filho à morte, seja qual for o homem ou a mulher que encontrar a criança assim exposta, terá o mesmo direito que a mãe tinha antes; e pela mesma razão, a saber, não pelo poder de gerar, mas sim de preservar. E ainda que a criança assim preservada adquira força com o tempo, e, com isso, possa pretender igualdade com aquele ou aquela que a preservou, essa pretensão será considerada desarrazoada, tanto porque a sua força é uma dádiva daquele contra o qual ela faz valer sua pretensão, como também porque é presumível que quem deu sustento ao outro, a fim de o fortalecer, recebeu dele a promessa de obediência em consideração a isso. Pois, do contrário, seria mais sábio se os homens deixassem seus filhos perecer, enquanto são crianças, do que viverem correndo o risco de se tornar submissos a eles, quando estiverem crescidos.

4. São de diversos tipos as pretensões de domínio que um homem pode ter sobre um filho por meio do direito da mãe. Um é por sujeição absoluta da mãe; outro, por algum

pacto particular feito por ela, que equivale a algo menor do que aquela sujeição. Caso seja por sujeição absoluta, aquele que é o senhor da mãe tem direito ao filho dela (conforme a seção 6, capítulo XXII), seja ele o pai ou não. E assim os filhos da serva são bens do senhor *in perpetuum*.

5. Dos pactos feitos entre homem e mulher, que não resultam em sujeição, alguns são temporários e outros vitalícios; quando são temporários, trata-se de pactos de coabitação, ou, ainda, apenas de copulação. E nesse último caso, os filhos são objeto de pactos particulares. Assim, quando as amazonas copulavam com seus vizinhos, os pais tinham direito por contrato apenas aos filhos homens, enquanto as mães tinham a guarda das filhas.

6. E os pactos de coabitação dizem respeito ou à sociedade de cama, ou à sociedade que abarca todas as coisas; se for apenas para a sociedade de cama, então a mulher é chamada de *concubina*. E também nesse caso o filho deverá ser do homem ou da mulher, conforme eles convirem, particularmente, por pacto; pois, embora na maioria das vezes, presume-se, a concubina ceda o direito sobre seus filhos ao pai, ainda assim o concubinato não obriga a tanto.

7. Mas se os pactos de coabitação dizem respeito à sociedade de todas as coisas, é necessário que apenas um deles governe e disponha de tudo aquilo que é comum a ambos; sem isso (como dissemos anteriormente), a sociedade não pode durar. Portanto, o homem, ao qual a mulher cede na maioria das vezes o governo, tem também na maioria das vezes o direito e o domínio exclusivos sobre os filhos. E o homem é chamado de *marido*, e a mulher, de *esposa*. Mas, porque às vezes o governo pode pertencer apenas à esposa, também o domínio sobre os filhos pertencerá apenas a ela; como no caso de uma rainha soberana, em que não há razão alguma para que o seu casamento lhe tire o domínio sobre os seus filhos.

8. Portanto, quando os filhos são criados e preservados pelo pai, ou pela mãe, ou por quem quer que seja, eles se encontram absolutamente sujeitos àquele ou àquela que os criou ou preservou. E os pais podem aliená-los, isto é, ele

ou ela pode transferir o seu direito sobre eles, vendendo-os ou dando-os em adoção ou servidão a outros; ou podem penhorá-los como garantia, matá-los se se rebelarem, ou sacrificá-los pela paz, em virtude da lei de natureza, quando ele ou ela, segundo sua consciência, considerar isso necessário.

9. A sujeição daqueles que instituem entre si uma república não é menos absoluta do que a sujeição dos servos. E nisso eles se encontram em uma situação igual; embora a esperança daqueles seja maior do que a destes. Pois quem se submete sem ser compelido considera com razão que seria mais bem tratado nesse caso do que quem o faz por compulsão; e, embora se trate de uma sujeição, ao fazer livremente, chama a si mesmo de *homem livre*; com isso fica evidente que tal liberdade não é uma isenção da sujeição e obediência ao poder soberano, mas um estado em que se espera mais do que aqueles que foram subjugados pela força e pela conquista. E essa era a razão pela qual a palavra que significa crianças é, na língua latina, *liberi*, que também significa homens livres. Mas, em Roma, nada naquele período era tão dependente do poder alheio quanto as crianças na família de seus pais. Pois tanto o Estado tinha poder sobre as suas vidas sem o consentimento do pai, quanto o pai podia por sua própria autoridade matar seu filho sem nenhuma autorização do Estado. Portanto, a liberdade nas repúblicas nada mais é do que a honra de usufruir da mesma igualdade que os outros súditos, e a servidão é o estado dos demais. Portanto, um homem livre pode, mais do que um servo, esperar por cargos de honra. E isso é tudo o que se pode entender por liberdade do súdito. Pois, em todos os outros sentidos, a liberdade é o estado daquele que não é súdito.

10. Ora, quando um pai possui, além de filhos, também servos, segue-se que os filhos (não pelo direito de filho, mas pela indulgência natural dos pais) são homens livres. E o conjunto que compreende o pai ou a mãe, ou ambos, mais os filhos e os servos, é chamado de *família*[3]; nesta, o pai ou

---

3. No original em inglês, *family*. Embora a formulação de Hobbes nos pareça perfeitamente clara, gostaríamos apenas de frisar que, em português,

o chefe da família é o soberano; e os demais (tanto os filhos quanto os servos) são os súditos. Se esta mesma família cresce pela multiplicação dos filhos, seja por geração, seja por adoção; ou pela multiplicação dos servos, por geração, por conquista ou por submissão voluntária, a ponto de se tornar tão grande e numerosa que seja capaz de se defender, então essa família é chamada de *reino patrimonial*, ou monarquia por aquisição; a soberania aí reside em um único homem, tal como ocorre com um monarca criado pela instituição política. De modo que todos os direitos de um são também os de outro. Sendo assim, não tratarei mais deles [do reino patrimonial e da instituição política] como coisas distintas, mas como monarquia em geral.

11. Tendo mostrado por qual direito os diversos tipos de repúblicas (democracia, aristocracia e monarquia) são erigidos, resta mostrar por qual direito elas continuam. O direito pelo qual elas continuam é chamado de direito de sucessão do poder soberano; a respeito dele, não há nada a dizer em uma democracia, porque enquanto os súditos viverem, a soberania não morrerá; tampouco em uma aristocracia, pois não ocorre facilmente que os *optimates* desapareçam de uma só vez; e se isso acontecesse, sem dúvida nenhuma a república seria dissolvida. Portanto, é apenas em uma monarquia que se coloca a questão referente à sucessão. E, em primeiro lugar, na medida em que o monarca, que é o soberano absoluto, tem o domínio por seu direito próprio, ele pode dispor dele como lhe aprouver. Portanto, se em testamento ele nomear o seu sucessor, então o direito será transmitido por meio desse testamento.

12. Mesmo se o monarca morrer sem deixar nenhum testamento concernente à sucessão, não se deve presumir por isso que a sua vontade era que os seus súditos, que são para ele como seus filhos e seus servos, retornassem ao estado

---

família (no latim, *familiae*) preserva a acepção que designa justamente o conjunto de pessoas que vivem "sob o mesmo teto", incluindo os criados e servos, não se referindo exclusivamente às pessoas envolvidas em certo grau de parentesco. (N. do T.)

de anarquia, isto é, de guerra e hostilidade; isso seria expressamente contrário à lei de natureza, que ordena a busca e preservação da paz. Portanto, pode-se razoavelmente conjecturar que a sua intenção era legar-lhes a paz, vale dizer, um poder coercitivo que os afastasse da sedição intestina. E isso se dá antes sob a monarquia do que sob qualquer outra forma de governo, na medida em que ele, pelo exercício da monarquia em sua própria pessoa, demonstrou tê-la aprovado.

13. Ademais, deve-se supor que a sua intenção era que os seus próprios filhos lhe sucedessem (quando nada em contrário é expressamente declarado), de preferência a qualquer outro. Com efeito, os homens buscam naturalmente a sua própria honra; e isso consiste na honra de seus filhos depois da deles.

14. Além disso, visto que se supõe que todo monarca deseja continuar governando, tanto quanto puder, por meio de seus sucessores, e que em geral os homens são dotados de mais sabedoria e coragem do que as mulheres, o que evita a dissolução de todas as monarquias, deve-se então presumir que onde nenhuma vontade expressa manifesta o contrário, o monarca prefere os seus filhos homens às filhas mulheres. Não que as mulheres não possam governar, e que não tenham governado sabiamente em diferentes épocas e lugares, mas apenas que elas não são em geral tão aptas quanto os homens para tanto.

15. Porque o poder soberano é indivisível, não se pode supor que o monarca falecido tivesse a intenção de dividir a soberania, mas que o seu desejo era que ela incidisse inteiramente sobre um de seus filhos, presumivelmente o mais velho, designado portanto por sorteio da natureza, uma vez que não estipulou nenhum outro sorteio para essa decisão. Além do mais, qualquer que seja a diferença de capacidade entre os irmãos, as vantagens devem ser adjudicadas ao mais velho, já que de outro modo nenhum súdito tem autoridade para julgar isso.

16. E caso faltem descendentes ao possessor, o sucessor presumido será o seu irmão. Pois, pelo juízo da natureza,

quem é próximo no sangue é próximo no amor; e quem é próximo no amor é próximo na promoção.

17. E assim como a sucessão se segue do primeiro monarca, assim também ela se segue daquele ou daquela que tem a posse. E, consequentemente, os filhos daquele que tem a posse devem ser preferidos aos filhos do pai ou do predecessor do monarca.

CAPÍTULO XXIV
Comparação dos inconvenientes dos vários tipos de governo

1. Tendo apresentado a natureza da pessoa política e os seus três tipos (democracia, aristocracia e monarquia), mostrar-se-ão neste capítulo as conveniências e as inconveniências que surgem daí tanto em geral quanto nos vários tipos em particular. Em primeiro lugar, visto que um corpo político é erigido apenas para regular e governar os homens particulares, segue-se que o benefício e o prejuízo disso consistem no benefício ou prejuízo de ser regulado. O benefício é aquilo para o qual um corpo político foi instituído, ou seja, a paz e a preservação de cada homem particular, não sendo possível haver um benefício maior, conforme detalhado anteriormente na Parte I, capítulo XIV, seção 12. E esse benefício se estende igualmente ao soberano e aos súditos. De fato, aquele ou aqueles que detêm o poder soberano não podem defender suas pessoas senão com a ajuda dos particulares; e cada homem particular pode se defender por meio da união de todos no soberano. Quanto a outros benefícios, que não dizem respeito à sua segurança ou à sua conservação, mas sim ao seu bem-estar e prazer, como as riquezas supérfluas, eles pertencem ao soberano tanto quanto devem pertencer também ao súdito; e pertencem ao súdito tanto quanto devem pertencer também ao soberano. Com efeito, as riquezas e tesouros do soberano são o domínio que ele exerce sobre as riquezas de seus súditos. No entanto, se o soberano não providenciar para que os homens particulares possam ter meios, ao mesmo tempo, de se preservar e de preservar o

bem público, não poderá haver nenhum tesouro comum ou soberano. Por outro lado, se não houvesse um tesouro comum e público pertencente ao poder soberano, as riquezas privadas dos homens serviriam antes para precipitá-los em confusão e guerra do que para manter-lhes a segurança. Desse modo, o interesse do soberano e o do súdito andam sempre juntos. Portanto, aquela distinção entre governos, segundo a qual *há um governo para o bem daquele que governa, e outro para o bem daqueles que são governados, sendo o primeiro despótico (isto é, senhorial) e o outro, um governo de homens livres*, não é correta; nem mais correta é a opinião daqueles que asseveram que uma cidade não é constituída por um mestre e seus servos. Eles poderiam dizer também que não há cidade que consista em um pai e nos seus próprios filhos, por mais numerosos que sejam. Com efeito, no caso de um mestre que não tem filhos, os seus servos têm neles todas aquelas qualidades que fazem com que um homem ame seus filhos; pois eles são a sua força e a sua honra; e o seu poder sobre eles não é maior do que sobre seus filhos.

2. O inconveniente que surge do governo em geral, para aquele que governa, consiste, em parte, nos cuidados e problemas contínuos que lhe causam os negócios dos outros homens que são seus súditos e, em parte, no perigo para a sua pessoa. Com efeito, a cabeça[4] é sempre aquela parte onde não apenas residem os cuidados, mas também aquela que o golpe de um inimigo visa mais comumente. Para contrabalançar esse incômodo, a soberania, a par dessa necessidade de cuidado e desse perigo, deve comportar tanta honra, riquezas e recursos para o deleite da mente, que nenhuma riqueza particular de nenhum homem lhe possa igualar. Para um súdito, os inconvenientes de um governo em geral nada são, se bem considerados; mas, aparentemente, há duas coi-

---

4. No original em inglês, *head*, que também significa "chefe" ou, dito de outro modo, "o cabeça". O interessante na construção da passagem é o paralelo entre a organização e vulnerabilidade do corpo político e a manutenção da vida do corpo natural. (N. do T.)

sas que podem perturbar a sua mente, ou dois agravos de modo geral. Um é a perda de liberdade; o outro é a incerteza quanto ao *meum* e ao *tuum*. O primeiro consiste em que um súdito não pode mais governar as suas próprias ações de acordo com o seu próprio discernimento e juízo ou (o que dá no mesmo) consciência, conforme as presentes ocasiões lhe sugerem de tempos em tempos; ficando limitado assim a agir de acordo apenas com aquela vontade que ele tinha depositado e comprometido, de uma vez por todas e há muito tempo, na vontade da maioria de uma assembleia ou na vontade de um único homem. Mas isso não constitui propriamente um inconveniente. Pois, como foi mostrado antes, esse é o único meio pelo qual temos alguma possibilidade de nos preservar; afinal, em tal diversidade de consciências, se fosse permitido a cada homem seguir livremente a sua consciência*, eles não viveriam juntos em paz nem por uma hora. Mas, para cada homem em particular, estar privado dessa liberdade parece ser um grande inconveniente; pois cada qual a considera reservada para si mesmo, e não para os demais; assim, a liberdade aparece como a dominação dos outros; pois quando um homem está em liberdade e os demais em servidão, então é o primeiro que detém o governo. Nesse sentido, aquele que não compreende a honra como tal, chamando-a pelo simples nome de liberdade, considera um grande agravo e injúria o fato de lhe recusarem a liberdade. Quanto ao segundo agravo, concernente ao *meum* e ao *tuum*, ele também não existe senão em aparência. Consiste no fato de que o poder soberano retira do súdito aquilo que ele costumava usufruir, por não conhecer nenhuma outra propriedade além do uso e do costume. Mas, sem tal poder soberano, o direito dos homens não encerra propriedade sobre as coisas; trata-se apenas de um uso comum; o que não é nem um pouco melhor do que não ter nenhum direito, conforme foi mostrado na Parte I, capítulo XIV, seção 10. Portanto, sendo a propriedade derivada do poder soberano, ela não deve ser invocada contra ele; especialmente quando, por meio dele, cada súdito pode reivindicar uma propriedade como sua em relação aos outros súditos; propriedade essa que, quando cessa a soberania, não se tem mais; pois, nesse último caso, eles retornam à guerra entre si. Os impostos que são lançados pela autoridade soberana sobre as propriedades privadas nada mais são do que o preço da paz e da defesa que a soberania garante aos súditos*. Se não fosse assim, nenhum dinheiro, usado na arregimentação de tropas para a guerra ou para qualquer outra ocasião pública, poderia ser legitimamente angariado em todo o mundo; pois nem o rei, nem a democracia, nem a aristocracia, nem os estados de qualquer região poderiam fazer isso, se a soberania não o pudesse. Com efeito, em todos esses casos, angaria-se em virtude da soberania; além do mais, por meio desses três estados, a terra de um homem pode ser transferida a outrem, sem se cometer nenhum crime contra aquele de quem ela foi tirada, e sem nenhum pretexto de benefício público, como tem sido feito. Isso não é nenhuma injúria; porque é feito pelo poder soberano; ora, o poder que faz isso não é menos do que o soberano, nem pode ser maior. Portanto, esse agravo em relação ao *meum* e ao *tuum* não é real; a menos que se exija mais do que o necessário. Mas parece ser um agravo porque, para aqueles que não conhecem o direito da soberania, ou não sabem a quem esse direito pertence, isso parece ser uma injúria; e a injúria, por menor dano que cause, é sempre danosa, porque nos faz lembrar de nossa incapacidade de nos defender e nos faz ter inveja do poder daqueles que nos prejudicam.

3. Tendo falado sobre as inconveniências que o governo em geral representa para o súdito, vamos considerá-las nos três diferentes tipos de governo, a saber, democracia, aristocracia e monarquia; os dois primeiros são, de fato, apenas um. Pois, como mostrei anteriormente, a democracia é apenas um governo de alguns oradores. Desse modo, a comparação deverá ser feita entre monarquia e aristocracia; e, deixando de lado que o mundo, assim como foi criado, também é governado por um único Deus Todo-Poderoso; que todos os antigos preferiam a monarquia aos outros governos, tanto pela opinião, porque fantasiavam um governo monár-

quico entre os seus deuses, como também pelo seu costume, porque nos tempos mais remotos todos os povos eram assim governados; que o governo paterno, que é monárquico, foi instituído desde o início da criação, e que outros governos procederam de sua dissolução, causada pela natureza rebelada da humanidade, e não são senão fragmentos de monarquias despedaçadas, cimentadas pelo engenho humano; insistirei apenas nesta comparação sobre os inconvenientes que podem acarretar para os súditos de cada um desses governos.

4. Em primeiro lugar, parece inconveniente que se confie um poder tão grande a um único homem, a ponto de não ser legítimo a nenhum outro homem ou homens resistir-lhe; e alguns pensam que isso seja inconveniente *eo nomine**, porque ele tem o poder. Mas não podemos admitir esse argumento de maneira nenhuma, pois ele torna inconveniente ser governado por Deus Todo-Poderoso, o qual sem dúvida tem mais poder sobre cada um do que se pode conferir a qualquer monarca. Portanto, esse inconveniente deve ser derivado não do poder, mas das afecções e paixões que reinam em cada um, monarca e súdito; paixões essas que podem influenciar o monarca a fazer mau uso desse poder. Uma aristocracia é feita de homens; ora, se as paixões de muitos homens são mais violentas quando eles estão reunidos, do que as paixões de um homem sozinho, segue-se então que o inconveniente que surge da paixão será maior em uma aristocracia do que em uma monarquia. Mas não há dúvida: quando as coisas são debatidas em grandes assembleias, onde cada homem pronuncia livremente sua opinião sem nenhuma interrupção, ele se esforça por tornar melhor tudo aquilo que se lhe apresenta como bom, e aquilo que receia como um mal, torna-o pior, tanto quanto for possível, a fim de que o seu conselho possa ser acatado; e esse conselho nunca deixa de ter em vista o seu benefício ou honra próprios, pois o objetivo de cada homem corresponde a algum bem para si mesmo**. Ora, isso não pode ser feito sem uma ação sobre as paixões dos demais. Assim, as paixões daqueles que são moderados quando estão sós, são veementes

quando estão reunidos; da mesma forma, uma grande quantidade de carvões, que apenas aquecem quando estão separados, inflamam-se uns aos outros, quando são postos juntos.

5. Outro inconveniente da monarquia é que o monarca, além das riquezas necessárias para a defesa da república, pode tomar muito mais dos súditos, para enriquecer seus filhos, seus parentes e seus favoritos, tanto quanto lhe aprouver; o que, embora seja de fato um inconveniente se assim o fizer, em todo caso é ainda maior em uma aristocracia, sendo também mais provável que nela ocorra; pois não se trata apenas de um, mas de muitos que têm filhos, parentes e amigos para promover. E, nesse ponto, eles são como vinte monarcas para um só, sendo provável que apresentem mutuamente os seus desígnios para a opressão de todos os demais. A mesma coisa acontece também em uma democracia, se todos estiverem de acordo; caso contrário, eles provocam um inconveniente ainda pior, a saber, a sedição.

6. Outro inconveniente da monarquia é o poder de prescindir da execução da justiça*; com isso a família e os amigos do monarca podem cometer ultrajes impunemente contra o povo ou extorqui-lo de maneira opressiva. Nas aristocracias, porém, não é apenas um, mas muitos os que têm o poder de livrar os homens das mãos da justiça; e nenhum homem deseja que seus parentes ou amigos sejam punidos pelos seus deméritos. Desse modo, eles se entendem entre si sem dizer mais nada, como em um pacto tácito: *Hodie mihi, cras tibi***.

7. Outro inconveniente da monarquia é o poder de modificar leis; nesse assunto, é necessário que exista um tal poder, a fim de que as leis possam ser modificadas, conforme a mudança dos costumes, ou quando a conjuntura de todas as circunstâncias dentro e fora da república o exigir. A mudança da lei é, pois, um inconveniente quando procede da mudança, não nas circunstâncias, da mente daquele ou daqueles por cuja autoridade as leis são elaboradas. Ora, por si só é bastante manifesto que a mente de um homem não é tão variável nesse aspecto, como o são os decretos de uma assembleia. Com efeito, os homens não sofrem apenas

as suas mudanças naturais, mas a mudança em um único homem é suficiente (com eloquência e reputação, ou pela solicitação e partidarismo) para que ele elabore hoje essa lei que outro homem, pelos mesmos meios, ab-rogará amanhã.

8. Por fim, o maior inconveniente que pode ocorrer numa república é a tendência à sua dissolução em uma guerra civil; e as monarquias estão muito menos sujeitas a isso do que quaisquer outros governos. Pois, se a união, ou ligação, de uma república está em um único homem, não existe dissensão; ao passo que, nas assembleias, aqueles que são de diferentes opiniões, e que dão diferentes conselhos, estão propensos a ter desavenças entre si e a obstruir os desígnios da república, no interesse de um e em detrimento do outro; e quando eles não conseguem ter a honra de realizar seus próprios projetos, buscam a honra de tornar vãos os conselhos de seus adversários. E, nessa contenda, caso os partidos opostos sejam de igual força, eles de imediato entram em guerra. E aí a necessidade ensina a ambos os lados que um monarca absoluto, isto é, um general, é necessário tanto para a defesa de um contra o outro, como também para a paz interna de cada partido. Mas essa tendência à dissolução deve ser entendida como um inconveniente apenas para as aristocracias em que os negócios de estado são debatidos em grandes e numerosas assembleias, como se fazia antigamente em Atenas e Roma; e não para aquelas que nada mais fazem nas grandes assembleias do que escolher magistrados e conselheiros, e confiar a direção dos negócios de Estado a poucos, tal como se dá na aristocracia de Veneza hoje. Pois os seus membros não são mais aptos para dissolver o conselho de Estado do que nas monarquias, sendo ambos os conselhos parecidos.

CAPÍTULO XXV
Nas controvérsias religiosas os súditos não estão obrigados a seguir seus juízos privados

1. Tendo mostrado que em todas as repúblicas a necessidade de paz e governo requer a existência de algum po-

der, esteja ele nas mãos de um homem ou de uma assembleia de homens, chamado de poder soberano, em relação ao qual não é lícito que nenhum membro da mesma república lhe desobedeça, surge agora uma dificuldade que, se não for solucionada, torna ilícito que qualquer homem busque sua própria paz e preservação, uma vez que ela não permite que um homem se ponha sob o comando de uma soberania absoluta, tal como requerido. E a dificuldade é a seguinte: temos entre nós a Palavra de Deus como a regra de nossas ações; ora, se devemos também nos sujeitar aos homens, então obrigamo-nos a realizar tais ações conforme eles nos ordenarem; e quando as ordens de Deus e as do homem diferirem, deveremos antes obedecer a Deus do que ao homem; consequentemente, o pacto de obediência geral ao homem é ilícito.

2. Essa dificuldade não remonta a uma tão longeva antiguidade do mundo. Não havia esse dilema entre os judeus; pois a sua lei civil e a sua lei divina eram uma única e mesma lei, a lei de Moisés; e os seus intérpretes eram os sacerdotes, cujo poder era subordinado ao poder do rei, como o poder de Aarão ao poder de Moisés. Tampouco constata-se essa controvérsia entre os gregos, romanos e outros povos gentios; pois, entre as suas várias leis civis, havia regras que ordenavam e sancionavam não apenas a justiça e a virtude, mas também a religião e o culto exterior de Deus; era aí que se considerava estar o verdadeiro culto de Deus, que era *katà tà nómina*, isto é, de acordo com as leis civis. Também os cristãos que vivem sob o domínio temporal do bispo de Roma estão livres desse problema, pois autorizam-no (seu soberano) a interpretar as Escrituras, que são a lei de Deus, conforme ele em seu juízo próprio considerar correto. Essa dificuldade, contudo, permanece e perturba apenas aqueles cristãos aos quais é permitido interpretar a Escritura, conforme entenderem, seja pela sua própria interpretação privada, seja pela interpretação daqueles que não são convocados para isso pela autoridade pública: os que seguem sua própria interpretação, exigindo continuamente liberdade de consciência; e os que seguem a interpretação

de outros, que para isso não foram designados pelo soberano da república, exigindo, em matéria de religião, um poder que esteja acima do poder civil, ou que pelo menos não dependa dele.

3. Para afastar esse escrúpulo de consciência, concernente à obediência às leis humanas, daqueles que fazem a sua própria interpretação da palavra de Deus nas Sagradas Escrituras, proponho que considerem, em primeiro lugar, que nenhuma lei humana tem a intenção de obrigar a consciência de um homem*, mas apenas as suas ações. Com efeito, visto que ninguém (apenas Deus) conhece o coração ou a consciência de um homem, a menos que isso se manifeste em uma ação da língua ou de outra parte do seu corpo, segue-se que a lei que está voltada para a consciência ou para o coração não tem nenhum efeito, uma vez que nenhum homem é capaz de discernir, a não ser por palavras ou outras ações, se tal lei é respeitada ou violada. Nem mesmo os apóstolos pretenderam inculcar à força na consciência dos homens a fé que eles pregavam, mas apenas persuadir e instruir. Por isso, São Paulo diz, em 2 Co 1, 24, ao escrever para os coríntios, a propósito de suas controvérsias, sobre ele e os demais apóstolos: *não tinham nenhum domínio sobre a sua fé, mas eram cooperadores de sua alegria.*

4. Regular as ações que são ditadas pela consciência dos homens é o único meio de obter a paz. Se essas ações não pudessem coexistir com a justiça, seria impossível que a justiça com respeito a Deus e a paz entre os homens pudessem coexistir nessa religião que nos ensina *que a justiça e a paz deveriam se beijar*[5], e na qual encontramos tantos preceitos de obediência absoluta à autoridade humana; por exemplo, em Mt 23, 2, 3 temos este preceito: *Os escribas e os fariseus sentam na cadeira de Moisés; tudo, portanto, que eles vos obrigarem a observar, observai e fazei.* No entanto, os escribas e os fariseus não eram sacerdotes, mas homens

---

5. Hobbes propõe uma formulação similar a esta no capítulo XVIII, seção 3. (N. do T.)

investidos de autoridade temporal. E também em Lc, 11, 17: *Todo reino que estiver dividido contra si mesmo será arrasado*; e não é o reino dividido contra si mesmo aquele em que as ações de cada um são regradas pela sua opinião privada ou pela sua consciência, e em que essas ações ensejam a ofensa e a violação da paz? Também em Rm 13, 5: *Por conseguinte, deveis estar submetidos não apenas por causa da ira* [divina], *mas também por causa da consciência*. Em Tito 3, 1: *Lembraram-lhes que eles deveriam sujeitar-se aos principados e potestades*. Em I Pedro 2, 3, 13-14: *Sujeitai-vos a toda autoridade humana por amor do Senhor, quer ao rei, como soberano, quer aos governadores, como por ele enviados para castigo dos malfeitores*. Em Judas, versículo 8: *Também os sonhadores que contaminam a carne desprezam o governo e falam mal daqueles que têm autoridade*. Na medida em que todos os súditos em uma república estão na condição de crianças e servos, aquilo que é uma ordem para eles, é uma ordem para todos os súditos. Mas àqueles são Paulo diz, em Cl 3, 20, 22: *Filhos, obedecei aos vossos pais em todas as coisas; servos, sede obedientes aos vossos mestres segundo a carne, em todas as coisas*. E no versículo 23: *Fazei-o de todo o coração como para o Senhor*. Consideradas essas passagens, parece-me estranho que, em uma república cristã, algum homem tivesse motivo para se recusar a obedecer à autoridade pública, baseando-se no fundamento de que *é melhor obedecer a Deus do que ao homem*. Com efeito, embora são Pedro e os apóstolos tenham respondido assim ao Conselho dos Judeus, que os proibiu de pregar [a palavra de] Cristo, não havia, ao que parece, nenhuma razão para que os cristãos alegassem o mesmo contra os seus governantes cristãos, os quais ordenam a pregação de Cristo. A fim de reconciliar essa aparente contradição entre a simples obediência a Deus e a simples obediência ao homem, devemos considerar um súdito cristão sob um soberano cristão, ou sob um soberano infiel.

5. Sob um soberano cristão, devemos considerar a quais ações estamos proibidos de obedecer, e a quais não, pelo Deus Todo-Poderoso. As ações a que estamos proibidos de

obedecer são apenas aquelas que implicam a negação da fé necessária à nossa salvação; pois, de outro modo, não pode haver nenhum outro pretexto para desobedecer. Afinal, por que um homem incorreria no perigo de uma morte temporal, por desagradar ao seu superior, se não fosse pelo medo da morte eterna no além? É preciso, portanto, inquirir quais são as proposições e artigos cuja crença nosso Salvador ou os seus apóstolos declararam ser tal que, sem a crença neles, um homem não pode ser salvo; e também todos os outros pontos que são agora controversos e distinguem as seitas entre papistas, luteranos, calvinistas, arminianos etc., tal como era feita nos velhos tempos semelhante distinção entre os paulinos, apolíneos, cefasianos, a tal ponto que um homem que as abraçasse não devia recusar obediência ao seu superior. E quanto aos pontos da fé necessários à salvação, chamo-os de pontos *fundamentais*, e todos os demais, de uma *superestrutura*.

6. Sem nenhuma controvérsia, não há nenhum ponto mais necessário à crença na salvação do homem do que este: Jesus é o Messias, isto é, o Cristo. Essa proposição é explicada de diversas maneiras, mas o seu efeito é o mesmo; por exemplo, *que ele é o ungido de Deus*; pois isso é o que a palavra Cristo significa; *que ele era o verdadeiro e legítimo rei de Israel, o filho de Davi; o Salvador do mundo, o redentor de Israel, a salvação de Deus; aquele que deveria vir ao mundo, o filho de Deus*, e (a propósito, desejo que se acautele: contra a nova seita dos arianos), *o filho engendrado por Deus*, em Atos 3, 13; Hb 1, 5; 5, 5. *O único filho engendrado por Deus*, em João I, 14.18; João 3, 16, 18; I João 4, 9: *que ele era Deus*, em João I, 1; João 20, 28: *que a plenitude da Divindade habitava nele corporalmente*[6]. Além disso, *o Único Santo, o Santo de Deus, o que perdoa os pecados, o que ressuscitou entre os mortos*. Essas são as explicações e as partes daquele artigo geral, segundo o qual *Jesus é o Cristo*. Esse

---

6. Embora Hobbes não cite a passagem bíblica, é provável que esteja se referindo a Cl, 2, 9. (N. do T.)

ponto, portanto, e todas as suas explicações são fundamentais, como também o são todas as que daí podem ser evidentemente inferidas, como a crença em Deus Pai. Em João 12, 44: *aquele que crê em mim, crê não em mim, mas naquele que me enviou*. Em I João 2, 23: *aquele que nega o Filho, não tem o Pai*. A crença no Espírito Santo de Deus, a respeito de quem Cristo disse, em João 14, 26, *mas o Consolador, que é o Espírito Santo, a quem o Pai enviará em meu nome*; e em João 15, 26: *quando, porém, o Consolador vier, que eu vos enviarei da parte do Pai, o Espírito da verdade* [que dele procede]: a crença nas Escrituras, em virtude da qual cremos nesses pontos, e a crença na imortalidade da alma, sem a qual não podemos acreditar que ele seja um Salvador.

7. São esses os pontos fundamentais da fé, necessários à salvação; eles são também os únicos necessários em matéria de fé, e os únicos essenciais para ser chamado de cristão, como se comprova por várias passagens evidentes da Sagrada Escritura. Em João, 5, 39: *Examinai as Escrituras, pois nelas vós pensais ter a vida eterna, e são elas que me testificam*. Ora, nessa passagem, é preciso entender por Escritura o Velho Testamento (o Novo ainda não tinha sido escrito), sendo a crença naquilo que foi escrito sobre nosso Salvador no Velho Testamento suficiente para a obtenção da vida eterna. Mas, no Velho Testamento, não se revela nada concernente ao Cristo, exceto que ele é o Messias, e outras coisas relativas aos pontos fundamentais que disso dependem; portanto, esses pontos fundamentais, em matéria de fé, são suficientes para a salvação. E em João 6, 28, 29: *Então lhe disseram: O que devemos fazer para podermos realizar as obras de Deus? Jesus respondeu e lhes disse: Esta é a obra de Deus, que creiais naquele que por ele foi enviado*. De modo que o ponto no qual se deve crer é *que Jesus veio de Deus, e que aquele que acredita nisso, realiza as obras de Deus*. E em João 11, 26, 27: *Todo aquele que vive e crê em mim, nunca morrerá. Crês tu isto? Sim, Senhor, respondeu ela, eu acredito que tu és o Cristo, o Filho de Deus, que devia vir ao mundo*. Disso se segue que aquele que crê nisso nunca morrerá. Em João 20, 31: *Mas essas coisas são escritas para*

que vós possais crer que Jesus é o Cristo, o Filho de Deus; e para que, crendo, possais ter vida em seu nome. Por aí se comprova que esse ponto fundamental é tudo o que se requer em matéria de fé para a nossa salvação. Em I João 4, 2: *Todo espírito que confessa que Jesus Cristo veio em carne é de Deus.* Em I João 5, 1: *Todo aquele que crê que Jesus é o Cristo, é nascido de Deus*; e no versículo 4: *Quem é o que conquista o mundo, senão aquele que crê ser Jesus o Filho de Deus?* e no versículo 13: *Estas coisas vos escrevi, a vós que credes no nome do Filho de Deus, a fim de saberdes que tendes a vida eterna.* Em Atos 8, 36, 37: *disse o eunuco: eis a água, o que me impede de ser batizado? E Filipe lhe disse: se crês de todo coração, tu o podes. E ele respondeu e disse: Creio que Jesus Cristo é o Filho de Deus.* Esse ponto, portanto, era suficiente para que um homem fosse admitido no batismo, ou seja, no cristianismo. E em Atos 16, 30: *O carcereiro prostrou-se diante de Paulo e Silas, e disse: Senhores, o que devo fazer para ser salvo? E eles disseram: Crê no Senhor Jesus Cristo.* E o sermão de São Pedro no dia de Pentecostes não foi nada mais do que uma explicação de que Jesus era o Cristo. E quando aqueles que o ouviam perguntaram-lhe: o que faremos?, Pedro lhes disse, em Atos 2, 38: *Penitenciai-vos de vossas vidas, e que cada um de vós seja batizado em nome de Jesus Cristo, para remissão dos pecados.* Em Rm 10, 9: *Se confessares com a tua boca ao Senhor Jesus, e creres em teu coração que Deus o ressuscitou dos mortos, serás salvo.* Em relação a essas passagens, pode-se acrescentar que, onde quer que o nosso Salvador, o Cristo, aprove a fé de um homem, a proposição em que esse homem crê (se a extrairmos do texto) é sempre um dos pontos fundamentais mencionados anteriormente, ou algo equivalente, como a fé do centurião, em Mt 8, 8: *Dize apenas uma palavra, e o meu servo será curado*, crendo que ele era onipotente; a fé da mulher que padecia de hemorragia, em Mt 9, 21: *Se eu pudesse apenas tocar a borda de sua veste*, o que implica que ele era o Messias; a fé que se exige dos cegos, em Mt 9, 28: *Credes que eu seja capaz de fazer isso?*, a fé da mulher de Cananeia, em Mt 15, 22, em que ele era o *Filho de Davi*, tinha a mesma implicação. E assim é em cada uma dessas passagens (sem exceção) em que nosso Salvador louva a fé de um homem; mas como elas são numerosas, deixo de inseri-las aqui e encaminho-as à inquirição daqueles que, de outro modo, não estiverem satisfeitos. E assim como não se exige nenhuma outra fé, assim também não havia nenhuma outra pregação; com efeito, os profetas do Velho Testamento não pregaram nenhuma outra coisa; e João Batista não pregou senão a vinda do reino dos céus, vale dizer, do reino de Cristo. A missão dos apóstolos era idêntica, em Mt 10, 7: *ide, pregai dizendo que o reino dos céus está próximo*. Paulo, pregando aos judeus (Atos, 18, 5), não fez senão testemunhar-lhes que *Jesus era o Cristo*. E os pagãos não reconheciam os cristãos senão por este nome, acreditando que *Jesus era um rei*, e gritavam (Atos, 17, 6): *São estes os que têm subvertido o estado do mundo, e aqui estão eles, os quais Jasão recebeu. E todos estes agem contra os decretos de César, dizendo que há outro rei, um certo Jesus*. E esse é o resumo das predicações e das confissões dos que acreditavam tanto nos homens quanto nos demônios. Esta era a inscrição na sua cruz, *Jesus de Nazaré, rei dos judeus*; esta, a causa da coroa de espinhos, do cetro de junco, e o que fez um homem carregar a sua cruz; esse era o tema das *Hosanas*, e a esse título nosso Salvador, ao ordenar que tomassem os bens de outro homem, mandou que dissessem: *O Senhor disso necessita*; por esse título nosso Salvador purgou o templo do mercado profano que lá existia. Os apóstolos não acreditavam que *Jesus era o Messias* nem entendiam isso; com efeito, eles entendiam que o Messias não era mais do que um rei temporal, até depois da ressurreição de nosso Salvador. Ademais, este ponto, *Cristo é o Messias*, é particularmente posto em relevo por ser fundamental, como essa palavra ou alguma outra equivalente em diversas passagens. Com relação à confissão de Pedro, em Mt 16, 16: *Tu és o Cristo, o Filho do Deus vivo*; nosso Salvador diz no versículo 18: *Sobre esta pedra edificarei a minha igreja*. Por conseguinte, esse ponto é todo o fundamento da Igreja de Cristo. Em Rm 15, 20, são Paulo diz: *Assim me esforcei para pregar o Evangelho, não onde Cristo já fora anunciado, a fim de não edificar sobre a fundação de outro homem*. Em I Co 3, 10, após são Paulo repreender os coríntios por suas seitas, doutrinas e questões estranhas, ele distingue entre os pontos fundamentais e a superestrutura, e diz: *eu pus a fundação sobre a qual outro edifica; deixai, porém, que cada homem veja como ele edifica sobre isso. Pois nenhuma outra fundação pode ser posta, além daquela que já está posta, que é Jesus, o Cristo*. Em Cl 2, 6: *Assim como recebestes a Cristo Jesus, o Senhor, assim também nele andai, arraigados e edificados nele, e confirmados na fé*.

8. Após mostrar que a proposição "Jesus é o Cristo" é o único ponto fundamental e necessário da fé, citarei mais algumas passagens, a fim de provar que os outros pontos, ainda que possam ser verdadeiros, não são tão necessários à crença, a ponto de um homem não poder ser salvo por não crer neles. Em primeiro lugar, se um homem não pudesse ser salvo sem assentir de coração à verdade de todas as controvérsias – as quais, agora, são levantadas a propósito da religião –, não vejo como ele poderia ser salvo, já que, para se tornar um grande teólogo é que se precisa de tantas sutilezas e conhecimentos estranhos. Portanto, por que um homem deveria pensar que o nosso Salvador, o qual diz *ser suave o seu jugo* (Mt 11, 30), exigisse coisas tão difíceis? Ou (Mt 18, 60), como se poderia dizer que as criancinhas creem? Como pensar que o bom ladrão estava suficientemente catequizado na cruz? Ou que são Paulo se tornou um cristão tão perfeito logo após sua conversão? E conquanto se possa exigir mais obediência daquele ao qual os pontos fundamentais foram explicados que daquele que os recebeu apenas implicitamente, ainda assim, para a salvação, não se exige mais fé de um homem do que de outro. Pois, se é verdade que *todo aquele que confessar com sua boca o Senhor Jesus, e crer em seu coração que Deus o ressuscitou dos mortos, será salvo* (Rm 10, 9); e que *Todo aquele que crê que Jesus é o Cristo, é nascido de Deus*, a crença nesse ponto, em matéria de fé, é suficiente para a salvação de qualquer homem. E visto que aquele que não crê *que Jesus é o Cristo* (quaisquer

que sejam as outras coisas em que ele acredite) não pode ser salvo, segue-se que não se exige, para a salvação, mais de um homem do que de outro em matéria de fé[7].

9. Há poucas controvérsias entre os cristãos sobre esses pontos fundamentais; mas sobre outros pontos há entre eles várias seitas em disputa. Portanto, as controvérsias religiosas são, todas elas, sobre pontos desnecessários à salvação; entre elas, existem algumas doutrinas suscitadas pelo raciocínio humano a partir de pontos fundamentais. Por exemplo: as doutrinas que concernem ao modo da presença real, na qual estão misturados princípios de fé (acerca da onipotência e divindade de Cristo) com os princípios de Aristóteles e dos peripatéticos (acerca da substância e dos acidentes, das *species*, das hipóstases, da subsistência e migração dos acidentes de um lugar a outro); algumas dessas palavras não têm sentido e não passam de argúrias dos sofistas gregos. Essas doutrinas são expressamente condenadas em Cl 2, 8, onde são Paulo, após exortar os homens a *arraigarem-se e edificarem-se em Cristo*, dá a eles a seguinte advertência: *Cuidado para que nenhum homem vos venha a enredar com sua filosofia e vãos estratagemas, pela tradição dos homens, de acordo com os rudimentos do mundo.* Assim são as doutrinas extraídas, pela razão natural do homem, de passagens das Escrituras que não concernem ao fundamento. Por exemplo: as que tratam da concatenação das causas e da predestinação divina, que também estão misturadas com filosofia, como se fosse possível aos homens – que não sabem como Deus vê, ouve ou fala – saber, contudo, de que maneira ele planeja e predestina. Portanto, um homem não deve examinar pela razão nenhum ponto, ou extrair qualquer consequência, a partir das Escrituras, concernente à natureza de Deus Todo-Poderoso, algo de que a razão não é capaz. E, por isso, em Rm 12, 3, são Paulo oferece uma boa regra: *Que nenhum homem presuma entender acima daquilo que é feito para*

---

7. As passagens da Bíblia e as questões apresentadas nesta seção serão, de maneira mais concisa, retomadas por Hobbes em 1642, em *Do Cidadão*, XVIII, 8. (N. do T.)

ser entendido, mas que ele entenda de acordo com a sobriedade, o que não fazem os que pretendem, por meio de sua própria interpretação, extrair da Escritura uma doutrina para o entendimento, versando sobre coisas que são incompreensíveis. Toda essa controvérsia sobre a predestinação de Deus e o livre-arbítrio do homem não é peculiar aos cristãos. Com efeito, temos enormes volumes* a respeito desse assunto, sob o título de destino e contingência, disputado entre os epicuristas e os estoicos; logo, não se trata de uma matéria de fé, mas de filosofia. Tais são também as questões referentes a qualquer outro ponto que não o fundamento antes mencionado; e Deus acolhe um homem, qualquer que seja o partido da questão que ele tome. Tratava-se de uma controvérsia, nos tempos de são Paulo, saber se um gentil cristão podia comer livremente qualquer coisa que os judeus cristãos não podiam; e o judeu condenou o gentil que assim comia; ao que são Paulo diz, em Rm 14, 3: *Que aquele que não come não julgue aquele que come; pois Deus o acolheu*. E no versículo 6, acerca da questão da observância dos dias santos, em relação ao que gentios e judeus divergiam, são Paulo lhes diz: *Aquele que observa o dia, observa-o pelo Senhor; e aquele que não observa o dia, não o observa pelo Senhor*[8]. E aqueles que debatem essas questões, e se dividem em seitas, não podem ser reputados como zeladores da fé, sendo apenas carnal a sua luta, o que é confirmado por são Paulo, em I Co 3, 4: *Quando um diz, eu sou de Paulo, e o outro, eu sou de Apolo, não sois vós carnais?* Pois essas não são questões de fé, mas de sutilezas de espírito, em que os homens buscam, carnalmente, dominar uns aos outros. Na verdade, não há nenhum ponto de fé senão este: Jesus é o Cristo, conforme testemunha são Paulo, em I Co 2, 2: *Pois não estimei nenhum conhecimento entre vós, senão Jesus Cristo e ele mesmo crucificado*. E em I Tm 6, 20, 21: *Oh Timóteo, guarda o que te foi confiado, e evita os falatórios vãos e*

---

8. Hobbes parece ter alterado a formulação desta passagem da Bíblia. Cf. Rm 14, 6. (N. do T.)

profanos, e a oposição daquilo que é chamado falsamente de ciência, pois alguns, que a professam, se enganaram a respeito da fé. Em 2 Tm 2, 16: *Evita igualmente os falatórios vãos e profanos etc.*; e no versículo 17: *Desse tipo são Himeneu e Fileto, os quais, no que se refere à verdade, se enganam, dizendo que a ressurreição já aconteceu.* Com isso são Paulo mostrou que suscitar questões pelo raciocínio humano, ainda que proceda de pontos propriamente fundamentais, é não só desnecessário, mas também muito perigoso para a fé de um cristão. De todas essas passagens eu tiro apenas esta conclusão geral, que nenhum dos pontos que são agora objeto de controvérsia entre cristãos de diferentes seitas, nem nenhum ponto que será sempre objeto de controvérsia, excetuando apenas aqueles que estão contidos neste artigo, *Jesus é o Cristo,* são pontos necessários à salvação; embora, no que diz respeito à obediência, possa-se obrigar um homem a não se opor a eles.

10. Para obter a salvação, ainda que não se exija, em matéria de fé, conforme já foi comprovado a partir das Sagradas Escrituras, mais do que a crença naqueles artigos fundamentais apresentados anteriormente, exigem-se outras coisas em matéria de obediência. Com efeito, assim como não basta, em um reino temporal (a fim de evitar as punições que o rei pode infligir), reconhecer o direito e o título do rei, sem obedecer também às suas leis, assim também não basta que o nosso Salvador, o Cristo, seja o rei dos céus (nisso consiste a fé cristã), a menos que nos esforcemos para obedecer às suas leis, que são as leis do reino dos céus (nisso consiste a obediência cristã). E na medida em que as leis do reino dos céus são as leis de natureza, como foi mostrado na Parte I, capítulo XVIII, não somente a fé, mas também a observância da lei de natureza, que é o que faz que um homem seja chamado de justo ou correto (no sentido em que se entende por justiça não a ausência de toda culpa, mas o esforço e a vontade constante de fazer o que é justo), não somente a fé é necessária à salvação, mas também essa justiça, cujo efeito é chamado por vezes de arrependimento e por vezes de obras. De modo que a fé e a justiça concorrem

ambas para a salvação; e nas várias acepções da palavra "justificação", diz-se propriamente que ambas servem para justificar; sendo que, na falta de uma delas, diz-se propriamente condenação. Com efeito, não apenas aquele que resiste a um rei, duvidando do título deste, mas também aquele que lhe resiste por causa do desregramento de suas paixões merece punição. E quando a fé e as obras estão separadas, não apenas a fé (sem as obras) é chamada de morta, mas também as obras (sem a fé) são chamadas de obras mortas. E por isso São Tiago diz, em Tiago 2, 17: *Assim, também a fé, se não tiver obras, está morta nela mesma*; e no versículo 26: *Pois, assim como o corpo sem espírito está morto, também a fé sem obras está morta.* E, em Hb 6, 1, são Paulo chama as obras sem fé de obras mortas, quando diz: *não lançando novamente das obras mortas a fundação do arrependimento.* Por obras mortas entende-se não a obediência e a justiça interiores do homem, mas sim o *opus operatum*[9], ou a ação exterior, que procede do medo de punição, ou da vanglória e do desejo humano de ser honrado; e esses motivos podem ser separados da fé, pois não levam de modo algum à justificação do homem. Por causa disso são Paulo, em Rm 4, não admite que a retidão no cumprimento da lei contribua para a justificação de um pecador. Com efeito, pela lei de Moisés, que é aplicada às ações humanas, e que exige a ausência de culpa, todos os homens estão sujeitos à danação; e portanto ninguém está justificado pelas obras, mas apenas pela fé. Mas se se confundem as obras com o esforço de as realizar, isto é, se se toma a intenção pelos atos, ou a retidão interna pela externa, então as obras contribuem para a salvação. E assim caberiam aqui as palavras de são Tiago, em Tg 2, 24: *Vedes então como um homem está justificado pelas obras, e não somente pela fé.* E ambas, juntas, levam à salvação, como em Marcos 1, 15: *arrependei-vos e crede no evangelho.* E em Lucas 18, 18, quando um certo regente pergunta a nosso Salvador o que ele deveria fazer para herdar

---

9. Em latim no original: *obra realizada*. (N. do T.)

a vida eterna, nosso Salvador lhe propõe então que cumpra os mandamentos; e, quando o regente lhe diz que já cumpriu, propõe-lhe ter fé: *vende tudo o que tens, e segue-me*[10]. E em João 3, 36: *aquele que crê no Filho tem vida eterna*; e *aquele que não obedece ao filho não verá a vida*; nessa passagem, ele junta manifestamente a obediência e a fé. E em Rm 1, 17: *Os justos viverão pela fé*; não todos os homens, mas apenas os justos. Pois também *os demônios creem e estremecem*. Mas, ainda que fé e justiça (aqui, justiça significa não a ausência de culpa, mas as boas intenções da mente, que é chamada de retidão por Deus, que toma a intenção pelo ato) sejam, ambas, consideradas capazes de justificar, devem-se distinguir os seus papéis, no ato de justificação. Com efeito, diz-se que a justiça justifica não porque absolve, mas porque designa o homem justo, e o põe em um estado em que ele pode ser salvo, se tiver fé. Diz-se, porém, que a fé justifica, isto é, absolve, porque é por ela que um homem justo é absolvido de suas ações injustas e perdoado. E assim estão reconciliadas as passagens de são Paulo e de são Tiago, de acordo com as quais *apenas a fé justifica* e *um homem não está justificado somente pela fé*; e está provado como a fé e o arrependimento devem concorrer para a salvação.

11. Essas considerações permitem facilmente concluir que, sob o poder soberano de uma república cristã, não há nenhum perigo de danação a partir da simples obediência às leis humanas; pois se o soberano reconhece a cristandade, ninguém está obrigado a renunciar à fé (quer dizer, os pontos fundamentais), suficiente para a sua salvação. E quanto aos outros pontos, visto que eles não são necessários à salvação (conformadas nossas ações às leis) segue-se que faremos não apenas aquilo que nos é permitido, mas também aquilo que nos é ordenado pela lei de natureza, que é a lei moral ensinada pelo nosso próprio Salvador. Isso faz parte da obediência que deve concorrer para a nossa salvação.

---

10. A passagem em questão vai do versículo 18 ao 22. (N. do T.)

12. E embora seja verdade que tudo o que um homem faz contra a sua consciência é pecado, ainda assim, nesse caso, obedecer não é um pecado, nem algo contrário à consciência. Com efeito, não sendo a consciência senão o juízo e a opinião que um homem faz, segue-se então que, uma vez transferido o seu direito de julgar a outrem, aquilo que lhe será ordenado não é menos o seu juízo do que o de outrem; de modo que, obedecendo às leis, um homem age ainda de acordo com a sua consciência, mas não com a sua consciência privada. E quando as leis deixam-no entregue à sua própria liberdade, e apenas neste caso, tudo o que ele faz contra a sua consciência privada é pecado. E assim tudo aquilo que um homem faz, não apenas acreditando que esteja malfeito, mas duvidando se está ou não malfeito, está malfeito; nesse caso, ele pode legalmente omitir-se de fazê-lo.

13. E assim como ficou provado que um homem deve, em questões controversas, submeter suas opiniões à autoridade da república, assim também revela a prática de todos os que, ao contrário, negam isso. Afinal, há alguém que, diferindo do outro em opinião, e que pense que está certo e que o outro está errado, não consideraria razoável, se fosse da mesma opinião que a permitida em todo o estado, que o outro deveria também submeter a sua opinião? Ou, quem não ficaria satisfeito se não apenas um ou alguns homens, mas todos os teólogos de uma nação, ou pelo menos uma assembleia composta por todos aqueles de quem ele gosta, tivessem o poder de solucionar todas as controvérsias religiosas? Ou ainda, há alguém que nesse caso não estaria satisfeito por submeter as suas opiniões, seja ao papa, ou a um conselho geral, ou a um conselho privado, ou a um presbitério de sua própria nação? E, no entanto, em todos esses casos, a autoridade a que se submete não é maior do que a autoridade humana. Tampouco é possível dizer que um homem se submete à Sagrada Escritura caso ele não tenha se submetido a uma ou outra de suas interpretações; afinal, por que se deveria instituir um governo eclesiástico, se a própria Escritura não pudesse desempenhar o ofício de julgar controvérsias em matéria de fé? Mas é uma verdade evidente,

continuamente fornecida pela experiência, que os homens não buscam apenas a liberdade de consciência, mas também a liberdade de ação; e não só esta, mas ainda mais a liberdade de persuadir os outros a adotar as suas opiniões; e não só isso, pois todo homem deseja que a autoridade soberana não admita nenhuma outra opinião exceto as que ele próprio defende.

14. Portanto, não existe nenhuma dificuldade em obedecer tanto a Deus quanto ao homem em uma república cristã. Toda dificuldade consiste em saber: se aquele que recebeu a fé de Cristo, tendo antes se sujeitado à autoridade de um infiel, está ou não dispensado de sua obediência em matéria de religião. Nesse caso, parece razoável considerar que, uma vez que todos os pactos de obediência são feitos para preservar a vida humana, se ele preferir sacrificar sua vida sem resistência a obedecer às ordens de um infiel, em um caso tão difícil como esse ele está suficientemente livre da obediência. Pois nenhum pacto obriga além do esforço possível. E se um homem não pode dar garantias de que cumprirá um dever justo porque tem certeza de que morrerá se o fizer, muito menos se pode esperar que alguém cumpra um dever porque acredita de coração que será eternamente castigado. E isso basta, no que concerne ao escrúpulo de consciência, que pode suscitar o questionamento da obediência às leis humanas, naqueles que fazem a sua própria interpretação da lei de Deus. Resta, pois, afastar o mesmo escrúpulo daqueles que submetem as suas controvérsias a outros que não foram nomeados para tanto pela autoridade soberana. Trato disso no capítulo seguinte.

CAPÍTULO XXVI
Nas controvérsias religiosas os súditos não estão obrigados a seguir o juízo de nenhuma autoridade que não dependa do poder soberano

1. No capítulo anterior foram eliminadas aquelas dificuldades que se opõem à nossa obediência à autoridade huma-

na, e que surgem do mal-entendido acerca do título de nosso Salvador e de suas leis; naquele, a saber, o seu título, consiste nossa fé; e, nestas, nossa justiça. Ora, os que não discordam no que se refere ao seu título e às suas leis podem, no entanto, ter diferentes opiniões sobre os seus magistrados e sobre a autoridade que lhes é conferida. É por isso que muitos cristãos têm negado obediência aos seus príncipes, alegando que nosso Salvador, o Cristo, não lhes conferiu essa magistratura, mas sim a outros. Por exemplo: uns dizem que, universalmente, ao papa; outros, a um sínodo aristocrático; outros, ainda, a um sínodo democrático em cada uma das várias repúblicas. E, sendo os magistrados de Cristo aqueles por meio dos quais Ele fala, a questão é saber se Ele nos fala pelo papa, ou pela convocação dos bispos e ministros, ou por meio daqueles que em cada república detêm o poder soberano.

2. Essa controvérsia foi a causa de dois motins que se voltaram contra Moisés no deserto. O primeiro por Aarão e sua irmã Miriam, que resolveram censurar Moisés, por ter se casado com uma mulher etíope. E a querela entre eles e Moisés está exposta, em Nm 12, 2, nestes termos: *Porventura fala o Senhor somente por Moisés? não fala também através de nós? E o Senhor o ouviu etc.*; e puniu Miriam por essa ofensa, mas perdoou Aarão, que se arrependeu. E isso acontece com todos aqueles que incitam os sacerdotes a se sublevar contra o soberano. O outro motim foi aquele de Coré, Datã e Abraão, que se reuniram com duzentos e cinquenta capitães contra Moisés e Aarão. Segundo eles, a questão era saber: *se Deus não estava com a multidão do mesmo modo que estava com Moisés, e se cada homem era tão santo quanto ele.* Pois, em Nm 16, 3, assim eles dizem: *Exagerais, já que toda a congregação é santa, cada um deles é santo, e o Senhor está entre eles; por que, pois, vos elevais acima da congregação do Senhor?* Esse é o caso daqueles que erguem a sua consciência privada e se unem para tomar o governo religioso das mãos daquele ou daqueles que detêm o poder soberano da república; quanto isso agrada a Deus, pode-se constatar pela terrível punição dada a Coré e seus cúmplices.

3. No governo de Moisés, portanto, não havia poder civil ou espiritual que não derivasse dele; e no Estado de Israel, no tempo dos reis, também não havia poder terreno que pudesse compeli-los ao que quer que fosse, ou que permitisse a algum súdito resistir aos reis, qualquer que fosse o caso. Com efeito, ainda que os profetas, em virtude de sua vocação extraordinária, com frequência os admoestassem e ameaçassem, eles não tinham nenhuma autoridade sobre os reis. Portanto, o poder espiritual e temporal entre os judeus estava sempre nas mesmas mãos.

4. Cristo nosso Salvador, que era o rei legítimo dos judeus em particular, bem como o rei do reino dos céus, restabeleceu na ordenação dos magistrados aquela forma de política empregada por Moisés. De acordo com o número de filhos de Jacó, Moisés tomou a seu encargo, pela indicação de Deus (em Nm 1, 4), doze homens, cada um deles chefe de sua tribo, os quais deveriam ajudá-lo na formação de Israel. E esses doze (versículo 24) são chamados *príncipes de Israel, os doze homens; cada um pela casa de seus pais*; e em Nm 7, 2, diz-se que eles são as *cabeças da casa de seus pais, e príncipes das tribos, que haviam presidido ao censo*. Esses doze eram todos iguais entre si. Do mesmo modo, nosso Salvador tomou a seu encargo doze apóstolos, para estarem próximos a ele em autoridade; e a propósito deles, ele diz, em Mt 19, 28: *quando o Filho do Homem se assentar no trono de sua majestade, vós os que me seguistes na regeneração também vos assentareis em doze tronos para julgar as doze tribos de Israel*. E sobre a igualdade dos doze apóstolos entre si, nosso Salvador diz, em Mt 20, 25: *Sabeis que os senhores dos gentios os dominam etc*. E no versículo 26: *Mas não será assim entre vós; quem quiser tornar-se o maior entre vós, que seja vosso servo*. E em Mt 23, 11: *Aquele que é o maior entre vós, que seja vosso servo*. E um pouco antes, no versículo 8: *Não sereis chamados rabinos, pois um só é vosso doutor, Cristo; e vós todos sois irmãos*. Em Atos 1, na escolha de Matias como um dos apóstolos, embora são Pedro tenha participado como *porta-voz*, ninguém lhe atribuiu autoridade para a eleição, mas o fizeram por meio de sorteio.

5. Novamente Moisés recebeu a ordem de Deus, em Nm 11, 16: *Congrega para mim setenta homens dos anciãos de Israel, que sabes que são os mais velhos do povo, e que os governam, e traga-os ao tabernáculo etc.* E Moisés assim o fez (versículo 24). E tais homens foram escolhidos para ajudar Moisés a suportar o encargo do governo, como se pode ver no versículo 17 do mesmo capítulo. E assim como os doze príncipes das tribos haviam sido escolhidos conforme o número de filhos de Jacó, assim também o foram os setenta anciãos conforme o número de pessoas que seguiram com Jacó para o Egito. Do mesmo modo nosso Salvador, no seu reino dos céus, a Igreja, designou entre aqueles que acreditavam nele setenta pessoas, que foram chamadas peculiarmente de os setenta discípulos, a quem ele deu poder para pregar o evangelho e batizar.

6. Portanto, no tempo de nosso Salvador a hierarquia da Igreja consistia, além dele próprio que era o chefe, em doze apóstolos que eram iguais entre si, mas designados acima dos outros, como haviam sido os doze chefes das tribos, e em setenta discípulos, que tinham, cada um deles, o poder para batizar e ensinar, e para ajudar a governar o rebanho.

7. Considerando-se que na república instituída por Moisés não havia apenas um sumo sacerdote para o presente, mas também uma sucessão e uma ordem de sacerdotes, pode-se perguntar por que nosso Salvador, o Cristo, não o designou. Ao que se pode responder que o sumo sacerdote, na medida em que diz respeito à autoridade, estava na pessoa de Cristo, já que ele era o Cristo Rei. O mesmo também se passava com Moisés, cabendo a Aarão apenas a parte ministerial. Pois, não obstante Aarão fosse o sumo sacerdote, a sua consagração pertencia a Moisés, em Ex 29, 1. Todos os utensílios de sacrifício e outras coisas sagradas eram ordenados por Moisés; e, em suma, toda a lei levítica foi dada por Deus pela mão de Moisés, que era para Aarão um deus, e Aarão, para ele, um porta-voz. Quanto à parte ministerial, nenhum sumo sacerdote poderia ser designado senão ele próprio; com efeito, visto que nosso Salvador era ele mesmo o sacrifício, quem senão ele mesmo poderia ofertar-se?

E quanto à celebração desse sacrifício para todo o sempre, nosso Salvador concedeu o sacerdócio àqueles que ele tinha designado para governar a Igreja.

8. Após a ascensão de nosso Salvador, os apóstolos se dispersaram para difundir o Evangelho; e continuamente, conforme eles convertiam à fé determinado número de homens em determinada cidade ou região, escolhiam aqueles entre os quais consideravam os mais apropriados para dirigi-los em matéria de convivência e de vida segundo a lei de Cristo, e para explicar-lhes o mistério da vinda de Cristo em carne; isto é, para revelar-lhes detalhadamente o ofício do Messias. E quanto àqueles anciãos, alguns deles estavam subordinados a outros, conforme os apóstolos que os ordenavam consideravam adequado. Assim, são Paulo deu poder a Tito para ordenar os anciãos em Creta e reparar as coisas que estavam erradas. Assim, Tito era um ancião, bem como aquele que ordenava os anciãos, em Tt 1, 5: *Por esta causa te deixei em Creta a fim de que continuasses a reparar as coisas que restaram, e para que ordenasses os anciãos em cada cidade*; onde a palavra é *katastéseis*, que quer dizer constituído; por aí se vê que, no tempo dos apóstolos, um ancião tinha autoridade sobre os outros para ordená-los e governá-los. Com efeito, em I Tm 5, 19, Timóteo, um ancião, foi feito juiz das acusações contra os outros anciãos. E em Atos 14, 23, está dito que os discípulos ordenam os anciãos para todas as congregações das cidades nas quais eles haviam pregado; e embora nessa passagem a palavra empregada seja *keirotonésantes*, ela não significa "eleição pelo levantar das mãos", mas pura e simplesmente ordenação. De fato, como a escolha comum dos magistrados se fazia entre os gregos, que eram todos governados seja por um governo popular seja por uma *oligarquia*, pelo levantar das mãos, aquela palavra significava simplesmente uma eleição ou ordenação, não importa como fosse feita. E assim, na Igreja primitiva, a hierarquia da Igreja era a seguinte: apóstolos; anciãos que governavam outros anciãos; e anciãos que não governavam, mas cujo ofício era pregar, ministrar sacramentos, ofertar preces e ações de graça em nome do povo. Naquele

tempo não se fazia distinção entre os nomes "bispo" e "ancião". Mas, logo após o tempo dos apóstolos, a palavra "bispo" foi tomada para significar um ancião que governa anciãos, e os outros anciãos foram chamados de padres, que significa o mesmo que ancião. Assim, o governo dos bispos obedece a um modelo divino, com os seus doze governantes e setenta anciãos de Israel, de acordo com os doze apóstolos e setenta discípulos de nosso Salvador; e no tempo dos apóstolos, com os anciãos que governavam e os anciãos que não governavam.

9. E é o que basta quanto aos magistrados do rebanho de Cristo na Igreja primitiva, pois o ofício de um ministro, ou ministra, era o de se submeter ao rebanho e de servi-lo no que se refere aos seus negócios temporais. É preciso considerar em seguida a autoridade que nosso Salvador lhes deu, seja sobre aqueles que eles tinham convertido, seja sobre aqueles que iam converter. Quanto a estes últimos, como eles ainda estavam fora da Igreja, a autoridade que nosso Salvador deu a seus apóstolos não era mais do que isto: pregar-lhes que Jesus era o Cristo, explicar-lhes isso em todos os pontos que concernem ao reino dos céus, e persuadir os homens a aceitar a doutrina de nosso Salvador, mas, de maneira alguma, compelir alguém a se sujeitar a eles. Com efeito, visto que as leis do Reino dos Céus – conforme foi mostrado na Parte I, capítulo XVIII, seção 10 – são ditadas apenas para a consciência, que não está sujeita à compulsão nem ao constrangimento, não seria condizente com o feitio do Rei dos Céus constranger os homens a submeter-lhe suas ações, mas apenas aconselhá-los; tampouco, àquele que professa que a finalidade de sua lei é o amor, seria condizente exigir qualquer dever de nós pelo medo da punição temporal. Portanto, assim como os homens poderosos do mundo, que mantêm os outros subjugados por meio da força, são chamados na Escritura de caçadores, do mesmo modo nosso Salvador chama àqueles que designou para atrair o mundo para si, subjugando suas afeições, de *pescadores*; e é por isso que ele diz a Pedro e André, em Mt 4, 19: *Vinde a mim, e eu vos farei pescadores de homens.* E em Lucas 10, 3:

Vede, disse o Cristo, *vos envio como cordeiros entre os lobos*. De nada lhes serviria a concessão do direito de compelir sem fortalecê-los com um poder maior do que o de cordeiros entre lobos. Além do mais, em Mt 10, em que nosso Salvador dá a seus doze apóstolos a missão de converter as nações à fé, não lhes dá nenhum poder de coagir ou punir, mas diz apenas, no versículo 14: *Quem quer que não vos receba, nem ouça vossas palavras, ao sairdes daquela casa ou daquela cidade, sacudi o pó de vossos pés. Em verdade vos digo que será mais fácil para o país de Sodoma e Gomorra no dia do juízo, do que para aquela cidade*. Por esse exemplo, fica evidente que tudo o que os apóstolos podiam fazer por meio de sua autoridade era renunciar a qualquer relação com eles e deixar sua punição a Deus Todo-Poderoso, no dia do juízo. Do mesmo modo, as comparações do Reino dos Céus com a semente, em Mt 13, 3, e com o fermento, em Mt 13, 33, nos levam a pensar que o seu aumento deveria proceder da operação interna da palavra de Deus pregada, e não de qualquer lei ou compulsão por parte daqueles que a pregam. Ademais, nosso próprio Salvador diz, em João 18, 36, que *o seu reino não é deste mundo*; consequentemente, os seus magistrados não obtêm dele nenhuma autoridade para punir os homens neste mundo. E, portanto, também em Mt 26, 52, após são Pedro ter desembainhado a espada em sua defesa, nosso Salvador diz: *Embainha a tua espada. Pois todos aqueles que se servem da espada perecerão pela espada*. E no versículo 54: *Como, pois, se cumpririam as Escrituras que dizem que assim convém que aconteça?*, comprovando pelas Escrituras que o reino de Cristo não deve ser defendido pela espada.

10. Mas, no que se refere à autoridade dos apóstolos ou bispos sobre aqueles que já estão convertidos e fazem parte da igreja, há quem a considere maior do que sobre aqueles que não fazem parte dela. Pois alguns dizem (Belarmino*, *Lib. de Rom. Pont.*, capítulo 29)[11]: *Embora a lei de Cristo não pri-*

---

11. *Liber de Romanis Pontificis.* (N. do T.)

ve nenhum príncipe de seu domínio, e Paulo agiu corretamente apelando a César, quando os reis eram infiéis e estavam fora da Igreja, ainda assim, quando eles se tornaram cristãos, e se submeteram por sua vontade própria às leis do Evangelho, como as ovelhas ao pastor e como os membros à cabeça, tornaram-se súditos do prelado da hierarquia eclesiástica. O que, verdade ou não, deve-se considerar à luz do que diz a Sagrada Escritura, concernente ao poder de nosso Salvador e seus apóstolos, sobre aqueles que eles tinham convertido. Mas nosso Salvador, assim como imitou a república dos judeus, no que concerne a seus magistrados, os doze e os setenta, assim também o fez na censura da Igreja, que foi a excomunhão; entre os judeus, a Igreja punha as pessoas excomungadas para fora da congregação, o que podiam fazer pelo seu poder temporal; mas nosso Salvador e seus apóstolos, que não tomaram para si tal poder, não poderiam proibir a pessoa excomungada de entrar em nenhum lugar ou em nenhuma congregação, onde lhe era permitido entrar pelo príncipe ou pelo soberano do local, pois tal proibição equivaleria a privar o soberano de sua autoridade; e, portanto, a excomunhão de uma pessoa, sujeita a um poder terreno, era apenas uma declaração da Igreja que excomungava, segundo a qual a pessoa assim excomungada devia ser reputada como infiel, mas sem ser impelida pela autoridade da Igreja para fora de qualquer grupo em que pudesse licitamente ingressar. E é isso que nosso Salvador diz em Mt 18, 17: *Se ele recusa ouvir a Igreja, que ele seja para ti como um homem pagão e um publicano.* De modo que todo o efeito da excomunhão de um príncipe cristão não é mais do que isto: que aquele e aqueles que assim o excomungam afastem-se e fiquem banidos de seu domínio*. Com base nisso, eles não podem, tampouco, dispensar nenhum de seus súditos de obedecer-lho, pois isso seria privá-lo de seu domínio, e eles não podem fazê-lo porque estão [os súditos] fora da Igreja; aqueles que fazem essa objeção, como ficou provado na seção anterior, confessam que nosso Salvador não deu nenhuma autoridade aos seus apóstolos para serem juízes deles. E, portanto, em nenhum caso o poder soberano de uma república pode estar sujeito a uma autoridade eclesiástica, além da do próprio Cristo. E ainda que ele esteja informado a respeito do Reino dos Céus, e se sujeite assim à persuasão das pessoas eclesiásticas, não se sujeita ao governo e à lei deles. Pois, se fosse pela autoridade, e não pela persuasão deles, que ele aceitasse seu jugo, então por essa mesma autoridade poderia rejeitá-lo, mas isso é ilícito. Com efeito, se todas as Igrejas no mundo renunciassem à fé cristã, isso não seria suficiente para autorizar qualquer dos membros a fazer o mesmo. É evidente, portanto, que aqueles que detêm o poder soberano são os governantes da Igreja imediatamente abaixo de Cristo, e todos os outros lhes são apenas subordinados. Se não fosse assim, se, no entanto, os reis ordenassem alguma coisa sob pena de morte, e os padres ordenassem outra sob pena de danação, seria impossível que a paz e a religião pudessem coexistir.

11. Portanto, não há nenhuma causa justa para que um homem revogue sua obediência ao estado soberano, sob o pretexto de que o Cristo estabeleceu um estado eclesiástico acima dele. E ainda que os reis não tomem para si o ministério do sacerdócio (o que poderiam fazer se quisessem), eles simplesmente não são tão laicos a ponto de não terem nenhuma jurisdição sacerdotal. Para concluir este capítulo: visto que nos nossos dias Deus não fala a nenhum homem, seja pela sua interpretação privada das Escrituras, seja pela interpretação de um poder acima do poder soberano de cada república ou independente dele, resta, pois, que ele fale pelos seus vice-reis ou lugar-tenentes aqui na terra, ou seja, por meio dos reis soberanos, ou por meio daqueles que, assim como eles, têm autoridade soberana.

CAPÍTULO XXVII
Das causas da rebelião

1. Até aqui tratamos das causas pelas quais os homens fizeram as repúblicas e da maneira como as fizeram. Neste capítulo mostrarei brevemente por que e como elas são des-

truídas. Sem o propósito de dizer coisa alguma sobre a dissolução de uma república a partir de invasões estrangeiras, que é como se fosse a sua morte violenta, tratarei apenas da sedição, que é também a morte da república, mas semelhante àquela que acontece com um homem por doença e destempero. Para tornar os homens dispostos à sedição, três coisas concorrem. A primeira é o descontentamento, pois enquanto o homem pensa que está bem e considera que o atual governo não entrava o seu progresso do bom para o melhor, é impossível que ele deseje mudá-lo. A segunda é a pretensão de direito, pois ainda que um homem esteja descontente, se na sua opinião não há nenhuma justa causa para se revoltar contra o governo estabelecido ou resistir a ele, nem nenhuma pretensão que justifique a sua resistência e busca de ajuda, então ele nunca a mostrará. A terceira é a esperança de sucesso, pois seria loucura esforçar-se sem esperança quando o fracasso significa morrer a morte do traidor. Sem essas três coisas: descontentamento, pretensão e esperança, não pode haver rebelião; e quando as três estão juntas, nada mais falta para tanto, exceto um homem de renome para portar o estandarte e soar a trombeta.

2. Quanto ao descontentamento, ele é de dois tipos, pois consiste seja na dor corporal presente ou esperada, seja na perturbação da mente (que se encontra na divisão geral entre prazer e dor, Parte I, capítulo VII, seção 9). A presença da dor corporal não dispõe à sedição; o medo dela, sim. Por exemplo: quando uma grande multidão ou um amontoado de pessoas contribuiu para um crime que merece a morte, eles se reúnem e tomam as armas para se defender em função do medo. Assim também o medo da falta ou, na falta presente, o medo de detenção e aprisionamento dispõe à sedição. Portanto, as grandes exações, embora se reconheça a legitimidade delas, têm causado grandes sedições. Como no tempo de Henrique VII, quando ocorreram as sedições dos homens da Cornualha que se recusaram a pagar um imposto e, sob o comando de Lorde Audley, travaram batalha com o rei em Blackheath; e quando o povo do norte, sob o governo do mesmo rei, assassinou o Conde de Northumberland em

sua casa, por exigir deles um subsídio concedido pelo parlamento.

3. Em terceiro lugar, o outro tipo de descontentamento que perturba a mente dos homens que, de outro modo, viveriam em tranquilidade, sem o medo da falta ou o perigo da violência, surge simplesmente do sentimento da falta daquele poder e da honra que ele confere, que, segundo eles, lhes é devido. Com efeito, toda alegria e todo pesar da mente consistem (como foi dito na Parte I, capítulo IX, seção 21) em uma contenda pela precedência em relação àqueles com quem se comparam; disso se segue que tais homens necessariamente levam isso a mal e ficam magoados com o estado no qual se encontram, preteridos em honra em relação àqueles outros a quem pensam exceder em virtude e capacidade de governar. E essa é a causa pela qual eles se consideram tão só escravos. Ora, visto que a liberdade (*freedom*) não pode coexistir com a sujeição, que a liberdade (*liberty*) em uma república nada mais é do que o governo e a lei, e que por causa disso ela não pode ser dividida, segue-se que os homens devem ter expectativas comuns, e que isso não pode ocorrer senão em um estado popular ou em uma democracia. E Aristóteles diz bem* (livro 6, capítulo 2 de sua *Política*): *O fundamento ou a intenção de uma democracia é a liberdade*; o que ele confirma com estas palavras: *Com efeito, os homens comumente dizem que ninguém pode partilhar da liberdade senão em uma república popular*. Portanto, em um estado monárquico, onde o poder soberano está absolutamente contido em um único homem, quem quer que reivindique a liberdade, reivindica (se se quiser deduzir daí, com todo o rigor) ter a soberania para si, ou ser colega daquele que a tem, ou ver a monarquia transformada em uma democracia. Mas, a deduzir (que me perdoem pelo uso dessa expressão canhestra) da intenção daquele que reivindica, então ele não reivindica mais do que isto, que o soberano deveria atentar para as suas habilidades e os seus méritos, e empregá-lo em um cargo subordinado ao governo, de preferência a outros que merecem menos. E assim como um reivindica, assim o faz um outro, cada qual estimando que o

seu mérito seja maior. Entre todos aqueles que pretendem ou que aspiram a tal honra, apenas alguns poucos podem ser agraciados com ela, exceto se se trata de uma democracia; os demais, portanto, estão necessariamente descontentes. E isso basta quanto à primeira coisa que dispõe à rebelião, isto é, o descontentamento, que consiste no medo e na ambição.

4. A segunda coisa que dispõe à rebelião é a pretensão ao direito – o que ocorre quando os homens têm uma opinião, ou pretendem ter uma opinião segundo a qual, em certos casos, eles podem legitimamente resistir àquele ou àqueles que têm o poder soberano, ou privar aquele ou aqueles dos meios de exercê-lo. Existem seis casos especiais desse gênero de pretensão. O primeiro é quando a ordem é contrária à consciência deles, e eles acreditam ser ilegal para um súdito, sob o comando do poder soberano, fazer alguma ação que ele, em sua própria consciência, não considera legítima; ou omitir qualquer ação que ele pensa não ser legítimo omitir. O segundo é quando a ordem é contrária às leis; e eles consideram que o poder soberano está tão obrigado às suas leis quanto os súditos; e que quando ele não cumpre o seu dever, eles podem resistir ao seu poder. O terceiro caso é quando eles recebem ordens de um homem ou de um grupo de homens, e um *supersedeas*[12] de outros homens, e consideram assim que a autoridade seja igual, como se o poder soberano estivesse dividido. O quarto caso é quando eles recebem ordem de contribuir com suas pessoas ou seu dinheiro para o serviço público, e pensam possuir também uma parte deste, distinta do domínio do poder soberano; e que portanto eles não estão obrigados a contribuir com seus bens e pessoas, além do que cada um considerar individualmente adequado. Quinto caso: quando as ordens parecem prejudiciais ao povo, e cada um deles considera que a opinião e o sentimento do povo são os mesmos que a sua própria opinião e daqueles que concordam com ele,

---

12. Em latim no original, *ordem de suspensão de execução da sentença*; termo técnico empregado nos tribunais. (N. do T.)

chamando de povo uma multidão de sua própria facção. O sexto caso é quando as ordens são opressivas; eles consideram aquele que ordena coisas opressivas um tirano, e o tiranicídio, isto é, a execução de um tirano, não apenas algo legítimo, mas também louvável.

5. Todas essas opiniões são sustentadas nos livros dos dogmáticos, e muitos deles são ensinados nas cadeiras públicas, não obstante sejam absolutamente incompatíveis com a paz e o governo, e contrários às suas regras necessárias e demonstráveis. Quanto à primeira opinião, a saber, que um homem pode legitimamente fazer ou deixar de fazer algo que é contrário à sua consciência, a partir do que surgem todas as sedições concernentes à religião e ao governo eclesiástico, foi claramente mostrado, nos dois últimos capítulos, que é uma opinião errônea. Com efeito, esses dois últimos capítulos foram inteiramente dedicados a provar que a religião cristã não só não proíbe, mas também ordena que em todas as repúblicas todo súdito, em todas as coisas, faça tudo o que lhe for possível para obedecer às ordens daquele ou daqueles que são o soberano; e que, assim obedecendo, um homem age de acordo com a sua consciência e o seu juízo, pois que depositou o seu juízo sobre todas as controvérsias nas mãos do poder soberano; e que esse erro procede da ignorância do que diz Deus Todo-Poderoso e de quem por ele o diz.

6. Quanto à segunda opinião, a de que o poder soberano está tão obrigado a obedecer às suas próprias leis quanto o súdito, foi demonstrado o contrário na Parte II, capítulo XX, seções 7-12; por aí se vê que não se pode resistir ao poder soberano; que ele carrega a espada da guerra e da justiça; que ele tem o direito de decidir todas as controvérsias, tanto judiciais quanto deliberativas; que ele detém a elaboração de todas as leis civis; que ele designa os magistrados e ministros de Estado, e que isso implica uma impunidade total. Como se pode dizer que ele ou eles estão sujeitos às leis que eles podem ab-rogar como bem lhes aprouver, ou transgredir sem medo de punição? Esse erro parece provir de que em geral os homens não entendem corretamente o que quer

dizer a palavra lei, confundindo lei e pacto, como se significassem a mesma coisa. Ora, lei implica uma ordem; pacto nada mais é que uma promessa. E nem toda ordem é uma lei, mas apenas (Parte I, capítulo XIII, seção 6) quando a ordem é a razão que temos para fazer a ação ordenada. E a razão para as nossas ações está na ordem apenas quando a omissão é desse modo danosa, precisamente porque a ação foi ordenada, não porque ela é danosa em si mesma; agir de modo contrário a uma ordem não seria de todo danoso, se não fosse o direito daquele que ordena punir quem age assim. Aquele ou aqueles que dispõem de todas as punições não podem ser ordenados de tal modo que recebam um dano pela desobediência, e consequentemente nenhuma ordem pode ser uma lei que recaia sobre eles. É, portanto, um erro pensar que o poder, que é virtualmente todo o poder da república, e que, quem quer que seja o seu depositário, comumente chamado de supremo ou soberano, possa estar sujeito a qualquer outra lei a não ser a de Deus Todo-Poderoso.

7. A terceira opinião, de que o poder soberano pode ser dividido, ela não é menos errônea que a anterior, como foi provado na Parte I, capítulo XX, seção 15. E se houvesse repúblicas nas quais os direitos de soberania estivessem divididos, devemos reconhecer com Bodin (Livro II, capítulo I, *De Republica**), que não é correto chamá-las de repúblicas, mas sim de corrupção das repúblicas. Com efeito, se uma das partes tivesse poder para elaborar as leis para todos, pelas suas leis ela proibiria como bem lhe aprouvesse que os outros decretassem sem a sua permissão a paz ou a guerra, que arrecadassem impostos, que prestassem devoção e homenagem; e aqueles que tivessem direito de fazer a paz e a guerra, e de comandar a milícia, proibiriam a promulgação de outras leis a não ser daquelas que lhes aprouvesse. E ainda que as monarquias perdurem onde o direito de soberania parece ter sido dividido – porque a monarquia é em si uma forma durável de governo –, os monarcas têm sido em diversas épocas lançados para fora de seus domínios. Mas a verdade é que o direito de soberania é tal que aquele ou

aqueles que o detêm não podem, mesmo se quisessem, dispensar uma parte dele e manter o resto. Assim, por exemplo, supondo-se que o povo de Roma tivesse a soberania absoluta do Estado romano, e que tivesse escolhido um conselho, com o nome de senado, e que a esse senado tivessem dado o poder supremo de elaborar leis, reservando-se, entretanto, em termos diretos e expressos, o direito e o título integrais da soberania (o que pode facilmente ocorrer entre aqueles que não veem a conexão inseparável entre o poder soberano e o poder de elaborar leis), digo que essa outorga do povo ao senado é sem efeito, e que o poder de elaborar leis permaneceria com o povo. Com efeito, o senado, entendendo que a vontade e a intenção do povo sejam manter a soberania, não deveria tomar aquele poder como de fato outorgado, o que seria contraditório e visto como um erro. Pois (Parte I, capítulo XIII, seção 9), nas promessas contraditórias, prefere-se o que é diretamente prometido ao que lhe é oposto por consequência, porque a consequência de uma coisa nem sempre é observada, como a própria coisa o é. O erro concernente ao governo misto procede da falta de entendimento a respeito do que significa esta expressão, *corpo político*, e do fato de que ela não significa a concórdia, mas a união de muitos homens. Ainda que se declare nas cartas das corporações subordinadas que uma corporação é uma pessoa jurídica, não se tem notado a mesma coisa no corpo de uma república ou cidade, e nenhum dos incontáveis escritores de política observou tal união.

8. A quarta opinião, a saber, que os súditos possuem o seu *meum, tuum* e *suum*, não somente em virtude do poder soberano acima de todos eles, distintos um do outro, mas também contra o próprio soberano, pelo que eles pretenderiam não contribuir em nada para o bem público, e sim conforme lhes aprouvesse, já foi refutada ao se provar que a soberania é absoluta; e mais particularmente, na Parte II, capítulo XXIV, seção 2. E tal opinião surge a partir disto: que comumente eles não entendem que, antes da instituição do poder soberano, o *meum* e o *tuum* não implicavam propriedade, mas sim comunidade, onde cada homem tinha direito

a todas as coisas e estava em estado de guerra contra cada homem.

9. A quinta opinião, de que o povo é um corpo distinto daquele ou daqueles que têm a soberania sobre ele [o povo], é um erro já refutado, na Parte II, capítulo XXI, seção 11, onde se mostrou que quando os homens dizem: o povo se rebela, entende-se que se trata apenas daquelas pessoas em particular, e não da nação inteira. E quando o povo reivindica alguma coisa de outra maneira que não pela voz do poder soberano, não se trata de uma reivindicação do povo, mas apenas de homens em particular que reivindicam em nome de si próprios; esse erro surge da equivocação da palavra povo.

10. Por fim, ainda que seja frequente nos escritos daqueles autores de filosofia moral, Sêneca* e outros, tidos em tão alta estima entre nós, nem por isso a opinião segundo a qual o tiranicídio é lícito – designando por tirano qualquer homem no qual resida o direito de soberania – é menos falsa e perniciosa à sociedade humana. De fato, quando um homem detém o direito de soberania, ele não pode ser punido com justiça, como já foi frequentemente mostrado, e menos ainda deposto ou executado. E por mais que ele mereça ser punido, a punição é injusta sem um julgamento prévio, e o julgamento é injusto sem o poder da judicatura, poder que um súdito não tem sobre o seu soberano. Mas essa doutrina provém das escolas da Grécia, e daqueles que escreveram no Estado romano, no qual não apenas o nome de tirano, mas o de rei, era odiado.

11. Além do descontentamento e da pretensão, para dispor um homem à rebelião é preciso, em terceiro lugar, a esperança de sucesso, que consiste em quatro pontos: 1- que os descontentes tenham uma inteligência mútua; 2- que eles sejam em número suficiente; 3- que eles tenham armas; 4- que eles concordem com um chefe. Esses quatro pontos devem, pois, concorrer para a formação de um corpo de rebelião, no qual a inteligência é a vida; o número, os membros; as armas, a força; e o chefe, a unidade, que os dirige para uma única e mesma ação.

12. Os autores de rebeliões, isto é, os homens que alimentam nos outros a disposição à revolta, devem necessariamente possuir estas três qualidades: 1- estarem eles mesmos descontentes; 2- serem homens de juízo e capacidade medíocres; 3- serem homens eloquentes ou bons oradores. Quanto à origem de seu descontentamento, já se falou sobre isso. Quanto à segunda e terceira qualidades, devo mostrar agora, primeiro, como elas podem coexistir, pois parece uma contradição colocar um juízo diminuto e uma grande eloquência ou, como se diz, um discurso poderoso, em um mesmo homem; e, em seguida, de que maneira ambas concorrem para dispor outros homens à sedição.

13. Salústio* notou que em Catilina (que foi o autor da maior sedição já acontecida em Roma) havia *Eloquentiae satis, sapientiae parum*: bastante eloquência, mas pouca sabedoria. E talvez isso tenha sido dito sobre Catilina, enquanto Catilina, mas foi verdade a seu respeito enquanto autor de sedição. Pois a conjunção dessas duas qualidades não fez dele Catilina, mas sim um sedicioso. Para entender como a falta de sabedoria e a abundância de eloquência podem coexistir, devemos considerar o que chamamos de sabedoria e de eloquência. E por isso deverei recordar aqui algumas coisas que já foram ditas na Parte I, capítulos V e VI. É evidente que a sabedoria consiste em conhecimento. Ora, existem dois tipos de conhecimento; um é a recordação daquelas coisas que concebemos pelas nossas sensações, e da ordem em que elas seguem uma à outra. Esse conhecimento é chamado de experiência; e a sabedoria que procede disso é aquela capacidade de conjecturar, a partir do presente, o que é passado e futuro, que os homens chamam de prudência. Sendo assim, é logo evidente que o autor de sedição, quem quer que seja, não deve ser prudente. Pois se ele considerar corretamente a experiência que adquiriu acerca do êxito que tiveram os mobilizadores e autores de sedição, seja neste ou em outro Estado, constatará que para um homem que assim ascendeu à honra, vinte deles tiveram um fim vergonhoso. O outro tipo de conhecimento consiste na recordação dos nomes ou denominações das coisas, e em como cada coisa

é chamada, que corresponde, em matéria de convivência comum, à recordação dos pactos e convenções que os homens fizeram entre si a fim de se entenderem mutuamente. Esse tipo de conhecimento é geralmente chamado de ciência*, e as suas conclusões, de verdade. Quando, porém, os homens não se recordam de como as coisas são chamadas, pelo consenso geral, mas as confundem e nomeiam erroneamente, ou as nomeiam corretamente por acaso, diz-se que eles não têm ciência, mas opinião; e as conclusões que daí procedem são incertas e, na maioria dos casos, erradas. Ora, a ciência em particular, da qual procedem as conclusões verdadeiras e evidentes sobre o que é certo e errado, e o que é bom e prejudicial à existência e ao bem-estar da humanidade, os latinos a chamam de *sapientia*, e nós lhe damos geralmente o nome de *sabedoria* (*wisdom*). Com efeito, em geral, não é aquele que é hábil em geometria, ou em qualquer outra ciência especulativa, que é chamado de sábio, mas apenas aquele que entende o que conduz ao bem e ao governo do povo. Ora, nenhum autor de sedição pode ser um sábio, nessa acepção da palavra: isso está suficientemente provado pela demonstração de que nenhuma pretensão de sedição pode ser correta ou justa; portanto, os autores de sedição devem ser ignorantes em relação ao direito de Estado, vale dizer, insensatos (*unwise*). Conclui-se, portanto, que eles são tão insensatos que não dão às coisas os seus nomes verdadeiros, sobre as quais existe consenso geral, nomeando, porém, o certo e o errado, o bom e o mau, conforme as suas paixões, ou conforme a autoridade daqueles que eles admiram, como Aristóteles, Cícero, Sêneca, e outros com semelhante autoridade, os quais deram as denominações de certo e errado conforme as suas paixões lhes ditaram, ou seguiram a autoridade de outros homens tal como nós seguimos a deles. É preciso, portanto, que um autor de sedição pense que o certo seja aquilo que é errado, e vantajoso, aquilo que é pernicioso; e, consequentemente, que haja nele *sapientiae parum* (pouca sabedoria).

14. A eloquência nada mais é do que o poder de fazer que os outros creiam naquilo que dizemos; e para esse fim

devemos tirar proveito das paixões do ouvinte. Ora, para demonstrar e ensinar a verdade, é preciso longas deduções e muita atenção, o que é desagradável ao ouvinte; portanto, aqueles que não buscam a verdade, mas a crença, devem tomar outra via, e não apenas derivar aquilo que gostariam de fazer crer de algo em que já acreditam, mas também, pelos exageros e extenuações, fazer que o bom e o mau, o certo e o errado pareçam grandes ou pequenos, conforme isso sirva aos seus propósitos. E o poder da eloquência é tal que muitas vezes um homem é levado a acreditar que sente uma dor aguda e um prejuízo quando nada sente, e a enfurecer-se e indignar-se sem nenhuma outra causa além daquilo que se encontra nas palavras e na paixão do orador. Se considerarmos isso, bem como as ocupações que o autor da rebelião tem de realizar, a saber, fazer que os homens acreditem que a rebelião deles é justa, que seus descontentamentos estão baseados em graves injúrias, e que grandes são as suas esperanças, nada mais é necessário para provar que não pode haver nenhum autor de rebelião que não seja um orador eloquente e poderoso, e também, como já foi dito, um homem de pouca sabedoria. Com efeito, a faculdade de falar de modo poderoso consiste em um hábito adquirido de conjuminar palavras passionais, aplicando-as às paixões presentes dos ouvintes.

15. Visto que a eloquência e a falta de discernimento concorrem para fomentar a rebelião, pode-se perguntar qual parte cada uma delas aí desempenha. As filhas de Pélias, rei da Tessália, desejando trazer ao seu velho pai decrépito o vigor da juventude, por conselho de Medeia, retalharam-no em pedaços e puseram-no a ferver num caldeirão com não sei que ervas, mas não conseguiram fazê-lo reviver*. Assim, quando a eloquência e a falta de juízo andam juntas, a falta de juízo, como as filhas de Pélias, se deixa persuadir pela eloquência, que é como a bruxaria de Medeia, que corta a república em pedaços sob pretexto ou com a esperança de reformá-la; mas, quando as coisas estão queimando, a situação é irremediável.

CAPÍTULO XXVIII
Do dever dos que detêm o poder soberano

1. Tendo até aqui mostrado como é feito um corpo político e como ele pode ser destruído, é preciso dizer neste capítulo algo concernente à sua preservação. Não tenho o propósito de adentrar nas particularidades da arte de governar, mas sim de resumir os tópicos gerais em que essa arte deve ser empregada, e em que consiste o dever daquele ou daqueles que detêm o poder soberano. O dever de um soberano consiste em bem governar o povo; e embora os atos do poder soberano não constituam injúrias aos súditos que, pela sua vontade implícita, consentiram com ele, quando esses atos tendem ao prejuízo do povo em geral, eles são violações da lei de natureza e da lei divina; consequentemente, os atos contrários a esses são dever do soberano; e esse dever, Deus Todo-Poderoso exige que os soberanos o cumpram o melhor possível, sob pena de morte eterna. E assim como a arte e o dever dos soberanos consistem nos mesmos atos, assim também é o seu proveito. Pois a finalidade da arte é o proveito; e governar em proveito dos súditos é governar em proveito do soberano, como foi mostrado na Parte II, capítulo XXIV, seção 1. E estes três pontos: 1- a lei acima daqueles que detêm o poder soberano; 2- o dever deles; 3- o proveito deles, são uma única e mesma coisa, compreendida nesta frase, *Salus populi suprema lex*[13]; pelo que se deve entender não a mera preservação de suas vidas, mas o proveito e o bem deles em geral. De modo que a lei geral para os soberanos é esta: que eles obtenham, da melhor forma possível, o bem do povo.

2. Na medida em que o bem eterno é melhor do que o bem temporal, é evidente que aqueles que detêm a autoridade soberana estão obrigados pela lei de natureza a promover o estabelecimento de todas aquelas doutrinas e regras, e a comandar todas aquelas ações que, segundo sua cons-

---

13. Em latim no original, *a saúde do povo é a lei suprema*. (N. do T.)

ciência, eles acreditam ser o verdadeiro caminho para tanto. Pois, se não fizerem isso, não se pode verdadeiramente dizer que tenham feito o melhor possível.

3. Quanto ao bem temporal do povo, ele consiste em quatro pontos: 1- multidão; 2- comodidade de vida; 3- a paz doméstica; 4- a defesa contra uma potência estrangeira. Acerca da multidão, é dever daqueles que detêm a autoridade soberana aumentar a população, na medida em que são governantes da humanidade sob Deus Todo-Poderoso, o qual, tendo criado apenas um homem e uma mulher, declarou que era sua vontade que eles, posteriormente, se multiplicassem e aumentassem. E visto que isso deve ser feito segundo as regulamentações concernentes à copulação, segue-se que eles estão obrigados pela lei de natureza a fazer tais regulamentações, a respeito disso, que tendam para o aumento da humanidade. E disso se segue que aqueles que detêm a autoridade soberana estão contra a lei de natureza*, caso não proíbam copulações que sejam contrárias ao uso da natureza; não proíbam o uso promíscuo das mulheres; não proíbam que uma mulher tenha muitos maridos; não proíbam os casamentos que envolvam certo grau de parentesco e afinidade. Pois, embora não seja evidente que um homem particular, vivendo apenas sob a lei da razão natural, transgrida-a ao fazer alguma das coisas acima mencionadas, ainda assim é manifestamente claro que, sendo tão prejudiciais como elas são para o aperfeiçoamento da humanidade, não as proibir é contra a lei da razão natural por parte daquele que se incumbiu de aperfeiçoar uma parte da humanidade.

4. A comodidade da vida consiste na liberdade e na riqueza. Por liberdade eu entendo que não se proíba a alguém, sem necessidade, alguma coisa que lhe era lícita pela lei de natureza, ou seja, que não haja nenhuma restrição à liberdade natural, senão naquilo que for necessário para o bem da república; e que os homens bem intencionados não caiam no perigo das leis, tal como se fossem ciladas, antes de estarem cientes delas. Compete também a essa liberdade o fato de que um homem possa passar comodamente de um lugar a outro, e não ser aprisionado ou confinado por dificuldade

de acesso e falta de meios para o transporte de coisas necessárias. Quanto à riqueza do povo, ela consiste em três coisas: o bom funcionamento do comércio, a obtenção de trabalho e a proibição do consumo supérfluo de comidas e vestimentas. Portanto, todos aqueles que têm a autoridade soberana, e que tomaram para si o encargo de governar o povo, estão obrigados pela lei de natureza a fazer as regulamentações que consistem nos pontos acima mencionados; sendo contrário à lei de natureza aprisionar ou acorrentar desnecessariamente, por capricho próprio, os homens, de modo a não poderem mais mover-se sem perigo; ou então permitir que aqueles cuja manutenção é de nosso interesse careçam de qualquer coisa necessária para eles, por negligência nossa.

5. No que se refere à manutenção da paz doméstica, é preciso considerar e pôr em ordem todas as coisas que possam ser causa da sedição. Em primeiro lugar, é necessário delimitar para cada súdito a sua propriedade, a terra e os bens que lhe são próprios, com base nos quais ele pode exercer a sua indústria e dela tirar proveito, sem o que os homens entrariam em desacordo, tal como fizeram os pastores de Abraão e de Lóte, cada qual se aproveitando e usurpando o quanto pode do benefício comum, o que leva à desavença e à sedição. Em segundo lugar, dividir proporcionalmente os encargos e custos da república. Ora, existe uma proporcionalidade conforme a capacidade de cada um, e existe uma proporcionalidade conforme o benefício que lhe proporciona a república, e é esta última que está de acordo com a lei de natureza. Com efeito, os encargos da república, sendo o preço que pagamos pelo benefício dela, é por aí que eles devem ser medidos. Quando dois homens usufruem igualmente da paz e da liberdade que a república lhes proporciona para usar o seu trabalho a fim de ganhar o seu sustento, sendo que um deles poupa e deposita um tanto, e o outro gasta tudo o que ganha, nesse caso não há razão para que eles não contribuam igualmente para os custos comuns. Parece, portanto, que a forma mais equitativa de dividir os encargos dos custos públicos seja que cada um contribua conforme aquilo que gasta*, e não conforme aquilo que ga-

nha; e isso é feito quando os homens pagam a parte da república nos pagamentos que efetuam referentes à sua própria provisão. E essa forma parece não apenas a mais justa, mas também algo que se sente menos, e que perturba menos a mente daqueles que pagam tais encargos. Pois, para eles, não há nada que agrave tanto o aborrecimento de se desfazer do dinheiro, quanto pensar que estão sobretaxados, e que seus vizinhos, a quem invejam, fazem com isso um insulto a eles; e isso os dispõe à resistência e (depois de tal resistência ter criado uma discórdia) à rebelião.

6. Outra coisa necessária à manutenção da paz é a justiça devidamente executada; trata-se principalmente de que aqueles que são os magistrados designados para tal fim, pela e sob a autoridade do poder soberano, cumpram corretamente o seu dever. Esses magistrados são homens privados em relação ao soberano, e portanto homens que podem ter fins privados, o que os torna suscetíveis a serem corrompidos com presentes, ou à intercessão de amigos. Seria preciso infundir neles o respeito a um poder superior, para evitar que o povo, aborrecido com suas injustiças, não se encarregue de se vingar e não perturbe a paz comum; isso não pode ser evitado de maneira nenhuma no caso dos magistrados principais e imediatos sem a judicatura do próprio soberano ou de algum poder extraordinário por ele delegado. Portanto, é necessário que se exerça de tempos em tempos um poder extraordinário para a sindicância de juízes e outros magistrados que poderiam abusar de sua autoridade e criar, pela sua opressão, o descontentamento do povo; e que haja um modo franco e aberto de apresentar queixas àquele ou àqueles que detêm a autoridade soberana.

7. Além dessas considerações que podem prevenir o descontentamento que surge da opressão, deveria haver algum meio de controle daqueles que, por ambição, estão dispostos à rebelião; e esse meio consiste principalmente na constância daquele que detém o poder soberano, que deveria constantemente agraciar e encorajar aqueles que, sendo capazes de servir a república, se restringem, no entanto, aos limites da modéstia, sem se queixar da autoridade dos que

estão empregados, e sem agravar os erros que (como homens que são) eles podem cometer, sobretudo quando não toleram esses erros na sua própria pessoa, e mostram constantemente desagrado e desgosto com a conduta contrária. Mas só isso não basta: é preciso também ordenar punições severas àqueles que, através da repreensão das ações públicas, angariarem popularidade e aplauso entre a multidão, pois isso pode lhes permitir a obtenção de uma facção devotada a eles na república.

8. Outra coisa necessária é extirpar da consciência dos homens todas aquelas opiniões que parecem justificar e que oferecem pretensão de direito para ações revoltosas, por exemplo, a opinião segundo a qual um homem não fazer nada licitamente contra a sua consciência privada; que aqueles que detêm a soberania estão sujeitos às leis civis; que existe alguma autoridade dos súditos cujo ato negativo pode impedir o ato afirmativo do poder soberano; que um súdito tem uma propriedade distinta do domínio da república; que há um corpo do povo independente daquele ou daqueles que detêm o poder soberano; e que se possa resistir a algum soberano legítimo, atribuindo-lhe o nome de tirano; essas opiniões, conforme foi declarado na Parte II, capítulo XXVII, seção 5-10, dispõem os homens à rebelião. E porque as opiniões adquiridas pela educação tornam-se com o tempo habituais, não podendo ser tiradas à força e de maneira súbita, segue-se que elas devem, portanto, ser tiradas com o tempo e pela educação. E visto que as ditas opiniões procedem do ensinamento privado e público, e os professores as receberam a partir de fundamentos e princípios ensinados nas universidades, a partir da doutrina de Aristóteles e de outros (que nada proferiram demonstrativamente sobre moralidade e política, mas que, sendo apaixonadamente adeptos do governo popular, insinuaram as suas opiniões por meio de eloquentes sofismas), não resta dúvida de que, se a verdadeira doutrina da lei de natureza, as propriedades do corpo político e a natureza geral da lei fossem claramente estabelecidas e ensinadas nas universidades, os jovens que lá chegam vazios de preconceitos, e cujas mentes ainda são como

papel em branco, capazes de qualquer instrução, mais facilmente as receberiam e em seguida as ensinariam ao povo, por meio de livros e outras formas, contrariamente ao que se faz agora.

9. A última coisa contida naquela lei suprema, *salus populi*, é a defesa do povo, e consiste, em parte, na obediência e unidade dos súditos, de que já tratamos e que permitem ter os meios de recrutar soldados, obter dinheiro, armas, navios, fortificações prontas para a defesa; e consiste, em parte, em evitar guerras desnecessárias. Pois as repúblicas, ou os monarcas, que amam a guerra por ela mesma, quer dizer, por causa de sua ambição ou por vanglória, ou que fazem questão de se vingar de qualquer pequena injúria ou desonra feita por seus vizinhos, se eles não se arruínam, a sua sorte tem que ser melhor do que eles razoavelmente esperam.

CAPÍTULO XXIX
Da natureza das leis e dos seus tipos

1. Até aqui, tratamos da Natureza do Homem, da constituição e das propriedades de um Corpo Político. Resta apenas, para este último capítulo, tratar da natureza da lei e dos seus tipos. Em primeiro lugar, é evidente que todas as leis são declarações da mente acerca de alguma ação futura a ser realizada ou omitida. E todas as declarações e expressões da mente acerca das ações ou omissões futuras são ou promissivas, por exemplo, eu farei ou eu não farei; ou provisionais, por exemplo, se isso for feito ou se isso não for feito, então isso se seguirá; ou imperativas, tal como faça isso ou não o faça. No primeiro tipo dessas expressões consiste a natureza de um pacto; no segundo, consiste o conselho; e no terceiro, o comando.

2. É evidente que quando um homem faz ou se abstém de fazer qualquer ação, se ele for levado a tanto apenas pela consideração de que ela é boa ou má em si mesma; e se não houver nenhuma razão para que a vontade ou o prazer de outrem tenha algum peso na sua deliberação, segue-se

que nem fazer nem omitir a ação deliberadamente constituem uma violação da lei. Portanto, o que para um homem é uma lei diz respeito à vontade de outrem e à sua declaração. Um pacto, porém, é a declaração da própria vontade de um homem. Por isso uma lei e um pacto são diferentes; embora ambos sejam obrigatórios, e a lei não obrigue de outro modo senão por virtude de algum pacto feito por aquele que está sujeito a ela, ainda assim eles [lei e pacto] obrigam por meio de vários tipos de promessas. Com efeito, um pacto obriga pela promessa de uma ação ou omissão especialmente nomeada e definida; a lei, porém, obriga pela promessa de obediência em geral, por meio da qual a ação que deve ou não ser realizada se refere à determinação daquele com quem o pacto é feito. De modo que a diferença entre um pacto e uma lei está baseada nisto: em pactos simples a ação que deve ou não ser realizada é primeiro definida e tornada conhecida, e então se segue a promessa de fazê-la ou não; em uma lei, porém, a obrigação de fazer ou de não fazer precede, e a declaração do que deve ou não ser feito sucede.

3. A partir disso é possível deduzir o que para alguns pode parecer um paradoxo: que, quando o comando de alguém é lei para uma coisa, é também lei para todas as coisas. Pois visto que um homem está obrigado a obedecer antes mesmo de saber o que deve fazer, então ele está obrigado a obedecer em geral, ou seja, em todas as coisas.

4. É bastante evidente que o conselho de um homem não é lei para aquele que é aconselhado, e que aquele que permite ao outro que lhe dê conselhos não está obrigado por isso a segui-lo; mesmo assim, os homens costumam dizer que aconselhar é governar; não que eles não sejam capazes de distinguir as duas coisas, mas sim porque muitas vezes invejam aqueles homens que são chamados para aconselhar, e por isso ficam irritados com aqueles que são aconselhados. Todavia, se fosse dado aos conselheiros um direito de impor os seus conselhos, eles não seriam mais conselheiros, e sim mestres daqueles que aconselham; e os seus conselhos não seriam mais conselhos, e sim leis. Com efeito, a diferença entre uma lei e um conselho não é mais do que

isto: a formulação de um conselho é "Faça isso, porque é o melhor"; e a de uma lei: "Faça isso, porque eu tenho o direito a forçá-lo a tanto", ou "Faça isso, porque eu digo, 'faça-o'". Assim, quando o conselho, que deveria dar a razão da ação recomendada, torna-se a própria razão, não se trata mais de um conselho, mas sim de uma lei.

5. Confundem-se frequentemente os nomes *lex* e *jus*, isto é, lei e direito; no entanto, raramente existem duas palavras de significação tão contraditória como essas. Pois o direito é a liberdade que a lei nos deixa; e as leis são aquelas restrições pelas quais concordamos mutuamente em restringir a liberdade um do outro. Portanto, lei e direito não são menos diferentes do que restrição e liberdade, que são contrárias; e em uma república tudo aquilo que um homem faz sob *jure*, ele o faz sob *jure civili, jure naturae* e *jure divino*. Pois não se pode dizer que tudo aquilo que é contra qualquer uma dessas leis está sob *jure*. Afinal, a lei civil não pode fazer que seja sob *jure* aquilo que é contrário à lei divina ou à lei de natureza. Portanto, tudo aquilo que um súdito faz, se não é contrário à lei civil, e tudo aquilo que um soberano faz, se não é contrário à lei de natureza, ele o faz sob *jure divino* (pelo direito divino). Mas dizer *lege divinâ* (pela lei divina) é outra coisa. Pois visto que as leis de Deus e da natureza permitem maior liberdade do que é permitida pela lei civil (já que as leis subordinadas obrigam ainda mais do que as leis superiores; a essência da lei não sendo soltar, mas ligar), um homem pode ser comandado a algo pela lei civil, em relação ao que a lei de natureza e a lei divina não comandam. De modo que quanto às coisas que são feitas *lege*, quer dizer, pelo comando da lei, é preciso estabelecer a distinção entre *lege divinâ* e *lege civili*. Quando, por exemplo, um homem dá esmola ou ajuda quem necessita, não o faz *lege civili*, mas o faz *lege divinâ* (pela lei divina), cujo preceito é a caridade. Mas quanto às coisas que são feitas sob *jure*, não se faz nada sob *jure divino* se não estiver também sob *jure civili*, a menos que seja feito por aqueles que, tendo o poder soberano, não estão sujeitos à lei civil.

6. As diferenças que existem entre as leis variam de acordo com os autores e legisladores, com a promulgação, ou com aqueles que estão sujeitos a essas leis. Da diferença entre autores ou legisladores surge a divisão entre lei divina, natural e civil. Da diferença de promulgação procede a divisão entre leis escritas e leis não escritas. E da diferença entre as pessoas a quem a lei se aplica resulta que algumas leis são chamadas simplesmente de leis, e outras de leis penais. Por exemplo: "não roubarás" é simplesmente uma lei; mas "aquele que roubar um boi deverá restituir o quádruplo disso" é uma lei penal ou, como alguns a chamam, uma lei judicial. Ora, nas leis que são simplesmente leis, o comando se aplica a todo homem; mas nas leis penais o comando se aplica ao magistrado, que é o único responsável pela violação delas quando as penas previstas não são infligidas; aos demais só lhes compete tomar conhecimento do perigo que correm.

7. No que concerne à primeira divisão entre lei divina, natural e civil, os dois primeiros ramos são uma única e mesma lei. Pois a lei de natureza, que também é uma lei moral, é a lei do autor da natureza, Deus Todo-Poderoso; e a lei de Deus, ensinada por Cristo nosso Salvador, é a lei moral. Pois esta é a suma da lei de Deus: amarás Deus acima de tudo, e teu próximo como a ti mesmo; e essa é também a suma da lei de natureza, como foi mostrado na Parte I, capítulo XVIII. E embora a doutrina de nosso Salvador contenha três partes (moral, teológica e eclesiástica), apenas a primeira delas, a moral, tem a natureza de uma lei universal; a última delas é um ramo da lei civil; e a parte teológica, que contém os artigos concernentes à divindade e ao reino de nosso Salvador, sem o que não há salvação, não nos é transmitida sob a forma de leis, mas sim de um conselho ou orientação para evitar a punição, à qual os homens estão sujeitos por meio da violação da lei moral. Pois não é a infidelidade que condena (embora seja a fé que salva), mas a violação da lei e dos mandamentos de Deus, os quais foram escritos primeiro no coração do homem, e em seguida nas tábuas, e transmitidos aos judeus pelas mãos de Moisés.

8.* No estado de natureza, no qual cada homem é o seu próprio juiz e difere dos outros na sua forma de nomear e denominar as coisas (e dessas diferenças nascem as contendas e violação da paz), era necessário que houvesse uma medida comum a todas as coisas que pudessem cair em controvérsia; por exemplo, o que deve ser chamado de justo, de bom, de virtude, de muito, de pouco, de *meum* e *tuum*, de uma libra, de um quarto etc. Mas, quanto a essas coisas, os juízos privados podem diferir e engendrar controvérsias. Essa medida comum, alguns dizem, é a reta razão; e eu estaria de acordo com eles, caso se pudesse encontrar ou conhecer tal coisa *in rerum natura*[14]. Mas o que eles comumente chamam de reta razão, para decidir qualquer controvérsia, significa a sua própria razão. Isso é certo, visto que a reta razão não existe, e que a razão de um homem, ou de vários homens, deve preencher o lugar daquela; e esse homem, ou esses homens, é aquele ou aqueles que detêm o poder soberano, conforme já foi provado; consequentemente, as leis civis são para todos os súditos a medida de suas ações, que lhes permitirá determinar se elas estão certas ou erradas, se são úteis ou inúteis, virtuosas ou viciosas; e por meio dessas leis deverão ser estabelecidos o uso e a definição de todos os nomes sobre os quais não se está de acordo e que tendem a gerar controvérsia. Por exemplo, se por acaso nascer algum ser estranho e deformado, não serão Aristóteles nem os filósofos, e sim as leis, que decidirão se se trata ou não de um homem. A lei civil contém, como uma parte sua, a lei eclesiástica, que procede do poder do governo eclesiástico que nosso Salvador deu a todos os soberanos cristãos enquanto seus vigários imediatos, como foi dito na Parte II, capítulo XXVI, seção 10.

9. Visto que já disse que todas as leis são naturais ou civis, pode-se perguntar: a qual delas deve se referir aquela lei chamada de lei marcial, e de *disciplina militaris* pelos romanos? Parece ser a mesma que a lei de natureza, pois as

---

14. Em latim no original, *na natureza*. (N. do T.)

leis pelas quais uma multidão de soldados é governada em um exército não são constantes, mas mudam continuamente conforme a ocasião; e aquilo que é razão para o presente é sempre lei, e a razão é a lei de natureza. No entanto, é verdade que uma lei marcial é uma lei civil, pois um exército é um corpo político cujo poder inteiro está contido no general, e as leis desse corpo são feitas por ele; e embora elas sigam e mudem, conforme a razão o exige, ainda assim não é como o exige a razão de cada homem particular (como no caso da lei de natureza), e sim como o exige a razão do general.

10. Dado que aquele ou aqueles que detêm o poder soberano da república devem ordenar leis para o governo e para a boa ordem do povo, não é possível que eles abarquem todos os casos de controvérsia que possam vir a ocorrer, nem talvez uma diversidade considerável de casos. Mas assim como o tempo os instruirá a partir do surgimento de novas necessidades, assim também de tempos em tempos as leis devem ser ordenadas; e naqueles casos em que nenhuma lei especial é feita, a lei de natureza ocupa o seu lugar, e assim os magistrados deveriam dar as suas sentenças de acordo com ela, ou seja, conforme a razão natural. Portanto, as constituições do poder soberano que restringem a liberdade natural são escritas porque não há outra forma de se tomar conhecimento delas; ao passo que se supõe que as leis de natureza estejam escritas nos corações dos homens. As leis escritas, portanto, são as constituições expressas de uma república; e as não escritas são as leis da razão natural. O costume por si só não faz nenhuma lei. Não obstante, uma vez dada a sentença por aqueles que julgam por meio de sua razão natural, seja ela justa ou injusta, ela pode chegar a vigorar como uma lei – não porque se dê uma tal sentença em tal caso pelo costume, mas porque se supõe que o poder soberano aprovou tacitamente tal sentença como justa; é assim que ela se torna lei e faz parte das leis escritas da república. Com efeito, se o costume fosse suficiente para introduzir uma lei, qualquer um que fosse delegado a ouvir uma causa teria o poder de fazer de seus erros leis. Da

mesma maneira, aquelas leis que passam sob o título de *responsa prudentum*, quer dizer, as opiniões dos jurisconsultos, não são leis por serem *responsa prudentum*, mas porque são admitidas pelo soberano. E a partir disso é possível inferir que quando há um caso de contrato privado entre o soberano e o súdito, um precedente contra a razão não deve prejudicar a causa do soberano, visto que nenhum precedente se torna lei a não ser com base na suposição de que ele era razoável desde o início.

E é o que basta sobre os Elementos e fundamentos gerais das Leis Natural e Política. Quanto à lei das nações, trata-se da mesma coisa que a lei de natureza. Pois aquilo que é a lei de natureza entre um homem e outro, antes da constituição de uma república, é posteriormente a lei das nações entre um soberano e outro.

DE CORPORE

CAPÍTULO I
Da filosofia

1. Introdução. – 2. Explicação da definição de filosofia. – 3. Raciocínio da mente. – 4. O que são as propriedades. – 5. Como as propriedades são conhecidas por geração e vice-versa. – 6. O escopo da filosofia. – 7. Da sua utilidade. – 8. O objeto da filosofia. – 9. Das suas partes. – 10. Epílogo.

1. Parece-me que agora a filosofia se encontra entre os homens da mesma maneira que, como se diz, o trigo e o vinho se encontravam no mundo em tempos antigos. Pois desde o início havia vinhas e espigas a crescer nos campos aqui e acolá; mas nenhum cuidado se tomou com o plantio e a semeadura. Os homens viviam então de bolotas; e, se alguém fosse ousado a ponto de aventurar-se a comer daqueles frutos desconhecidos e suspeitos, fazia-o arriscando a saúde. De maneira similar, todo homem veio ao mundo com a filosofia, isto é, com a razão natural. Pois todos os homens podem raciocinar até certo ponto sobre algumas coisas; mas, quando é necessária uma longa série de raciocínios, a maioria desvia-se do caminho e incorre em erro por falta de método, como que por falta de semeadura e plantio, isto é, de aperfeiçoamento de sua razão. E disso se segue que aqueles que se contentam com a experiência diária, o que pode ser

comparado a alimentar-se de bolotas, e que rejeitam ou pouco se importam com a filosofia, são comumente considerados, e de fato o são, homens de juízo mais estável do que aqueles que, a partir de opiniões, mesmo não vulgares, embora plenas de incertezas e aceitas precipitadamente, nada fazem senão disputar e altercar, como homens que não andam bem do juízo. Com efeito, reconheço que aquela parte da filosofia por meio da qual as magnitudes e as figuras são calculadas está sumamente aperfeiçoada. Mas, como não constatei o mesmo avanço nas suas outras partes, meu propósito aqui é expor, na medida de minhas capacidades, os parcos e primeiros Elementos da Filosofia em geral, como sementes das quais doravante a pura e verdadeira Filosofia possa florescer pouco a pouco.

Não ignoro quão difícil é mondar da mente humana tais opiniões inveteradas, que nela se enraizaram e foram reforçadas pela autoridade dos escritores mais eloquentes; especialmente porque a filosofia verdadeira (isto é, acurada) rejeita expressamente não apenas a tinta e as falsas cores da linguagem, mas todos os seus ornamentos e enfeites; e os primeiros fundamentos de toda ciência não só não são belos, mas são pobres, áridos e de aspecto deformado. Apesar disso, uma vez que há certamente homens (mesmo que poucos) que se deleitam com a verdade e a força do raciocínio em todas as coisas, tive para mim que seria bom esforçar-me em benefício desses poucos. Passo, portanto, ao assunto, e começo pela própria definição de filosofia, que é esta:

2. FILOSOFIA* *é o conhecimento dos efeitos e das aparências, tal como o adquirimos por reto raciocínio a partir do conhecimento que temos primeiro de suas causas ou de sua geração; e, ainda, de quais possam ser tais causas ou gerações, a partir do conhecimento primeiro de seus efeitos.*

Para compreender melhor essa definição, devemos em primeiro lugar considerar que, embora a Sensação e a Memória das coisas, comuns aos homens e a todos os seres vivos, sejam conhecimento, porque nos são dadas imediatamente pela natureza, e não obtidas por raciocínio, elas não são filosofia.

Em segundo lugar, visto que a Experiência é apenas memória, e que a Prudência, ou a prospecção do tempo futuro, nada mais é do que a expectativa que temos em relação àquelas coisas de que já tivemos a experiência, segue-se que a Prudência também não deve ser considerada filosofia.

Por RACIOCÍNIO entendo *cálculo*. Ora, calcular é tanto reunir a soma de muitas coisas que são adicionadas umas às outras quanto conhecer o que resta quando uma coisa é retirada da outra. O *raciocínio*, portanto, é o mesmo que a *adição* e a *subtração*; e, se algum homem acrescentar a *multiplicação* e a *divisão*, não me oporei a isso, visto que a multiplicação nada mais é do que a adição de termos iguais uns aos outros, e a divisão é apenas a subtração de termos iguais uns dos outros, tantas vezes quanto possível. De modo que todo raciocínio está compreendido nestas duas operações da mente: adição e subtração.

3. Mas a maneira pela qual o raciocínio de nossa mente adiciona e subtrai, no silêncio dos nossos pensamentos, sem o uso de palavras, ser-me-á necessário o uso de um ou dois exemplos para torná-la inteligível. Assim, se um homem vê à distância alguma coisa, obscuramente, embora ainda nenhuma denominação tenha sido dada a coisa alguma, ele, não obstante, terá a mesma ideia daquela coisa que agora, impondo-se-lhe um nome, chamamos de *corpo*. Além disso, quando, aproximando-se, vê a mesma coisa, assim e assim, ora em um lugar, ora em outro, ele terá uma nova ideia disso, qual seja, aquela pela qual chamamos tal coisa de *animada*. Em terceiro lugar, quando, aproximando-se um pouco mais, percebe a figura, ouve a voz e vê outras coisas que são sinais de uma mente racional, ele tem uma terceira ideia; e embora esta ainda não tenha nenhuma denominação, trata-se daquela pela qual agora chamamos alguma coisa de *racional*. Por fim, quando, ao olhar completa e distintamente tal coisa, concebe tudo aquilo que viu como uma coisa única, a ideia que ele tem agora é composta de suas ideias anteriores, as quais são reunidas na mente seguindo a mesma ordem em que estes três nomes, *corpo*, *animado*, *racional*, são compreendidos na linguagem comum neste único nome, *corpo-*

animal-racional, ou *homem*. De maneira similar, das concepções diferenciadas *quatro lados, igualdade dos lados* e *ângulos retos* compõe-se a concepção de *quadrado*. Com efeito, a mente pode conceber uma figura de quatro lados sem nenhuma concepção da igualdade destes, e ter a ideia de igualdade sem conceber um ângulo reto; e pode ainda juntar todas essas concepções singulares em uma concepção ou ideia de quadrado. Vemos assim como são compostas as concepções da mente. Ademais, quem quer que veja um homem a pouca distância concebe a ideia completa desse homem; e, conforme ele se afasta, seguindo-o apenas com o olhar, perde-se a ideia daquelas coisas que eram os sinais de seu ser racional, embora a ideia de corpo-animado permaneça ainda diante dos olhos, de modo que a ideia de racional é subtraída do todo da ideia de homem, o que equivale a dizer, de corpo-animado-racional, restando ainda a de corpo-animado; e um tempo depois, a uma grande distância, perde-se a ideia de animado, restando apenas a ideia de corpo; até que, por fim, quando nada mais puder ser visto, a ideia completa desaparecerá da vista. Acredito que, por meio desses exemplos, fica suficientemente manifesto o que é o raciocínio interno da mente desprovido de palavras.

Portanto, não devemos pensar que o cálculo, isto é, o raciocínio, tem lugar apenas nos números, como se o homem não se diferenciasse das outras criaturas vivas senão pela faculdade de enumerar (diz-se que esta era a opinião de Pitágoras); pois a *magnitude*, o *corpo*, o *movimento*, o *tempo*, os *graus de qualidade*, a *ação*, a *concepção*, a *proporção*, o *discurso* e os *nomes* (e nisso residem todos os gêneros da filosofia) são capazes de adição e subtração. Ora, em relação a tais coisas que adicionamos ou subtraímos, isto é, que dispomos num cálculo, diz-se que as *consideramos*; em grego *logízesthai*, língua em que também *syllogízesthai* significa *calcular, raciocinar* ou *contar*.

4. Mas os *efeitos* e as *aparências* das coisas sensíveis são as faculdades ou os poderes dos corpos, os quais nos permitem distingui-los uns dos outros, isto é, formar a concepção de que um corpo é igual ou diferente, semelhante

ou dessemelhante a outro corpo. Segundo o exemplo acima, quando, ao nos aproximarmos o bastante de algum corpo, percebemos o seu movimento e o seu modo de mover-se, distinguimo-lo de uma árvore, de uma coluna e de outros corpos fixos. Assim, tal movimento ou modo de mover-se é a sua *propriedade*, como algo que é próprio dos seres vivos, e a faculdade que nos permite distingui-los de outros corpos.

5. A maneira pela qual pode-se obter o conhecimento de um efeito a partir do conhecimento da sua geração é facilmente compreendida tomando-se como exemplo um círculo. Com efeito, se nos mostram uma figura plana, que muito se avizinha à figura de um círculo, talvez não possamos perceber pela sensação se tal figura plana é um verdadeiro círculo ou não. Nada é mais fácil, porém, para aquele que conhece primeiro a geração da figura proposta. Pois, se conhecemos que essa figura é feita pela circundução de um corpo do qual uma extremidade permanece imóvel, podemos raciocinar da seguinte maneira: um corpo que se revolve, mantendo sempre a mesma extensão, dirige-se primeiro a um *raio*, depois a outro, a um terceiro, a um quarto, e assim a todos sucessivamente. Portanto, a mesma extensão, a partir do mesmo ponto, toca a circunferência em todas as suas partes, o que equivale a dizer que todos os seus *raios* são iguais. Sabemos, portanto, que a partir dessa geração resulta uma figura de cujo único ponto médio todos os pontos extremos são atingidos pelos *raios* iguais. Do mesmo modo, por termos o conhecimento primeiro de qual é a figura posta diante de nós, podemos chegar pelo raciocínio a alguma geração dela, embora, talvez, não àquela pela qual ela foi feita, mas àquela pela qual poderia ter sido feita. Pois aquele que conhece que um círculo tem a propriedade acima declarada facilmente saberá se um corpo que se revolve, como foi dito, gerará ou não um círculo.

6. O *fim* ou *escopo* da filosofia consiste em podermos fazer uso, para nosso benefício, dos efeitos vistos anteriormente; ou, ainda, por meio da aplicação dos corpos uns aos outros, produzir efeitos semelhantes àqueles que concebemos em nossa mente, tanto quanto o permitam a matéria, a

força e o engenho humanos, para a comodidade da vida humana. Pois a glória interior e o triunfo da mente que um homem pode obter pela superação de algum problema difícil e capcioso, ou pela descoberta de alguma verdade oculta, não valem o esforço que a Filosofia exige. Tampouco homem nenhum se preocupa em ensinar o que sabe ao outro se considera que esse será o único benefício de seu trabalho. O fim do conhecimento é o poder; e o uso dos teoremas (que se prestam, entre os geômetras, à busca das propriedades) é a explicação dos problemas; por fim, o escopo de toda especulação é a execução de alguma ação ou coisa a ser feita.

7. Mas, quanto à *utilidade* da filosofia, especialmente da filosofia natural e da geometria, isso será melhor compreendido levando-se em conta as principais comodidades de que a humanidade é capaz de desfrutar e comparando o modo de vida dos que as usufruem com o daqueles que delas carecem. Ora, as maiores comodidades da humanidade são as artes, a saber, a arte de medir a matéria e o movimento; de mover os corpos pesados, a arte da arquitetura; da navegação; da fabricação de instrumentos para todos os usos; do cálculo dos movimentos celestiais, do aspecto das estrelas e das partes do tempo; da geografia etc. Quanto aos grandes benefícios que os homens recebem dessas ciências, isso é mais fácil de compreender do que de expressar. Desses benefícios usufruem quase todos os povos da Europa, a maior parte da Ásia e alguns povos da África; mas os americanos e os que vivem próximo aos polos encontram-se completamente privados deles. E por quê? Porventura seriam aqueles mais inteligentes do que estes? Não possuem todos os homens um só tipo de alma e as mesmas faculdades da mente? Qual, então, a causa dessa diferença senão a filosofia? A filosofia, portanto, é a causa de todos esses benefícios. Mas a utilidade da filosofia moral e civil deve ser avaliada menos pelas comodidades que obtemos a partir do conhecimento dessas ciências do que pelas calamidades em que incorremos por não as conhecer. Ora, todas essas calamidades que podem ser evitadas pela diligência humana sur-

gem da guerra, principalmente da guerra civil; pois desta procedem o morticínio, a desolação e a carência de todas as coisas. Mas a causa da guerra não está no fato de os homens a quererem, já que a vontade não tem por objeto senão aquilo que é bom, ou pelo menos aquilo que parece bom. A causa dela tampouco está no fato de os homens ignorarem que os efeitos da guerra são maléficos; pois há alguém que não pense que a pobreza e a perda da vida são grandes males? A causa da guerra civil está, portanto, no fato de os homens ignorarem as causas, seja da paz, seja da guerra; e pouquíssimos são os que aprenderam aqueles deveres que mantêm os homens unidos e em paz, ou seja, que aprenderam suficientemente as regras da vida civil. Ora, o conhecimento dessas regras é a filosofia moral. Mas por que eles não as aprenderam, senão porque até hoje ninguém lhas ensinou segundo um método exato e claro? Mas o que dizer, então? Se os antigos mestres da Grécia, do Egito, de Roma e de outros lugares foram capazes de persuadir a multidão ignara de suas inúmeras opiniões a respeito da natureza dos seus deuses, opiniões essas que eles próprios não sabiam se eram verdadeiras ou falsas, e que de fato eram manifestamente falsas e absurdas, não poderiam, então, ter persuadido a mesma multidão a observar o dever civil, caso eles próprios o compreendessem? E se os poucos escritos remanescentes dos geômetras devem ser considerados suficientes para dirimir todas as controvérsias quanto às coisas de que tratam, por que os incontáveis e grossos volumes de *ética* não serão considerados igualmente suficientes, se aquilo que ensinam for certo e bem demonstrado? Mas, enfim, qual a causa que se pode aventar para o fato de que os escritos dos geômetras incrementaram a ciência, ao passo que os escritos sobre ética apenas incrementaram palavras, senão a de que aqueles foram escritos por homens que conheciam a doutrina que ensinavam, ao passo que estes foram escritos por homens que a ensinavam apenas para ostentar engenho e eloquência? Contudo, não nego que a leitura de alguns desses livros seja muito deleitosa; pois foram escritos da maneira mais eloquente, contendo muitas sentenças claras, espirituosas e bem escolhidas, e, mesmo que não universalmente verdadeiras, são universalmente proferidas. Do que se segue que, mudadas as circunstâncias de tempo, de lugar e de pessoas, tais escritos são usados mais frequentemente para validar os propósitos de homens celerados do que para fazê-los compreender os preceitos dos deveres civis. Ora, essas obras carecem principalmente de uma regra verdadeira e determinada para nossas ações, por meio da qual poderíamos saber se aquilo que empreendemos é justo ou injusto. Pois de nada serve estar obrigado em todas as coisas a agir com justeza sem que antes esteja estabelecida e determinada uma regra e uma medida do que é justo, o que até agora nenhum homem fez. Portanto, visto que da ignorância dos deveres civis, isto é, da falta de uma ciência moral, procedem as guerras civis e as maiores calamidades da humanidade, podemos perfeitamente atribuir a tal ciência a produção de vantagens opostas. E, deixando de lado os louvores e as satisfações que resultam da filosofia, isso basta para que se veja a sua utilidade em cada um de seus gêneros.

8. O *objeto* da filosofia, ou a questão da qual ela trata, é qualquer corpo do qual podemos conceber alguma geração; e que podemos, mediante quaisquer considerações a seu respeito, comparar com outros corpos; ou que é capaz de composição e de resolução; ou seja, todo corpo de cuja geração ou de cujas propriedades podemos ter algum conhecimento. E isso pode ser deduzido da definição de filosofia, cujo ofício consiste em buscar as propriedades dos corpos a partir de sua geração ou sua geração a partir de suas propriedades. Portanto, onde não há geração nem propriedade, não há filosofia. Tal consideração exclui a *teologia*, quero dizer, a doutrina de um Deus eterno, não engendrado, incompreensível, no qual não há nada a dividir ou compor, tampouco uma geração a conceber.

A filosofia exclui a doutrina dos *anjos* e todas aquelas coisas que não são tomadas como corpos nem como propriedades dos corpos; pois não há neles nenhum lugar para composição ou divisão nem qualquer capacidade para mais ou menos, quer dizer, nenhum lugar para o raciocínio.

Exclui também a *história*, tanto a *natural* como a *política* – mesmo que sejam muito úteis (ou mesmo necessárias) à filosofia –, pois tal conhecimento é apenas experiência ou autoridade, mas não é raciocínio.

Exclui ainda qualquer conhecimento adquirido por inspiração divina ou por revelação, na medida em que isso não obtemos pela razão, mas pela graça divina instantaneamente e, por assim dizer, como uma sensação sobrenatural.

Exclui não apenas todas as doutrinas que são falsas, mas também as que não estão bem fundadas. Pois tudo aquilo que conhecemos pelo reto raciocínio não pode ser falso nem incerto. Assim, estão excluídas a *astrologia*, tal como agora se apresenta, e todas aquelas divinações que não são ciências.

Por último, a filosofia exclui a doutrina do *culto a Deus*, na medida em que não é conhecido pela razão natural, mas pela autoridade da Igreja, e por se tratar de um objeto de fé, mas não de conhecimento.

9. São duas as principais partes da filosofia. Com efeito, dois tipos primordiais de corpos, muito diferentes um do outro, prestam-se à busca de sua geração e de suas propriedades; um deles, que é obra da natureza, chama-se *corpo natural*, e o outro chama-se *república*, que é feito pelas vontades e pelo acordo dos homens. E a partir disso erigem-se as duas partes da filosofia, quais sejam, *natural* e *civil*. Mas visto que, no que diz respeito ao conhecimento das propriedades da república, é necessário conhecer primeiramente as disposições, afecções e costumes dos homens, segue-se que a filosofia civil, por sua vez, é dividida comumente em duas partes, a saber, a que trata das disposições e dos costumes, chamada de *ética*, e a outra, que examina os deveres civis dos homens, chamada de *política* ou simplesmente de *filosofia civil*. Assim, após ter estabelecido que tais premissas concernem à natureza da filosofia em geral, versarei em primeiro lugar sobre os *corpos naturais*; em segundo lugar, sobre as *disposições e os costumes dos homens*; e, em terceiro, sobre *os deveres civis dos súditos*.

10. Para concluir, visto que talvez muitos não apreciarão esta minha definição de filosofia e dirão que, da liberdade que um homem toma para assim definir conforme lhe parece melhor, ele pode concluir qualquer coisa a partir de qualquer coisa (embora não creia que seja tarefa difícil demonstrar que esta minha definição concorda com o senso de todos os homens); ainda assim, a fim de que não haja em relação a esse ponto nenhum motivo de disputa entre mim e eles, minha proposta aqui não é mais do que a de articular os elementos dessa ciência por meio da qual os efeitos de alguma coisa podem ser encontrados a partir do conhecimento da sua geração e, por outro lado, a geração a partir do conhecimento dos efeitos; de modo que aqueles que buscam outra filosofia fiquem advertidos de que a devem procurar a partir de outros princípios.

CAPÍTULO VI
Do método

1. Definição de método e ciência. – 2. Os singulares, em relação aos universais, são mais facilmente conhecidos no que se refere ao que eles são; e, contrariamente, os universais são mais facilmente conhecidos no que se refere ao por que eles são, isto é, a quais são as suas causas. – 3. Que coisa os filósofos buscam conhecer. – 4. A primeira parte, na qual são descobertos os princípios, é puramente analítica. – 5. As causas mais elevadas e mais universais em cada gênero são conhecidas por si mesmas. – 6. O que é o método que, partindo dos princípios descobertos, tende à ciência pura e simples. – 7. Que o método da ciência civil e da ciência natural, que procede das sensações aos princípios, é analítico; ao passo que aquele que parte dos princípios é sintético. – 8. O método que investiga se uma coisa proposta é matéria ou acidente. – 9. O método que investiga se algum acidente está em um ou em outro sujeito. – 10. O método que investiga a causa de algum efeito proposto. – 11. As palavras servem à invenção, enquanto marcas; e à demonstração, enquanto sinais. – 12. O método de demonstração é sintético. – 13. Apenas as definições são pro-

posições primárias e universais. – 14. Natureza e definição de uma definição. – 15. Propriedade de uma definição. – 16. Natureza de uma demonstração. – 17. Propriedades de uma demonstração; ordem das coisas a serem demonstradas. – 18. Defeitos de uma demonstração. – 19. Por que o método analítico dos geômetras não pode ser tratado aqui.

1. Para conhecer o *método*, será necessário repetir a definição de filosofia apresentada anteriormente (Cap. I, art. 2) da seguinte maneira: *Filosofia é o conhecimento que adquirimos, por reto raciocínio, das aparências, ou dos efeitos aparentes, a partir do conhecimento que temos de alguma possível produção ou geração das aparências; e de tal produção real ou possível a partir do conhecimento que temos dos efeitos*. No estudo da filosofia, portanto, o *método é o caminho mais curto para a descoberta dos efeitos por meio de suas causas conhecidas, ou para a descoberta das causas por meio de seus efeitos conhecidos*. Diz-se, então, que conhecemos algum efeito quando conhecemos *suas causas existentes, em qual sujeito encontram-se essas causas, em qual sujeito elas produzem esse efeito e de que modo o produzem*. E essa é a ciência das causas ou, como a chamam, da *dióti*. Qualquer outra ciência, que é chamada de *hóti**, é a percepção pela sensação, imaginação ou memória que permanecem após tal percepção.

Portanto, o início do conhecimento encontra-se nos fantasmas da sensação e da imaginação. Quanto à existência desses fantasmas, sabemo-la a contento por natureza; mas saber por que eles são ou a partir de quais causas procedem, isso é tarefa do raciocínio; consiste (como foi dito acima no Cap. I, art. 2) na *composição* e na *divisão* ou *resolução*. Não há, portanto, nenhum método para descobrirmos as causas das coisas senão o *compositivo* ou o *resolutivo*, ou *parte compositivo* e *parte resolutivo*. O resolutivo é comumente chamado de método *analítico*, ao passo que o compositivo é chamado de *sintético*.

2. É comum a todos os métodos proceder de coisas conhecidas a coisas desconhecidas; e isso é manifesto a partir

da definição de filosofia que empregamos. No conhecimento pela sensação, porém, o objeto na sua inteireza é mais conhecido do que qualquer uma de suas partes. Quando vemos um homem, a concepção ou a ideia completa desse homem é anterior ou mais conhecida do que as ideias particulares de *figurado*, *animado* e *racional*; ou seja, primeiro vemos o homem na sua inteireza e atinamos para a sua existência, antes de nele observarmos esses outros particulares. Portanto, em qualquer conhecimento do *hóti*, ou de que alguma coisa *é*, o início de nossa investigação se dá a partir da ideia na sua inteireza. Por outro lado, em nosso conhecimento do *dióti*, das causas de alguma coisa, vale dizer, no conhecimento científico, temos mais conhecimentos das causas das partes do que a do todo. Pois a causa do todo é composta das causas das partes. Mas é necessário conhecer as coisas a serem compostas antes que possamos conhecer o todo composto. Ora, por partes não entendo aqui as partes da própria coisa, mas as partes de sua natureza: pelas partes do homem não entendo cabeça, ombros, braços etc., mas figura, quantidade, movimento, sensação, razão e que tais; acidentes esses que, ao serem compostos ou reunidos, constituem a natureza do homem na sua inteireza, mas não o próprio homem. Tal é o sentido daquele dito comum, a saber, que conhecemos melhor algumas coisas e que a natureza conhece melhor outras coisas. Não creio que os que distinguem dessa forma sustentem que algo é conhecido da natureza e desconhecido de todos os homens. Assim, por coisas que conhecemos melhor devemos entender as coisas de que nos damos conta por meio de nossas sensações. E as coisas que a natureza conhece melhor são aquelas das quais adquirimos conhecimento por meio da razão. Nesse sentido, pode-se dizer que o *todo*, isto é, aquelas coisas dotadas de nomes universais (que, para ser breve, chamo de *universais*), é mais conhecido para nós do que as *partes*, isto é, do que as coisas que têm nomes menos universais (que, portanto, chamo de *singulares*). E a natureza conhece melhor as causas das partes do que a causa do todo; ou seja, os universais são mais conhecidos do que os singulares.

3. No estudo da filosofia, os homens buscam a ciência, seja de maneira pura e simples, seja indefinidamente; vale dizer, buscam conhecer tanto quanto podem sem que se proponham nenhuma questão delimitada; ou investigam a causa de alguma aparência determinada, ou esforçam-se para encontrar a prova objetiva de alguma coisa em questão, como a causa da *luz*, do *calor*, da *gravidade*, de uma dada *figura* e que tais; ou o *sujeito* ao qual é inerente um dado *acidente*; ou o que pode melhor conduzir, a partir de muitos *acidentes*, à *geração* de um dado *efeito*; ou a maneira pela qual as causas particulares devem ser compostas para a produção de determinado *efeito*. De acordo com essa variedade de coisas em questão, deve-se usar ora o *método analítico*, ora o *sintético*.

4. Mas, para os que buscam a ciência indefinidamente, a qual consiste no conhecimento das causas de todas as coisas, tanto quanto se pode alcançar (sendo que as causas das coisas singulares são compostas das causas das coisas universais ou simples), é necessário conhecer as causas das coisas universais ou dos acidentes que são comuns a todos os corpos, isto é, a toda matéria, antes de conhecer as causas das coisas singulares, isto é, daqueles acidentes por meio dos quais uma coisa se diferencia da outra. Ademais, deve-se conhecer o que são essas coisas universais antes de conhecer as suas causas. Mas, visto que as coisas universais estão contidas na natureza das coisas singulares, segue-se que o conhecimento daquelas deve ser adquirido pela razão, isto é, pela resolução. Por exemplo, se se propõe uma concepção ou *ideia* de alguma coisa singular, como um *quadrado*, esse quadrado deve ser resolvido em *plano, delimitado por determinado número de linhas iguais e retas e ângulos retos*. Por meio dessa resolução obtemos as coisas universais que convêm a toda matéria, a saber, *linha, plano* (no qual está contida a *superfície*) *delimitado, ângulo, ortogonalidade, retitude* e *igualdade*. Ademais, se podemos encontrar essas causas, podemos conjuntamente compô-las na causa de um quadrado. Além disso, se um homem propõe para si mesmo a concepção de *ouro*, ele pode, por resolução, chegar à ideia

de *sólido, visível, grave* (isto é, que tende ao centro da terra ou que se move para baixo) e muitas outras ideias mais universais do que o próprio ouro, o qual, por sua vez, pode ser novamente resolvido até que se chegue àquelas coisas que são as mais universais. Desse modo, por resolução contínua, podemos vir a conhecer o que são essas coisas, cujas causas nos permitem, ao serem primeiramente conhecidas uma a uma e, em seguida, compostas, o conhecimento das coisas singulares. Concluo, portanto, que o método de obtenção do conhecimento das coisas universais é puramente *analítico*.

5. Mas as causas das coisas universais (daquelas, pelo menos, que têm uma causa) são manifestas por si mesmas ou, como se diz, conhecidas por natureza; de modo que não necessitam de nenhum método, já que todas elas possuem apenas uma só causa universal, qual seja, o movimento. Pois a variedade de todas as figuras surge da variedade de movimentos por meio dos quais elas são feitas; e não se pode compreender que o movimento tenha alguma outra causa além do movimento; nem que a variedade de coisas que percebemos pela sensação, como *cores, sons, sabores* etc., tenha outra causa que não seja o movimento, o qual se encontra em parte nos objetos que agem sobre nossa sensação e em parte em nós mesmos, de modo tal que, mesmo que não se possa conhecer sem o raciocínio qual o tipo de movimento, ainda assim se trata manifestamente de um movimento. Pois, embora muitos não possam compreender até que lhes seja demonstrado, de algum modo, que toda mutação consiste em movimento, ainda assim isso se deve não a alguma obscuridade presente na própria coisa (dado que não se pode entender que uma coisa abandona seu repouso, ou seu movimento, senão por movimento), mas sim pelo fato de que o discurso natural corrompeu-se com opiniões transmitidas por seus mestres, ou ainda porque não concentram suas mentes na investigação da verdade.

6. Portanto, pelo conhecimento dos universais e de suas causas (que são os primeiros princípios por meio dos quais conhecemos o *dióti* das coisas), temos, em primeiro lugar,

suas definições (que nada mais são do que a explicação de nossas concepções simples). Por exemplo, alguém que tem uma concepção verdadeira de *lugar* não pode ignorar esta definição: *lugar é o espaço ocupado ou preenchido adequadamente por um corpo*. E quem concebe corretamente *o movimento* não pode ignorar que o *movimento é a privação de um lugar e a aquisição de outro*. Em seguida, temos as suas *gerações* ou *descrições*, por exemplo: *uma linha é feita pelo movimento de um ponto; uma superfície, pelo movimento de uma linha;* e *um movimento, por outro movimento* etc. Resta, pois, investigar qual movimento engendra tais e tais efeitos, por exemplo: qual movimento produz uma linha reta e qual movimento produz uma linha circular; qual movimento impele e qual movimento puxa, e de que modo; o que faz uma coisa, que é vista ou ouvida ser vista ou ouvida ora de uma maneira ora de outra. O método desse gênero de investigação é *compositivo*. Pois, em primeiro lugar, devemos observar qual o efeito produzido por um corpo em movimento, quando nele não consideramos nada além do movimento; e logo vemos que ele produz uma linha ou uma extensão; em seguida, qual o movimento produzido por um corpo longo, que constataremos ser uma superfície; e assim por diante, até vermos quais são os efeitos de um movimento simples; em seguida, devemos observar, do mesmo modo, o que resulta da soma, da multiplicação, da subtração e da divisão desses movimentos e quais os efeitos, as figuras e as propriedades que esses movimentos produzem. Desse tipo de contemplação surge aquela parte da filosofia chamada de *geometria*.

Dessa consideração sobre o que é produzido pelo movimento simples se segue a consideração sobre os efeitos que um corpo em movimento produz em outro corpo. Uma vez que pode haver movimento em todas as diversas partes de um corpo, mesmo que o corpo todo permaneça parado no mesmo lugar, devemos investigar, primeiramente, qual movimento causa tal e tal movimento no corpo todo, isto é, sob que condições um corpo infringe outro corpo, esteja este em repouso ou em movimento; além disso, em que direção e com que velocidade o corpo infringido deverá se mover; e, ainda, qual movimento esse segundo corpo gerará num terceiro, e assim por diante. Dessa contemplação extrair-se-á aquela parte da filosofia que trata do movimento.

Em terceiro lugar, devemos investigar os efeitos produzidos pelo movimento das partes de um corpo qualquer. Por exemplo, como ocorre que as mesmas coisas, que permanecem enquanto tais, ainda assim não pareçam ser as mesmas, mas mudadas. Nesse caso, as coisas que investigamos são as qualidades sensíveis, como *luz, cor, transparência, opacidade, som, odor, sabor, calor, frio* e que tais. Mas, porque essas coisas não podem ser conhecidas sem conhecer as causas da própria sensação, a consideração das causas da *visão*, da *audição*, do *olfato*, do *paladar* e do *tato* pertence, portanto, a essa terceira parte; ao passo que todas essas qualidades e mudanças, mencionadas acima, referem-se à quarta parte. Essas duas últimas considerações compreendem aquela parte da filosofia chamada *física*. E nessas quatro partes está contido tudo aquilo que na filosofia natural pode ser explicado, propriamente falando, por demonstração. Com efeito, se é necessário apresentar a causa de aparências naturais específicas, como os movimentos e as influências dos corpos celestes, e também o de suas partes, deve-se extrair a razão disso das partes das ciências mencionadas acima, ou então nenhuma razão será dada, tratando-se, pois, de conjectura incerta.

Após a *física*, devemos passar para a *filosofia moral*, na qual precisamos considerar os movimentos da mente, a saber, *apetite, aversão, amor, benevolência, esperança, medo, ira, emulação, inveja* etc.; as suas causas e os efeitos de que são causas. A razão pela qual esses movimentos da mente são considerados após a *física* é que eles têm as suas causas na sensação e na imaginação, que são objeto da contemplação *física*. Outra razão pela qual essas coisas devem ser investigadas na ordem mencionada acima é que a física não pode ser compreendida sem que se conheçam, primeiro, os movimentos que estão nas menores partes dos corpos; tampouco podem ser compreendidos os movimentos das partes sem que se conheça a causa que faz que um corpo se mova; nem este último, sem conhecer o efeito que produzirá um movimento simples. E, porque toda aparência das coisas sensíveis é determinada e produzida a partir de tal qualidade e tal quantidade, por meio de movimentos compostos, cada um dos quais dotado de certo grau de velocidade e em certa direção, segue-se que devemos investigar, em primeiro lugar, as condições do movimento simples (e nisso consiste a geometria); depois, as condições dos movimentos gerados que sejam manifestos; e, por último, as condições dos movimentos internos e invisíveis (que é a investigação dos filósofos da natureza). Portanto, os que estudam a filosofia natural, estudam-na em vão, se não iniciam a investigação pela geometria; tais escritores e contendores, na medida em que ignoram a geometria, fazem apenas seus leitores e seus ouvintes perderem tempo.

7. A *filosofia civil* e a *filosofia moral* não são tão ligadas entre si que não possam ser separadas. Pois as causas do movimento da mente são conhecidas não apenas pelo raciocínio, mas também pela experiência de todo homem que se dedica a observar a presença de tais movimentos no interior de si mesmo. Portanto, não apenas aqueles que alcançaram o conhecimento das paixões e das perturbações da mente pelo *método sintético* e a partir dos primeiros princípios da filosofia podem, procedendo assim, chegar às causas e à necessidade da constituição das repúblicas, conhecer o direito natural e os deveres civis; e, ainda, considerar, em cada tipo de governo, os direitos da república, e todo e qualquer conhecimento pertencente à filosofia civil, pelo fato de que os princípios da política consistem no conhecimento dos movimentos da mente, e o conhecimento desses movimentos, no conhecimento da sensação e da imaginação. Pois, mesmo aqueles que não aprenderam a primeira parte da filosofia, a saber, a *geometria* e a *física*, podem, todavia, alcançar os princípios da filosofia civil por meio do *método analítico*. Pois, ao se propor a questão sobre *se determinada ação é justa ou injusta*, caso o *injusto* seja resolvido em *fato contrário à lei* e a noção de *lei* seja resolvida em

comando daquele ou daqueles que dispõem do *poder coercitivo*; e, ainda, caso tal *poder* derive das *vontades* dos homens que constituem tal poder a fim de que possam viver em paz, é possível, então, que se chegue pelo menos à conclusão de que os apetites dos homens e as paixões das suas mentes são tais que, se não forem controlados por algum poder, os homens estarão sempre a guerrear uns com os outros. Qualquer homem pode chegar a essa conclusão por experiência própria, bastando para tanto examinar a sua própria mente. A partir disso, portanto, ele pode derivar, por composição, a determinação da justiça e da injustiça em qualquer ação proposta. Pelo que foi dito, é evidente que o método da filosofia, para aqueles que buscam a ciência pura e simples sem que se lhes proponha a solução de uma questão particular, é em parte analítico e em parte sintético, vale dizer: no que se refere ao que procede da sensação à descoberta de princípios é analítico; e é sintético para tudo o mais.

8. Àqueles que buscam a causa de uma aparência ou de um efeito determinados, ocorre por vezes que eles não sabem se a coisa, de cuja causa se acercam, é matéria ou corpo*, ou algum acidente de corpo. Com efeito, embora quando na geometria se busca a causa da magnitude, da proporção ou da figura seja certo que essas coisas, isto é, que a magnitude, a proporção e a figura, constituem acidentes, ainda assim, na filosofia natural, em que todas as questões concernem às causas dos fantasmas das coisas sensíveis, não é fácil discernir as próprias coisas das quais procedem os fantasmas das aparências dessas coisas que afetam a sensação; situação essa que já enganou muitas pessoas, especialmente no caso em que os fantasmas foram produzidos pela luz. Um homem que olha para o Sol, por exemplo, tem determinada ideia luminosa de magnitude de aproximadamente um pé de diâmetro, e chama essa ideia de Sol, embora ele saiba que, na verdade, o Sol é muito maior; do mesmo modo, o fantasma da mesma coisa lhe parece ora redondo, quando visto de longe, ora quadrado, quando visto de perto. Como consequência, pode-se duvidar se o fantasma é maté-

ria ou um corpo natural, ou apenas o acidente de um corpo. Na consideração dessa dúvida, podemos empregar o seguinte método: as propriedades da matéria e dos acidentes, que já descobrimos pelo método sintético, devem ser comparadas, a partir de suas definições, com a ideia que temos diante de nós; se a esta convierem as propriedades matéria ou corpo, então se trata de um corpo; caso contrário, trata-se de um acidente. Visto, portanto, que essa matéria não pode, por nenhum esforço nosso, ser feita ou destruída, aumentada ou diminuída, nem deslocada do lugar em que se encontra, ao passo que essa ideia aparece, esvaece, aumenta e diminui e desloca-se de um lugar para outro, conforme nos aprouver, podemos concluir com certeza que esta última não é um corpo, mas sim um acidente. E o método em questão é *sintético*.

9. Mas se a dúvida se volta para o sujeito de algum acidente conhecido (coisa de que se pode por vezes duvidar, conforme o exemplo anterior, em que é possível ter dúvida sobre o sujeito no qual se encontra aquele esplendor e aquela magnitude aparente do Sol), então nossa investigação deve proceder da seguinte maneira: em primeiro lugar, a matéria em geral deverá ser dividida em partes, isto é, no objeto, no meio e no próprio senciente, ou em outras partes, na medida em que parecerem conformar-se à coisa proposta. Em seguida, deve-se examinar cada uma dessas partes, tendo em conta o modo como concordam com a definição do sujeito, pois as partes que não forem aptas ao acidente deverão ser rejeitadas. Por exemplo, se se descobre, por meio de um raciocínio verdadeiro, que o Sol é maior do que a sua aparente magnitude, então tal magnitude não é o Sol; e se o Sol se encontra em determinada linha reta e a determinada distância, e a magnitude e o esplendor aparecem em mais de uma linha e em mais de uma distância, como na reflexão e na refração, então nem esse esplendor nem essa aparente magnitude estão no próprio Sol; portanto, o corpo do Sol não pode ser o sujeito desse esplendor e dessa magnitude. E, pelas mesmas razões, o ar e outras partes relacionadas deverão ser rejeitados, até que por fim não reste

nada que possa ser o sujeito desse esplendor e dessa magnitude exceto o próprio senciente. Esse método, no que diz respeito ao sujeito dividido em partes, é analítico; ao passo que, no que diz respeito às propriedades, tanto as do sujeito quanto as do acidente, que são comparadas com o acidente do qual buscamos o sujeito, é *sintético*.

10. Mas, quando buscamos a causa de um dado efeito, devemos ter em mente, em primeiro lugar, uma noção ou uma ideia exatas daquilo que chamamos de causa, a saber, que *uma causa é a soma ou o agregado de todos aqueles acidentes, tanto os do agente quanto os do paciente, que concorrem para a produção do efeito dado; acidentes esses que, ao existirem conjuntamente, não podem ser concebidos senão no sentido de que o efeito existe com eles; ou que talvez este não exista, caso algum dos acidentes esteja ausente*. Isso posto, devemos em seguida examinar de modo isolado cada acidente que acompanha ou precede o efeito, na medida em que cada um deles parece de alguma maneira conduzir à produção deste, observar se é possível conceber a existência do efeito dado sem a existência de um desses acidentes; e, assim, separar os acidentes que não concorrem daqueles que concorrem para a produção do mencionado efeito. Feito isso, devemos reunir os acidentes concorrentes, considerando a possibilidade de conceber que o efeito não se dará quando todos esses acidentes estiverem presentes; e, caso seja evidente que o efeito se dará, então o agregado de acidentes é a causa inteira. Do contrário, não o é, o que nos leva ainda a buscar e a reunir outros acidentes. Por exemplo, se o que se propõe é a busca da causa da luz, examinamos, em primeiro lugar, as coisas que nos são exteriores e observamos que, sempre que a luz aparece, há um objeto principal, como, por assim dizer, a fonte de luz, sem a qual não teríamos nenhuma percepção da luz. Portanto, a concorrência desse objeto é necessária à geração da luz. Em seguida, consideramos o meio e constatamos que, a não ser que ele esteja disposto de determinada maneira, a saber, transparente, ainda que o objeto permaneça o mesmo, o efeito não se dará. Assim, a concorrência da transparência também é neces-

sária à geração da luz. Em terceiro lugar, observamos o nosso próprio corpo e constatamos que, em função da má disposição dos olhos, do cérebro, dos nervos e do coração, em suma, que pelas obstruções, os embotamentos e as debilidades ficamos privados da luz, de modo que uma disposição apropriada dos órgãos para receber as impressões externas é uma parte igualmente necessária da causa da luz. Ademais, de todos os acidentes inerentes ao objeto, não há nenhum que possa conduzir à efetivação da luz senão a ação (ou determinado movimento) cuja ausência é inconcebível sempre que o efeito da luz esteja presente. Pois, para que algo possa iluminar, não se requer que esse algo tenha tal ou tal magnitude ou figura ou que o seu corpo todo seja deslocado do lugar em que se encontra (a menos que se possa dizer que, em relação ao Sol ou a outro corpo, aquilo que causa a luz é a sua própria luz; situação essa que seria, ainda assim, uma exceção sem importância, visto que se entende por isso apenas a causa da luz; como se um homem dissesse que a causa da luz é aquilo que no Sol a produz). Conclui-se, assim, que a ação por meio da qual a luz é gerada é apenas um movimento presente nas partes do objeto. Uma vez compreendido isso, podemos facilmente conceber a contribuição do meio, ou seja, a continuação daquele movimento até o olho*. Por último, temos que o olho e o resto dos órgãos do senciente contribuem para a continuação do mesmo movimento até o último órgão da sensação, qual seja, o coração. Desse modo, a causa da luz pode ser engendrada pelo movimento que se estende da origem desse movimento até a origem do movimento vital, não sendo a luz nada mais do que a alteração do movimento vital, feita pela impressão sobre este último exercida pelo movimento que se propaga a partir do objeto. Ofereço isso apenas na qualidade de exemplo, pois falarei mais detalhadamente sobre a luz e sobre sua geração no lugar devido. Por enquanto, tem-se por manifesto que são necessários, na investigação das causas, em parte o método analítico e em parte o método sintético; analítico, na medida em que se concebe como as circunstâncias levam separadamente à produção dos efeitos;

e sintético, para agregar e compor aquilo que elas podem isoladamente efetuar por si mesmas. Isso basta quanto ao método da invenção. Resta falar sobre método de ensinamento, isto é, sobre a demonstração e os meios pelos quais demonstramos.

11. No método da invenção, o uso de palavras consiste no fato de que elas podem servir como marcas, por meios das quais podemos recordar o que quer que tenhamos descoberto. Pois, sem isso, todas as nossas invenções pereceriam, do mesmo modo que não nos seria possível ir dos princípios além de um ou dois silogismos, devido à fraqueza da memória. Por exemplo, se um homem, ao considerar um triângulo, descobrisse que todos os seus ângulos, tomados conjuntamente, são iguais a dois ângulos retos, fazendo isso tacitamente sem nenhum uso, pensado ou expresso, de palavras; e que, em seguida, fosse oferecido a sua consideração outro triângulo, diferente do anterior, ou o mesmo triângulo em situação diferente, ele não saberia de pronto se a mesma propriedade estaria ou não neste último, e seria forçado, cada vez que lhe aparecesse um triângulo diferente (sendo infinita a variedade de triângulos), a reiniciar uma nova contemplação. Mas não haveria necessidade disso se ele tivesse feito uso dos nomes, pois cada nome universal denota as concepções que temos das infinitas coisas singulares. Entretanto, conforme eu disse acima, os nomes servem ao registro das invenções como *marcas* que auxiliam nossa memória, mas não como *sinais* por meio dos quais as declaramos a outrem. De modo que um homem sozinho pode ser um filósofo sem nenhum mestre – Adão tinha essa capacidade. Mas ensinar, isto é, demonstrar, supõe, no mínimo, a presença de duas pessoas e a linguagem silogística.

12. E, visto que o ensinamento não é mais do que conduzir a mente daquele que ensinamos ao conhecimento de nossas invenções, segundo o percurso pelo qual o atingimos com nossa própria mente, segue-se que o mesmo método que serviu à nossa invenção servirá também à demonstração para os outros, omitindo-se apenas a primeira parte do método que procede da sensação das coisas aos princí-

pios universais, os quais, porque são princípios, não podem ser demonstrados. E, visto que são conhecidos por natureza (conforme mencionado acima no quinto artigo), não necessitam de nenhuma demonstração, embora precisem ser explicados. Portanto, todo o método da demonstração é *sintético*, consistindo naquela ordem do discurso que se inicia nas proposições mais primárias e universais, que são evidentes por si mesmas, e procede por meio de uma contínua composição de proposições em silogismos, até que por fim o aprendiz compreenda a verdade da conclusão investigada.

13. Ora, esses princípios não são mais do que definições, das quais há dois gêneros: definições de nomes de coisas que têm uma causa concebível e definições de nomes de coisas que não têm nenhuma causa concebível. Exemplos de nomes do primeiro gênero: *corpo* ou *matéria*, *quantidade* ou *extensão*, *movimento* e tudo aquilo que é comum a toda matéria. Do segundo gênero: *esse corpo, esse movimento com essa grandeza, essa magnitude, essa figura* e tudo aquilo por meio do que se pode distinguir um corpo do outro. Os nomes do primeiro gênero encontram-se suficientemente definidos quando, com o discurso mais breve possível, suscitamos na mente do ouvinte as ideias ou as concepções claras e perfeitas das coisas nomeadas, como quando definimos que o movimento é o *abandono de um lugar e a aquisição contínua de outro*. Com efeito, embora não haja nessa definição uma coisa movente nem uma causa do movimento, ainda assim surge na mente do ouvinte, ao escutar tal enunciado, uma *ideia* de movimento suficientemente clara. Mas as definições das coisas que têm uma causa devem consistir em nomes que expressam a causa ou a maneira de sua geração, como quando definimos um círculo: uma figura feita pela circundução de uma linha reta num plano etc. Além das definições, não há nenhuma outra proposição que possa ser chamada de primária ou (segundo um procedimento rigoroso) que possa ser aceita no conjunto de princípios. Os *axiomas de Euclides*, visto que podem ser demonstrados, não são princípios de demonstração, ainda que tenham adquirido, pelo consenso de todos os homens, a autoridade

de princípios, uma vez que não têm a necessidade de ser demonstrados. Aquilo que chamamos de *petições* ou *postulata* (como são chamados), embora sejam princípios, não são princípios de demonstração, mas apenas de construção, isto é, não de ciência, mas de poder; ou (o que é a mesma coisa) não de *teoremas*, que são especulações, mas de *problemas**, que se referem à prática ou à construção de alguma coisa. Porém, quanto às opiniões, comumente aceitas, de que a *natureza abomina o vácuo* ou de que a *natureza não faz nada em vão*, entre outras, as quais não são autoevidentes nem demonstráveis de modo algum, e que costumam ser mais falsas do que verdadeiras, tais opiniões devem ser ainda menos tomadas como princípios.

Voltando às definições, portanto, a razão pela qual digo que a causa ou a geração dessas coisas, na medida em que elas têm alguma causa ou geração, devem entrar nas suas definições é a seguinte: a finalidade da ciência é a demonstração das causas e a geração das coisas; causas essas que, se não estão nas definições, não podem ser encontradas na conclusão do primeiro silogismo, construído a partir dessas definições; e se não estão na primeira conclusão, tampouco elas se encontrarão em alguma conclusão posterior deduzida a partir da primeira; por essa via nunca chegaremos à ciência, o que contraria o escopo e a intenção da demonstração.

14. Conforme eu disse, visto que as definições são princípios ou proposições primárias, elas são, portanto, discursos; e, visto que são empregadas para suscitar uma *ideia* de alguma coisa na mente do aprendiz, sempre que uma coisa tem um nome a sua definição não pode ser senão a explicação do nome pelo discurso. Se, pois, tal nome é dado a uma concepção composta, a definição nada mais é do que uma resolução desse nome em suas partes mais universais. Quando definimos homem, dizendo *o homem é um corpo animado, senciente, racional*, tais nomes, *corpo animado* etc., são partes do nome *homem* na sua inteireza; de modo que as definições desse tipo consistem sempre em *gênero* e *diferença***: todos os nomes precedentes, exceto o último, são nomes *de gênero*, ao passo que o último é *de diferença*.

Mas, se um nome é o mais universal no seu tipo, então a sua definição não pode consistir em *gênero* ou *diferença*, mas deve ser feita por circunlocução, tal que explique melhor a força do nome em questão. Além disso, é possível, e frequentemente acontece, que o *gênero* e a *diferença* estejam reunidos e mesmo assim não constituam nenhuma definição: as palavras *uma linha reta* contêm tanto o *gênero* quanto a *diferença*, mas não constituem uma definição, a menos que consideremos que uma linha reta possa ser definida assim: *uma linha reta é uma linha reta*; não obstante, se houvesse um vocábulo diferente de ambos que significasse a mesma coisa que eles, então estes poderiam ser a definição do nome em questão. Pelo que foi dito, pode-se compreender como uma definição deve ser definida, a saber, *uma proposição cujo predicado resolve o sujeito, quando isso é possível; e, quando não, uma proposição cujo predicado exemplifica o sujeito*.

15. As propriedades* da definição são:

Primeiro, ela elimina o equívoco, bem como toda uma multidão de distinções usadas por aqueles que pensam poder aprender filosofia por meio de disputas. A natureza de uma definição é definir, isto é, determinar o significado do nome definido e desbastá-lo de qualquer outro significado que não seja aquele contido na própria definição. Por isso, uma única definição substitui todas as possíveis distinções (por inumeráveis que sejam) que podem dizer respeito ao nome definido.

Segundo, ela exibe uma noção universal da coisa definida, representando determinado retrato universal desta, não ao olho, mas à mente. Pois, quando se pinta um homem, pinta-se a imagem de algum homem; de modo que aquele que define o nome homem traz à mente uma representação de algum homem.

Terceiro, não é necessário disputar se as definições devem ser admitidas ou não. Pois, quando um mestre está instruindo o seu aluno, se este entende todas as partes da coisa definida, partes que estão resolvidas na definição, e mesmo assim não admite a definição, segue-se que não é necessário que a controvérsia entre eles prossiga: é como se o estudante se recusasse a ser ensinado. Mas, se ele não entende nada, então com certeza a definição é errônea, uma vez que a natureza da definição consiste em exibir uma ideia clara da coisa definida, e os princípios são conhecidos por si mesmos ou não são princípios.

Quarto, na filosofia, as definições precedem os nomes definidos. Com efeito, para que se ensine filosofia deve-se partir das definições; e toda a progressão desse ensinamento, até chegarmos ao conhecimento da coisa composta, é compositiva. Visto, portanto, que a definição é a explicação, por meio da resolução, de um nome composto, e que a progressão vai das partes para o composto, as definições devem ser compreendidas antes dos nomes compostos. Mas não só isso: quando os nomes das partes de algum discurso são explicados, não é necessário que a definição seja um nome composto com eles. Por exemplo, quando os nomes *equilátero*, *quadrilátero*, *retângulo* são suficientemente compreendidos, não é de forma alguma necessária, na geometria, a presença do nome *quadrado*; de fato, os nomes definidos na filosofia são usados unicamente por brevidade.

Quinto, os nomes compostos, definidos em uma parte da filosofia, podem ser diversamente definidos em outra parte, como *parábola* e *hipérbole*, que têm uma definição na geometria e outra na retórica. De fato, as definições são instituídas e servem para a compreensão da doutrina em questão. E, portanto, assim como, em parte da filosofia, uma definição pode ter um nome apropriado para uma explicação mais breve de alguma proposição geométrica, a mesma coisa, com a mesma liberdade, pode ser feita em outras partes da filosofia, já que o uso dos nomes é particular (mesmo quando muitos concordam com a instituição deles) e arbitrário.

Sexto, nenhum nome se define com apenas uma palavra, porque nenhuma palavra é suficiente para a resolução de uma ou mais palavras.

Sétimo, o nome definido não deve ser repetido na definição. Pois o nome definido é o composto na sua inteireza, e a definição é a resolução desse composto em partes; e o todo não pode ser parte de si mesmo.

16. Quaisquer duas definições que podem compor um silogismo produzem uma conclusão, que, derivando de princípios, isto é, definições, é considerada demonstrada. E a derivação ou a própria composição é chamada de demonstração. Do mesmo modo, em um silogismo feito a partir de duas proposições, das quais uma é a definição e a outra uma conclusão demonstrada, ou das quais nenhuma delas é a definição, embora ambas tenham sido anteriormente demonstradas, tal silogismo também é chamado de demonstração, e assim sucessivamente. Portanto, a definição de demonstração é a seguinte: *uma demonstração é um silogismo, ou uma série de silogismos, derivados e prolongados, a partir das definições dos nomes, até a última conclusão.* E, a partir disso, pode-se entender que todo raciocínio verdadeiro, que se inicia a partir de princípios verdadeiros, produz ciência e é uma verdadeira demonstração. Pois, quanto à origem do nome, embora aquilo que os gregos chamavam de *apodêixis* e os latinos de *demonstratio* fosse entendido como uma única forma de raciocínio, em que, descritas determinadas linhas e figuras, eles estabeleciam a coisa que deveriam provar, como que dos olhos, o que constitui propriamente um *apodêicnyein*, ou *mostrar* por meio da figura, todavia eles parecem ter feito isso pela seguinte razão: para além da geometria (pois apenas nela há lugar para tais figuras), não há nenhum raciocínio certo e científico – as doutrinas concernentes a todas as outras coisas não são senão controvérsia e alarido. Isso acontecia não porque a verdade a que aspiravam não podia se tornar evidente sem as figuras, mas porque lhes faltavam princípios verdadeiros a partir dos quais poderiam derivar seu raciocínio. Portanto, não há nenhuma razão para que as demonstrações não sejam também verdadeiras se as definições verdadeiras forem admitidas como premissas em todos os tipos de doutrina.

17. É próprio à demonstração metódica:

Primeiro, que haja uma verdadeira sucessão de razões, uma após outra, conforme as regras do silogismo acima apresentadas.

Segundo, as premissas de todos os silogismos devem ser demonstradas a partir das primeiras definições.

Terceiro*, após as definições, a pessoa que ensina, ou demonstra alguma coisa, deve proceder segundo o mesmo método com o qual a descobriu; isto é, em primeiro lugar, deve demonstrar aquelas coisas que estão mais próximas das definições universais (em que se encontra aquela parte da filosofia chamada de *philosophía prima*). Depois, aquelas coisas que podem ser demonstradas pelo movimento simples (e nisso consiste a geometria). Depois da geometria, as coisas que podem ser ensinadas ou apresentadas pela ação manifesta, isto é, pelo impulso e pela tração. Em seguida, o movimento ou a mutação das partes invisíveis das coisas, a doutrina da sensação e da imaginação, as paixões internas, especialmente aquelas referentes aos homens, em que estão contidos os fundamentos dos deveres civis, isto é, da filosofia civil que é a doutrina que ocupa o último posto. E que tal método deva ser assim assumido em todos os tipos de filosofia, isso é manifesto pelo seguinte: as coisas que eu disse que devem ser ensinadas por último não podem ser demonstradas enquanto não se compreenderem completamente aquelas coisas que se apresentam como as primeiras a serem tratadas. Não se pode dar nenhum outro exemplo desse método que não seja o tratado dos elementos de filosofia, que terá início no próximo capítulo e prosseguirá até o fim da obra.

18. Além dos *paralogismos*, cujo defeito reside na falsidade das premissas ou na falta de uma verdadeira composição, do que já se falou no capítulo precedente, há ainda dois outros que são frequentes na demonstração. Um deles é comumente chamado de *petitio principii*, e outro é a *causa falsa*. Ambas enganam não apenas os aprendizes inábeis, mas às vezes até mesmo os próprios mestres, fazendo que considerem bem demonstrado aquilo que de forma alguma está demonstrado. A *petitio principii* ocorre quando a conclusão a ser provada é enunciada com outras palavras, estabelecendo-a como definição ou princípio a partir do qual ela deve ser demonstrada. Assim, ao estabelecer, como causa da

coisa vista, a própria coisa ou algum efeito dela, cria-se um círculo na demonstração. Por exemplo, aquele que demonstrasse que a Terra permanece imóvel no centro do mundo, e supusesse a gravidade da Terra como a causa disso, e definisse a gravidade como a qualidade pela qual todo corpo tende ao centro do mundo, estaria perdendo tempo. Pois a questão é: qual é a causa dessa qualidade da Terra? Portanto, quem supõe a gravidade como causa estabelece a coisa mesma como sua própria causa.

Quanto à *causa falsa*, encontro em determinado tratado um exemplo em que a coisa a ser demonstrada é o movimento da Terra. Nele, considera-se inicialmente o fato de que a Terra e o Sol não estão sempre na mesma posição, um em relação ao outro, donde a necessidade de que um deles se mova localmente, o que é verdade. Em seguida, afirma-se que os vapores que o Sol subleva da Terra e do mar são, por razão desse movimento, movidos, o que também é verdade. Disso se infere que os ventos são produzidos, o que também se pode conceder. E, por meio desses ventos, diz-se, move-se a água do mar, e, pelo movimento desta, o fundo do oceano, como que revolvido, move-se em círculo. Ao concedermos também este último, segue-se a conclusão de que a Terra é movida, o que, todavia, é um paralogismo. Pois, se esse vento fosse a causa pela qual, inicialmente, a Terra gira, e se o movimento do Sol ou da Terra fosse a causa do vento, então os movimentos do Sol ou da Terra seriam anteriores ao do próprio vento; e se a Terra fosse movida antes que o vento fosse produzido, então o vento não poderia ser a causa da revolução da Terra; mas, se o Sol se movesse e a Terra permanecesse parada, então é evidente que a Terra poderia permanecer imóvel, a despeito do vento. Portanto, tal movimento não foi produzido pela causa que se alega. Paralogismos desse tipo são muito frequentes entre escritores de *física*, ainda que nenhum possa ser mais elaborado do que o exemplo apresentado.

19. A alguns homens pode parecer pertinente tratar aqui da arte dos geômetras, chamada de *logística*, isto é, a arte pela qual, a partir da suposição de que a coisa em questão

seja verdadeira, efetua-se um raciocínio até chegar-se a algo conhecido, pelo que pode-se demonstrar a verdade da coisa que se investiga; ou a algo impossível, do que se deduz que era falso o que se supunha verdadeiro. Mas essa arte não pode ser explicada aqui, pelo fato de que o método que lhe é próprio não pode ser praticado nem compreendido, a não ser por aqueles que são versados em geometria; e, mesmo entre os geômetras, aqueles que têm mais facilidade com os teoremas são os mais aptos a fazer uso dessa logística; de modo que não se trata realmente de algo distinto da própria geometria. Pois o método da logística tem, de fato, três partes, cuja primeira consiste em encontrar uma igualdade entre coisas conhecidas e coisas desconhecidas, operação essa que chamam de equação; mas essa equação não pode ser encontrada senão por aqueles que conhecem perfeitamente a natureza, as propriedades e as transposições da proporção, bem como a adição, a subtração, a multiplicação e a divisão de linhas e superfícies e o cálculo das raízes, que são da alçada de um geômetra competente. A segunda parte consiste na capacidade de julgar, quando encontrada a equação, se é possível ou não deduzir desta a verdade ou a falsidade da questão, o que requer um conhecimento ainda maior. E a terceira parte consiste em saber, quando encontrada uma equação apropriada para a solução da questão, como resolvê-la de maneira tal que a verdade ou a falsidade resultem evidentes, o que, em questões difíceis, não pode ser feito sem o conhecimento da natureza das figuras irregulares. Mas aquele que compreende facilmente a natureza e as propriedades dessas figuras é um geômetra perfeito. Ocorre, além disso, que não há nenhum método certo para encontrar a equação. Mas o mais capaz de fazê-lo é o que tem melhor talento natural.

CAPÍTULO XXV
Da sensação e do movimento animal

1. Conexão entre o que foi dito e o que se segue. – 2. A investigação da natureza da sensação e a definição de sen-

sação. – 3. Sujeito e objeto da sensação. – 4. Os órgãos da sensação. – 5. Nem todos os corpos são dotados de sensação. – 6. Em um só tempo um só fantasma. – 7. A imaginação e a memória como restos de uma sensação passada. Do sono. – 8. Como os fantasmas sucedem uns aos outros. – 9. Da procedência dos sonhos. – 10. Das sensações, seus tipos, órgãos e fantasmas próprios e comuns. – 11. Como e a partir do que se determina a magnitude das imagens. – 12. O que são prazer, dor, apetite e aversão. – 13. O que são deliberação e vontade.

1. No primeiro capítulo, defini que a filosofia é o *conhecimento dos efeitos, adquirido por reto raciocínio, a partir do conhecimento que se tem inicialmente de suas causas e da sua geração; e o conhecimento das possíveis causas ou gerações a partir do conhecimento anterior de seus efeitos e das suas aparências*. Há, portanto, dois tipos de métodos de filosofia: um, da geração das coisas aos seus possíveis efeitos; outro, dos efeitos ou das aparências das coisas a uma possível geração delas. No primeiro, a verdade dos primeiros princípios de nosso raciocínio, quais sejam, as definições, é feita e constituída por nós mesmos, na medida em que consentimos e concordamos com os nomes das coisas. Concluí essa parte nos capítulos precedentes, nos quais, salvo engano, não afirmei nada, além das próprias definições, que não fosse coerente com as definições que apresentei, vale dizer, que não esteja suficientemente demonstrado para todos aqueles que, em cuja consideração escrevi, concordam comigo quanto ao uso das palavras e das denominações. Agora dou início a outra parte, que consiste na descoberta, pelas aparências ou pelos efeitos da natureza, conhecidos pela sensação, de algumas formas e alguns meios pelos quais tais efeitos podem ser, não digo que são, gerados. Portanto, os princípios de que depende o discurso que se segue não são como aqueles que nós mesmos fazemos e pronunciamos em termos gerais, como as definições, mas sim como os que se observam nas próprias coisas, estabelecidos pelo Autor da Natureza, e dos quais fazemos uso por meio não de uni-

versais, mas de singulares e particulares. Eles também não impõem sobre nós nenhuma necessidade de constituir teoremas; seu uso é apenas, não sem algumas proposições gerais já demonstradas, mostrar-nos a possibilidade de alguma produção ou geração. Visto, portanto, que a ciência aqui ensinada tem seus princípios nas aparências da natureza e termina na obtenção de algum conhecimento das causas naturais, decidi dar a esta parte o título de física ou *Fenômenos da natureza*. Ora, as coisas que nos aparecem, ou que a natureza nos mostra, são chamadas de fenômenos ou aparências.

De todos os fenômenos ou aparências que nos cercam, o mais admirável é a própria aparência, *tò phaínesthai*, isto é, o fato de alguns corpos naturais terem em si mesmos os modelos de quase todas as coisas, enquanto outros não têm nenhum. De modo que, se as aparências são os princípios por meio dos quais conhecemos todas as outras coisas, devemos reconhecer que a sensação é o princípio por meio do qual conhecemos esses princípios e que todo o nosso conhecimento deriva disso. Quanto às causas da sensação, não se pode dar início à sua busca a partir de nenhum outro fenômeno que não a própria sensação. Mas perguntarás: por meio de qual sensação nos damos conta da sensação? Ao que responderei: pela própria sensação, isto é, pela memória que preservamos durante algum tempo das coisas sensíveis, ainda que estas mesmas já não existam. Com efeito, aquele que percebe que percebeu, recorda-se.

Em primeiro lugar, portanto, é preciso investigar as causas de nossa percepção, isto é, as causas daquelas ideias e fantasmas que se encontram continuamente em nós quando fazemos uso de nossas sensações, investigando também a maneira como procede a sua geração. Para essa inquirição, deve-se observar, antes de tudo, que nossos fantasmas ou nossas ideias não são sempre os mesmos: conforme aplicamos nossos órgãos da sensação ora a um objeto ora a outro, novos fantasmas aparecem e antigos desaparecem, motivo pelo qual eles são gerados e perecem. E a partir disso é evidente que eles constituem alguma mudança ou mutação no senciente.

2. Ora, que toda mutação ou alteração é movimento ou esforço (e esforço também é movimento) nas partes internas da coisa que é alterada, isso fica demonstrado (Cap. VII, art. 9) pelo seguinte: que, quando até mesmo as menores partes de um corpo qualquer permanecem na mesma situação umas em relação às outras, não se pode dizer que lhe tenha ocorrido alteração alguma, a não ser que, possivelmente, o corpo tenha sido inteira e conjuntamente movido. Exceto isso, só se pode dizer que parece ser e é o mesmo que parecia ser e era antes. Portanto, a sensação no senciente não pode ser senão movimento em algumas das partes internas do senciente; e as partes que se movem são partes dos órgãos da sensação. Com efeito, as partes de nosso corpo por meio das quais percebemos alguma coisa são aquelas que comumente chamamos de órgãos da sensação. Encontramos assim o sujeito de nossas sensações, a saber, aquilo no qual se encontram os fantasmas; assim também descobrimos, em parte, a natureza das sensações, a saber, um movimento interno no senciente.

Além disso, já demonstrei (Cap. IX, art. 7) que nenhum movimento pode ser gerado senão por um corpo contíguo em movimento. A partir daí, compreende-se que a causa imediata da sensação ou da percepção consiste no fato de que o primeiro órgão da sensação é tocado e pressionado. Quando pressionada, a parte mais externa do órgão logo cede, e a parte que lhe é vizinha também sofre pressão. Assim, a pressão ou o movimento propagam-se por todas as partes do órgão até a parte mais interna. Do mesmo modo, a pressão da parte mais externa procede da pressão de algum corpo mais afastado; e isso, continuamente, até que se chegue àquilo a partir do que, à maneira de uma fonte, derivamos o fantasma ou a ideia produzida pela nossa sensação. E, seja o que for, chamamo-lo comumente de *o objeto*. Portanto, a sensação é um movimento interno no senciente, gerado por um movimento interno das partes do objeto, que se propaga por todo o meio até a parte mais interna do órgão. Com essas palavras quase cheguei a definir a sensação.

Ademais, já demonstrei (Cap. XV, art. 2) que toda resistência é esforço contrário a outro esforço, isto é, reação. Visto, portanto, que há no órgão inteiro, em razão de seu movimento natural interno, uma resistência ou uma reação contrária ao movimento que se propaga do objeto em direção à parte mais interna do órgão, segue-se também que há no mesmo órgão um esforço oposto ao esforço que procede do objeto; de modo que, quando o esforço para dentro é a última ação presente no ato da sensação, então, a partir da reação, por menor que seja sua duração, tem-se a produção de um fantasma ou uma ideia; a qual, visto que agora o esforço é para fora, aparece sempre como situada exteriormente ao órgão. Assim, devo agora oferecer a definição completa de sensação, concebida a partir da explicação de suas causas e da ordem de sua geração: a sensação *é um fantasma produzido pela reação e pelo esforço para fora do órgão da sensação, causados por um esforço para dentro a partir do objeto, fantasma esse que perdura por certo tempo.*

3. O *sujeito* da sensação é o próprio senciente, isto é, um ser vivo. Expressamo-nos com mais propriedade quando dizemos "um ser vivo vê" do que quando dizemos "o olho vê". O objeto é a coisa que se capta, sendo mais exato dizer "vemos o Sol" do que dizer "vemos a luz". De fato, luz, cor, calor e som, e outras qualidades chamadas comumente de sensíveis, não são objetos, mas fantasmas no senciente. Pois o fantasma é o ato da sensação e difere desta da mesma maneira que *fieri*, isto é, o que está sendo feito, difere de *factum esse*, isto é, o que está feito; e essa diferença, nas coisas que se dão em um instante, não existe; e o fantasma se dá em um instante. De fato, em todo movimento que procede por propagação contínua, a primeira parte movida move a segunda, a segunda move a terceira, e assim por diante até a última parte, por maior que seja a distância. E, no ponto de tempo em que a primeira parte passa para o lugar da segunda, que também é impelida, no mesmo ponto de tempo a penúltima parte passa ao lugar da última, que recua, e esta, ao reagir nesse mesmo instante, produz um fantasma,

caso a sua reação seja suficientemente forte. Produzido o fantasma, a percepção é produzida junto com ele.

4. Os *órgãos* da sensação, que estão no senciente, são de tal maneira parte dele que, se forem lesionados, a própria geração de fantasmas será destruída, mesmo que o restante das partes permaneça intacto. Ora, na maioria dos seres vivos encontram-se nessas partes certos espíritos e membranas que, oriundos da pia-máter*, envolvem o cérebro e todos os nervos; assim, o próprio cérebro, as artérias que estão no cérebro, bem como essas outras partes, conforme são agitados, agitam também o coração, que é a fonte de todas as sensações. E, sempre que a ação do objeto se estende ao corpo do senciente, alguns dos nervos propagam-na ao cérebro; e se o nervo condutor estiver muito lesionado ou obstruído de modo que o movimento não possa ulteriormente se propagar, nenhuma sensação se dará. Do mesmo modo, se o movimento entre o cérebro e o coração for interrompido, por defeito do órgão pelo qual a ação é propagada, não haverá nenhuma percepção do objeto.

5. Todavia, mesmo que todas as sensações sejam produzidas, como eu disse, por reação, não se faz necessário que toda coisa que reaja tenha sensação. Sei que houve filósofos e homens doutos que sustentaram que todos os corpos são dotados de sensação. E não vejo como os refutar, se a natureza da sensação está localizada apenas na reação. Mas, mesmo que pela reação de corpos inanimados fosse possível produzir um fantasma, este cessaria imediatamente após a remoção do objeto. Pois, a menos que, como os seres vivos, esses outros corpos tivessem órgãos apropriados para reter o movimento que lhes é impresso, a sensação neles seria tal que nunca se recordariam dela. E, portanto, tal ideia nada tem a ver com a sensação que é o tema do meu presente discurso. Pois por sensação entendemos comumente o juízo que fazemos sobre os objetos por meio de seus fantasmas, isto é, mediante a comparação e a distinção desses fantasmas; o que nunca poderíamos fazer se o movimento no órgão, pelo qual o fantasma é produzido, não permanecesse nele por um tempo, a fim de que o mesmo fantasma

retornasse. Desse modo, a sensação, tal como aqui a entendo, e que é comumente assim chamada, tem necessariamente uma memória que se lhe adere e por meio da qual o fantasma anterior e o fantasma posterior* podem ser comparados e diferenciados um do outro.

Portanto, à sensação propriamente dita é necessariamente inerente uma contínua variedade de fantasmas, de modo tal que eles possam ser diferenciados uns dos outros. Pois, se supuséssemos um homem de visão perfeita, com todos os órgãos que a compõem bem dispostos, embora desprovido de qualquer outra sensação, e se ele olhasse apenas para uma única coisa, sempre com a mesma figura e a mesma cor, sem sofrer a menor variação, parece-me que, independentemente do que dizem os outros, tal homem não vê mais do que aquilo que os ossos de meus membros parecem causar em mim por meio dos órgãos do tato, ainda que os ossos estejam sempre e por todos os lados em contato, através de uma membrana muito fina. Eu poderia dizer, talvez, que ele estava atônito e que olhava para aquilo; mas não que o via; pois são quase equivalentes o fato de um homem sentir sempre uma única e mesma coisa e o fato de não sentir nada.

6. Mas a natureza da sensação não permite que um homem diferencie muitas coisas de uma só vez. Pois, visto que a natureza da sensação consiste em movimento, os órgãos da sensação, ocupados com um objeto, não podem ser movidos, ao mesmo tempo, para outro objeto, a ponto de produzirem, por meio de ambos os movimentos, um fantasma genuíno a partir de cada um desses órgãos e de uma só vez. Portanto, dois objetos agindo conjuntamente não produzem dois fantasmas singulares, mas apenas um fantasma composto pela ação de ambos.

Além disso, assim como a divisão de um corpo faz que se divida o espaço que ele ocupa, também quando contamos muitos corpos devemos necessariamente contar muitos espaços. Por outro lado, conforme mostrei no sétimo capítulo, pela enumeração das unidades de tempo que podemos dividir devemos compreender também a mesma enumeração de movimentos; assim, à medida que contamos muitos movimentos, contamos muitos tempos. Pois, mesmo que vejamos um objeto de várias cores, ainda assim isso não constitui uma variedade de objetos, mas um só composto de várias cores.

Considere-se ainda o fato de que quando esses órgãos, comuns a todas as sensações, e que são partes de cada órgão, procedendo da raiz do nervo ao coração, quando eles são veementemente agitados pela ação de um objeto, tornam-se menos propensos a receber qualquer outra impressão de quaisquer que sejam os outros objetos e qualquer que seja a sensação a que esse objeto se refere, por força da contumácia do movimento que já os ocupa, o que dificulta a recepção de outro movimento. Do que se segue que um estudo atento de um só objeto embota a sensação presente de todos os outros objetos. Nesse sentido, o *estudo* nada mais é do que a ocupação da mente, isto é, um movimento veemente produzido por um objeto nos órgãos da sensação, os quais ficam estupefatos, em relação a todos os outros objetos, enquanto aquele movimento durar. De acordo com isso, Terêncio disse: *"Populus studio stupidus in funambulo animum occuparat"**. Afinal, o que é o *estupor* senão aquilo que os gregos chamam de *anaesthesia*, isto é, aquela cessação da sensação de outras coisas? Um só é o objeto que, em um único e mesmo instante, podemos perceber. Na leitura, vemos as letras uma por uma, e não todas de uma vez, ainda que a página inteira se apresente aos olhos; e, embora cada letra esteja distintamente escrita, ainda assim, quando olhamos imediatamente para a página, não vemos nada.

É evidente, portanto, que nem todo esforço exterior do órgão deve ser chamado de sensação, mas apenas aquele que muitas vezes, por veemência, supera e predomina sobre os outros. Essa condição nos priva da sensação de outros fantasmas, como o Sol que priva de luz o resto das estrelas, não por impedir a sua ação, e sim por obscurecê-las e escondê-las com o seu excesso de brilho.

7. Mas o movimento do órgão pelo qual um fantasma é produzido não é em geral chamado de sensação, a não ser que o objeto esteja presente. E, quando o fantasma perma-

nece após o objeto passar ou se retirar, chama-se *fantasia* (*fancy*) ou, em latim, *imaginatio*. Essa palavra, uma vez que nem todos os fantasmas são imagens, não responde completamente pelo significado da palavra *fantasia* na sua acepção geral. Não obstante, podemos usá-la com segurança, tomando-a no sentido grego de *phantasía**.

A *imaginação* nada mais é do que a *sensação diminuída* ou *enfraquecida* em função da ausência do objeto. Mas qual seria a causa de tal diminuição ou enfraquecimento? O movimento torna-se mais fraco porque o objeto é afastado? Se assim fosse, então os fantasmas seriam sempre e necessariamente menos claros na imaginação do que na sensação, o que não é verdade. Pois, nos sonhos, que são a imaginação dos que dormem, tais fantasmas não são menos claros do que na sensação. A razão pela qual, num homem acordado, os fantasmas das coisas passadas são mais obscuros do que os das coisas presentes é a seguinte: os seus órgãos estão sendo movidos ao mesmo tempo por outros objetos presentes; logo, os fantasmas passados são menos predominantes. Ao passo que, quando dorme, as passagens estão fechadas, e a ação externa não perturba nem impede o movimento interno.

Se isso for verdade, é preciso considerar, em seguida, se é possível encontrar uma causa, a partir da suposição de que dos objetos exteriores da sensação aos órgãos internos a passagem esteja fechada. Portanto, supondo-se que, pela ação contínua dos objetos, da qual a reação do órgão ou, mais especificamente, dos espíritos, é uma consequência necessária, o órgão fatiga-se, isto é, os espíritos não movem mais as partes do órgão sem algum empenho. Consequentemente, com os nervos abandonados e folgados, eles se mantêm reclusos em sua fonte, localizada na cavidade do cérebro ou do coração. De modo que a ação que procedia dos nervos é necessariamente interceptada; assim, a ação sobre um paciente, que se mantém recluso em relação a ela, causa inicialmente pouca impressão; até que, pouco a pouco, com os nervos mais e mais relaxados, acaba por causar nenhuma impressão. Portanto, a reação, isto é, a sensação, se interrompe; até que, em função do sono, o órgão se revigora e, por um suprimento de novos espíritos, recuperando sua força e seu movimento, o senciente desperta. E tal parece ser a causa, a menos que uma causa anormal sobrevenha, como o aquecimento das partes internas em função da lassidão ou de alguma doença que aturde, de maneira extraordinária, os espíritos e outras partes do órgão.

8. Não é sem causa nem coisa tão casual, como muitos talvez pensem, o fato de que os fantasmas, nessa sua grande variedade, procedam um do outro, e que os mesmos fantasmas tragam à mente ora fantasmas semelhantes, ora fantasmas extremamente diferentes. Pois, no movimento de um corpo contínuo, uma parte segue à outra por coesão. Desse modo, quando voltamos nossos olhos e outros órgãos sensoriais, sucessivamente, a muitos objetos, nos quais permanece o movimento que foi feito por cada um deles, os fantasmas ressurgem cada vez que um desses movimentos predomina sobre o resto, tornando-se predominantes na mesma ordem em que, em um tempo já transcorrido, foram gerados pela sensação. De modo que, quando muitos fantasmas foram gerados em nós pela sensação, depois de certo período de tempo, um pensamento qualquer pode surgir a partir de quaisquer outros pensamentos; de modo tal que qualquer pensamento que se siga ao outro pode parecer uma coisa indiferente e casual. Na maioria das vezes, contudo, isso não é algo tão incerto em pessoas despertas como o é em pessoas adormecidas. Com efeito, o pensamento ou o fantasma de um fim desejado traz consigo todos os fantasmas, que são os meios que conduzem ao fim em questão; e isso ocorre segundo a ordem inversa, a saber: do último meio ao primeiro, e, em seguida, desenvolve-se do início ao fim. Mas isso supõe tanto o apetite quanto o juízo para discernir os meios que conduzem ao fim, o que se adquire por meio da experiência; e a experiência é o acúmulo de fantasmas que surge a partir da sensação de muitas coisas. De fato, *phantázesthai* e *meminisse*, ou seja, a *fantasia* e a *memória*, diferem apenas nisto: a memória pressupõe o tempo passado, o que não ocorre com a *fantasia*. Na memória, os fantasmas

são considerados exauridos pelo tempo; mas, na fantasia, são considerados enquanto tais; distinção essa que não é da própria coisa, mas da consideração do senciente. Pois ocorre na memória algo parecido com as coisas que vemos a uma grande distância, nas quais, assim como as partes menores do objeto não são discernidas, em função de sua distância, assim também, na memória, muitos acidentes, lugares e partes de coisas, percebidas anteriormente pela sensação, tornam-se diminutas e perdem-se com o passar do tempo.

O aparecimento contínuo de fantasmas na sensação e na imaginação é o que costumamos chamar de discurso da mente, comum aos homens e a outros seres vivos. Com efeito, aquele que pensa compara os fantasmas que passam, isto é, observa a semelhança ou a diferença entre eles. E assim como aquele que observa, celeremente, a semelhança entre coisas de diferentes naturezas, ou muito divergentes, é considerado dotado de uma boa fantasia, assim também diz-se ter bom juízo aquele que descobre dessemelhanças ou diferenças entre coisas parecidas. Ora, a observação das diferenças não é uma percepção feita por um órgão comum da sensação, distinto do senso perceptivo propriamente dito; trata-se, antes, da memória das diferenças de fantasmas particulares que permanecem por um tempo; tal como a diferença entre quente e luminoso nada mais é que a memória de objetos que aquecem e iluminam.

9. Os fantasmas daqueles que dormem são os *sonhos*, em relação aos quais a experiência nos ensina estes cinco pontos: primeiro, que na maioria das vezes não há neles nenhuma ordem ou coerência; segundo, que não sonhamos com nada que não tenha sido composto e representado pelos fantasmas da sensação passada; terceiro, que ora eles procedem, como naqueles que estão sonolentos, da interrupção progressiva de fantasmas, despedaçados e alterados pela sonolência, ora têm início no meio do sono; quarto, que eles são mais claros do que a imaginação de um homem acordado, exceto quando os fantasmas são produzidos pela própria sensação, pois em ambos os casos eles são iguais em clareza; quinto, que, quando sonhamos, não admiramos os lugares

nem o aspecto das coisas que nos aparecem. A partir disso, não é difícil mostrar quais podem ser as causas desses fenômenos: quanto ao primeiro ponto, visto que toda ordem e coerência procedem da frequente retrospecção voltada para um fim, isto é, de uma consulta, é necessário que nossos fantasmas, uma vez perdido no sonho todo o pensamento do fim, sucedam um ao outro, não naquela ordem que tende para um fim, mas como acontece e no modo como se apresentam ao olho quando olhamos indiferentemente para todas as coisas diante de nós e as vemos, não porque quereríamos vê-las, mas porque não fechamos os olhos; com efeito, elas nos aparecem sem nenhuma ordem. O segundo ponto ocorre porque, quando a sensação silencia, não há nenhum novo movimento do objeto e, portanto, nenhum fantasma, a não ser que chamemos de novo aquilo que é composto de velhos fantasmas, como uma quimera, uma montanha dourada e que tais. Quanto ao terceiro, é evidente a razão pela qual às vezes um sonho se manifesta como a continuação de uma sensação constituída de fantasmas fragmentados, a exemplo de homens perturbados com uma doença: em alguns de seus órgãos a sensação continua, mas em outros ela falha. A maneira, porém, como alguns fantasmas podem reaparecer durante o sono, quando todos os órgãos externos estão amortecidos, não é facilmente demonstrável. Não obstante, mesmo isso tem a sua causa naquilo que eu disse anteriormente. Com efeito, qualquer coisa que golpeia a piamáter suscita alguns desses fantasmas que ainda estão em movimentação no cérebro; e, quando algum movimento interno do coração atinge essa membrana, o movimento que predomina no cérebro produz o fantasma. Ora, os movimentos do coração são apetites e aversões, sobre os quais me ponho a falar agora. Assim como os apetites e as aversões são gerados pelos fantasmas, estes são reciprocamente gerados pelos apetites e pelas aversões. Por exemplo, o calor no coração procede da ira e da luta; do mesmo modo, do calor no coração, qualquer que seja a sua causa, produz-se durante o sono a ira e a imagem de um inimigo. Assim como o amor e a beleza engendram calor em alguns órgãos, assim também o calor que, independentemente da sua origem, age sobre os mesmos órgãos, causa frequentemente o desejo e a imagem de uma beleza irresistível. Por fim, o frio gera, da mesma maneira, medo naqueles que dormem, fazendo-os sonhar com fantasmagorias, espectros assustadores e perigosos, do mesmo modo que o medo causa frio naquele que está desperto. O quarto ponto, a saber, que as coisas que parecemos ver e sentir durante o sono são tão vivazes como na sensação, isso procede de duas causas: uma é que, não havendo a sensação das coisas externas, o movimento interno que produz o fantasma é predominante, na ausência de outras impressões; a segunda é que as partes dos fantasmas, exauridas e esmaecidas pelo tempo, são compensadas com outras partes fictícias. Para concluir, quando sonhamos não nos maravilhamos com lugares estranhos nem com a aparência de coisas desconhecidas, porque a admiração requer que as coisas que aparecem sejam novas e inusitadas, o que só pode acontecer com os que se recordam das aparências anteriores; ao passo que no sono todas as coisas parecem estar presentes.

É preciso observar que alguns sonhos, especialmente aqueles tidos por alguns homens quando estão entre o sono e a vigília, e que se dão aos que não têm nenhum conhecimento da natureza dos sonhos e são, além disso, supersticiosos, não foram nem são interpretados como sonhos. Com efeito, pensava-se que as aparições vistas pelos homens, e as vozes que eles acreditavam ouvir durante o sono, não eram fantasmas, mas coisas que subsistiam por si mesmas e objetos exteriores. Para alguns homens, que estão dormindo ou que estão acordados, mas especialmente os culpados, durante a noite, em lugares sagrados, o medo, com a ajuda de histórias sobre tais aparições, suscita fantasmas terríveis em suas mentes, os quais foram e ainda são enganosamente tomados por coisas realmente verdadeiras, sob o nome de *fantasmas* e *substâncias incorpóreas*.

10. Podemos observar na maioria dos seres vivos cinco tipos de sensações, diferenciadas por seus respectivos órgãos e por diferentes tipos de fantasmas: *visão, audição, olfato, pa-*

ladar e *tato*. O órgão da visão é em parte animado e em parte inanimado. As partes inanimadas são os três humores: humor aquoso, que pela interposição da membrana úvea, cuja cavidade é chamada de pupila, composta, de um lado, pela primeira superfície côncava do olho e, de outro, pela proeminência ciliar e pelo revestimento do humor cristalino. O cristalino está suspenso no meio da proeminência ciliar, tem a aparência de uma figura esférica, possui uma consistência espessa e está totalmente envolto pela sua camada transparente. O humor vítreo, que preenche o restante da cavidade do olho, é mais espesso que o humor aquoso, embora mais sutil que o cristalino. A parte animada do órgão é, antes de tudo, a membrana *coroide*, que é parte da pia-máter, coberta, porém, pela camada oriunda da medula do nervo óptico, chamada de *retina*. Essa coroide, enquanto parte da pia-máter, se estende até o início da *medulla spinalis*, no interior do crânio, onde todos os nervos da cabeça têm a sua raiz. Essa é a razão pela qual todos os espíritos animais entram nos nervos; e não é concebível que eles possam entrar em nenhum outro lugar. Visto, portanto, que a sensação nada mais é do que a ação de objetos, propagada até a parte última do órgão, e que tais espíritos animais nada mais são do que espíritos vitais purificados pelo coração, segue-se necessariamente que a ação é derivada do coração por meio das artérias que se estendem até as raízes dos nervos na cabeça, sejam essas artérias o *plexus retiformis*, sejam outras artérias que se inserem na substância do cérebro. Desse modo, essas artérias são o complemento ou a parte restante do órgão completo da visão. Essa última parte é um órgão comum a todas as sensações; ao passo que aquela que do olho chega às raízes dos nervos é exclusiva à visão. O órgão próprio da audição é o tímpano do ouvido e o seu nervo específico, embora deste até o coração o órgão seja comum. Os órgãos próprios do olfato e do paladar são as membranas nervosas, respectivamente, o palato e a língua ligam-se ao paladar e as narinas ao olfato; e desde a raiz desses nervos até o coração todo o resto é comum. Por último, os órgãos próprios do tato são os nervos e as membranas distribuídos por todo o corpo; essas membranas derivam da raiz dos nervos. Todo o resto, comum a todas as sensações, parece ser administrado pelas artérias, e não pelos nervos.

O fantasma próprio da visão é a luz. E sob o nome luz compreende-se também a cor, que nada mais é do que uma luz alterada. Assim, o fantasma de um corpo luminoso é a luz, e de um corpo colorido, a cor. Mas o objeto da vista propriamente dito não é luz nem cor, mas o próprio corpo luminoso, iluminado ou colorido. Com efeito, a luz e a cor, que são fantasmas do senciente, não podem ser acidentes do objeto, pela seguinte razão: sabemos que as coisas visíveis aparecem muitas vezes em lugares em que não estão, e que elas aparecem com diferentes cores em diferentes lugares, podendo ainda aparecer, num mesmo momento, em vários lugares. O movimento, o repouso, a magnitude e a figura são comuns à visão e ao tato; e a aparência completa da figura, junto com a luz e a cor, é chamada comumente pelos gregos de *eîdos*, *eídolon* e *idéa*; e pelos latinos, de *species* e *imago*; todos os quais significam apenas aparência.

O fantasma da audição é o som; do olfato, o odor; do paladar, o gosto; e do tato, a dureza e a maciez, o calor e o frio, a aquosidade, a oleosidade e muitos outros, que são mais fáceis de diferenciar pela sensação do que pelas palavras. A lisura, a aspereza, a tenuidade e a densidade referem-se à figura e, portanto, são comuns ao tato e à visão. Quanto aos objetos da audição, do olfato, do paladar e do tato, eles não são propriamente som, cheiro, gosto, dureza etc., mas corpos dos quais procedem o som, o cheiro, o gosto, a dureza etc. E, quanto às suas causas e à maneira como são produzidos, tratarei disso em seguida.

Mas esses fantasmas, embora sejam efeitos em relação ao sujeito senciente produzidos pelos objetos que agem sobre os órgãos, também são efeitos diferentes produzidos pelos mesmos objetos nos mesmos órgãos, a saber: são movimentos que procedem da sensação, chamados de *movimentos animais*. Com efeito, visto que em toda sensação das coisas externas há uma mútua ação e reação, isto é, dois esforços que se opõem um ao outro, então é evidente que o movimento produzido por ambos deverá continuar em todas as direções, especialmente aos confins de ambos os corpos. E, quando isso acontece no órgão interno, o esforço para fora se dá num ângulo sólido maior do que se a impressão tivesse sido mais fraca; por conseguinte, a ideia é maior.

11. Disso resulta que é evidente a causa natural pela qual, em primeiro lugar, parecem ser maiores as coisas que, *caeteris paribus*, são vistas em ângulo maior; em segundo lugar, a causa natural pela qual, em uma noite fria e serena, quando a Lua não brilha, aparecem mais estrelas fixas do que em outras circunstâncias: a ação delas, de fato, é menos estorvada, em função da tranquilidade do ar, e não é obscurecida pela luz da Lua, que está ausente; ademais, o frio, tornando o ar mais premente, ajuda e fortalece a ação das estrelas sobre nossos olhos; de modo que é possível ver estrelas que em outras ocasiões não são vistas. E isso basta, em termos gerais, quanto à sensação produzida pela reação de um órgão. Pois, acerca do lugar da imagem, dos enganos da visão e outras coisas de que temos em nós mesmos a experiência pela sensação, visto que dependem em grande parte da estrutura própria do olho humano, tratarei desses pontos quando passar a falar sobre o homem.

12. Mas há outro tipo de sensação do qual direi alguma coisa nesta seção. Trata-se da sensação de prazer e de dor, que procede não da reação do coração voltada para o exterior, mas da parte mais externa do órgão, por meio de uma ação contínua, até o coração. Uma vez que o princípio da vida está no coração, é necessário que o movimento no senciente, que se propaga até o coração, cause uma alteração ou um desvio do movimento vital, tornando-o mais acelerado ou indolente, ajudando-o ou impedindo-o. Ora, quando o ajuda, o movimento é prazer; e, quando o impede, é dor, fastio, tormento etc. Assim como os fantasmas parecem externos, por causa do esforço para fora, assim também o prazer e a dor, por causa do esforço para dentro, parecem internos; isto é, aí se encontra a causa primeira do prazer ou da dor: no caso em que a dor procede de uma ferida, acreditamos que a dor e a ferida estejam no mesmo lugar.

Ora, o movimento vital é o movimento do sangue, perpetuamente circulando (como o mostrou o Doutor Harvey*, seu primeiro observador, a partir de inquestionáveis indícios) nas veias e nas artérias. Movimento esse que, quando impedido por outro movimento produzido pela ação de algum objeto sensível, pode ser restituído pela inflexão ou pelo estreitamento das partes do corpo; o que, por sua vez, se faz conforme os espíritos são transportados até esses ou até aqueles outros nervos, até que a dor, tanto quanto possível, seja eliminada. Mas, se o movimento vital for ajudado por algum movimento produzido pela sensação, então as partes do órgão estarão bem dispostas para guiar os espíritos, de tal modo que, pela ajuda dos nervos, conduza ao máximo à preservação e ao aumento do movimento vital. No movimento animal, esse é de fato o primeiro esforço, encontrado até mesmo no embrião; o qual, enquanto está no útero, move seus membros com movimento voluntário, evitando aquilo que lhe perturba ou buscando aquilo que o agrada. Quando esse primeiro esforço tende para aquelas coisas que, por experiência, são agradáveis, ele é chamado de *apetite*, isto é, uma aproximação; e, quando se afasta daquilo que perturba, *aversão* ou fuga. No início de suas vidas, tão logo nascem, as crianças, por causa de sua falta de experiência e memória, têm apetites por poucas coisas e também evitam poucas coisas. Portanto, não possuem grande variedade de movimento animal, como constatamos nos adultos. Com efeito, sem tal conhecimento derivado da sensação, isto é, sem experiência e memória, não é possível conhecer se determinada coisa se mostrará agradável ou nociva, havendo lugar apenas para conjectura a partir da aparência ou do aspecto das coisas. E disso se segue que, embora as crianças não saibam o que lhes pode causar bem ou prejuízo, ainda assim elas ora se aproximam e ora se afastam de uma mesma coisa, conforme incitadas pela dúvida. Depois, porém, com o hábito, passam a saber prontamente o que deve ser buscado e o que deve ser evitado; a usar com presteza seus nervos e seus órgãos, para buscar aquilo que é bom e fugir daquilo que é mau. Desse modo, o apetite e a aversão são os primeiros esforços do movimento animal.

Decorre desse primeiro esforço o impulso nos nervos e a retração dos espíritos animais, em relação aos quais é necessária a existência de algum receptáculo ou espaço, vizinho ao lugar de origem dos nervos. O movimento ou o esforço é seguido de uma expansão e de um relaxamento dos músculos que, por sua vez, são sucedidos por uma contração e uma extensão dos membros, que é o movimento animal.

13. São diversas as considerações dos apetites e das aversões. Com efeito, visto que os seres vivos têm, por uma mesma coisa, ora apetite, ora aversão, conforme pensam que esta lhes será boa ou nociva, deve-se considerar que, enquanto essa vicissitude de apetites e aversões neles permanece, dá-se uma série de pensamentos, chamada de *deliberação*, que dura tanto quanto está em seu poder a obtenção daquilo que agrada ou a fuga daquilo que desagrada. Portanto, o apetite e a aversão são assim chamados na medida em que não seguem a deliberação. Mas, se a deliberação vier antes, então o último ato dela, se for apetite, será chamado de *vontade*; e, se for aversão, *relutância*. De modo que uma mesma coisa é chamada de vontade e apetite; mas a sua consideração, isto é, se antecede ou sucede à deliberação, é diversa. Aquilo que acontece no interior de um homem, enquanto ele quer alguma coisa, não é diferente daquilo que ocorre em outros seres vivos, pois, enquanto a deliberação precede, eles têm apetite.

Tampouco a liberdade de querer ou de não querer é maior no homem do que em outros seres vivos. Pois, onde há apetite, a causa inteira do apetite o precedeu e, consequentemente, o ato do apetite não poderia ter sido escolhido, mas só poderia ter se seguido, isto é, ele necessariamente se seguiu (conforme se mostrou no Capítulo IX, artigo 5). Portanto, tal liberdade, enquanto livre da necessidade, não se encontra na vontade dos homens ou dos animais. Mas, se entendemos por liberdade a faculdade ou o poder *não de querer, mas de fazer aquilo que se quer*, então certamente *pode-se conceder essa liberdade a ambos; e eles podem igualmente tê-la sob essa condição.*

Além disso, quando o apetite e a aversão se sucedem de maneira célere, a série completa tem ora o nome de um, ora de outro. Pois uma mesma deliberação, na medida em que se inclina ora para um, ora para outro, é chamada de *esperança*, em relação ao apetite, e de *medo*, em relação à aversão. Com efeito, quando não há esperança, não se deve dizer medo, mas sim *ódio*; e, quando não há medo, não se trata de esperança, mas de *desejo*. Concluindo, todas as paixões, chamadas de paixões da mente, consistem em apetites e aversões, excetuando-se o puro prazer e a pura dor, que são uma fruição daquilo que é bom ou mau; assim, a ira é a aversão de algum mal iminente, conjuminada com o apetite de evitá-lo pela força. Mas, porque as paixões e as perturbações da mente são inumeráveis, muitas delas não são identificáveis em nenhuma outra criatura além do homem, tratarei delas de maneira mais ampla na seção concernente ao homem. Quanto aos objetos que não causam nenhuma agitação na mente, se os há, diz-se que os desprezamos.

É o que basta sobre a sensação em geral. Em seguida, devo tratar dos objetos sensíveis.

NOTAS EXPLICATIVAS

LXXXIX *William, Conde de Newcastle*: (1592-1676) Em 1608, Hobbes pôs-se a serviço de Sir William Cavendish, posteriormente Primeiro Conde de Devonshire. O Conde de Newcastle se chamava também William Cavendish; era sobrinho do Conde de Devonshire e foi um dos generais realistas durante a deflagração das lutas na guerra civil de 1642. Foi nomeado Conde em 1628 e Duque em 1655. Newcastle foi um homem culto e erudito que, periodicamente, solicitava os serviços de Hobbes. Em 1634, por exemplo, pediu-lhe que se encarregasse de procurar em Londres uma cópia do *Diálogo sobre os dois máximos sistemas do mundo ptolomaico e copernicano*, de Galileu (obra essa que Hobbes não conseguiu encontrar!).

4 *definição*: conceito que desempenha papel importantíssimo no método de argumentação de Hobbes em *Os elementos da lei* e em outras obras. Ver Introdução (pp. XXVI ss.) e também *De Corpore*, VI, 13-15.

4 *imagens ou concepções*: o termo "concepções" tem muita importância na obra de Hobbes. As concepções são (*a*) os conteúdos de nossa mente quando efetivamente causados, independentemente da forma, pelos objetos externos que agem através de nossas sensações; (*b*) conteúdos tais que nos permanecem acessíveis nas reminiscências, sonhos, imaginações, entre outros; e (*c*) o que quer que seja aquilo que temos quando entendemos um "nome" (no sentido hobbesiano da

palavra. Ver Introdução, p. XXVI). Nos sentidos (*a*) e (*b*), Hobbes frequentemente substitui a palavra "concepção" por "fantasma". O termo "imagens" aparece como uma subclasse de fantasmas relacionada com a visão. "Ideia" (outra palavra que Hobbes às vezes emprega) não parece ter um uso distinto de "concepção". Mas Hobbes não é completamente claro ou consistente na sua maneira de utilizar esses termos. Ambiguidades semelhantes podem ser encontradas no uso que John Locke faz da palavra "ideia", no seu *Ensaio sobre o entendimento humano* (1690). No *Tratado da natureza humana* (1739), de David Hume, o sentido (*a*) diferencia-se como "impressões", o sentido (*b*) como "ideias". Hobbes, Locke e Hume associam, de certa forma, o sentido (*c*) aos sentidos (*a*) e (*b*). Nos termos de Hobbes, a concepção que temos de um nome reduz-se aos fantasmas que aprendemos a associar a ele.

[5] *species visíveis e inteligíveis*: Hobbes está se referindo a uma interpretação da percepção sensível cuja origem, em última análise, remete ao *De Anima*, de Aristóteles, particularmente em II, 12: "Em geral, no que diz respeito à percepção sensível, podemos considerar que a sensação é aquilo que pode apreender as formas perceptíveis sem a matéria, como a cera que apreende a impressão do anel sem o ferro ou o ouro." Nas versões medievais tardias a que Hobbes dirige suas objeções, as "formas" tinham assumido características quase físicas nunca pretendidas por Aristóteles.

[6] *quatro pontos*: para uma discussão, ver R. Peters, *Hobbes* (Harmondsworth, 1956), 106-10. No ponto (4), Hobbes está defendendo que as concepções estão naquele que percebe, em nós, e não na coisa percebida.

[7] *tudo o que há de real*: esta é a primeira menção de Hobbes à sua tese central segundo a qual o movimento é a propriedade fundamental do "corpo" (ver Introdução, pp. XXVIII ss.); todas as coisas que podem ser explicadas devem ser explicadas nesses termos. A tese é desenvolvida em II, 8 e 9; no parágrafo 10, tal questão é posta de modo

sucinto: "As coisas que realmente estão no mundo exterior são aqueles movimentos que causam essas visões."

[9] *movimento*: mais à frente Hobbes introduz o conceito de "esforço" (*endeavour*), referindo-se ao movimento muito pequeno ou invisível. Ver VII, 2; XII, I, e *De Corpore*, XXV, 12.

[10] *as causas dos sonhos*: será útil ler este parágrafo 3 junto com o capítulo II do *Leviatã*, no parágrafo "Sonhos". Ver também *De Corpore*, XXV, 12.

[11] *semelhante àquela que o engendrou*: cf. *De Corpore*, XXV, 12.

[11] *não estão* in rerum natura: não fazem parte da natureza das coisas.

[13] *Ver a uma grande distância [...] pelo esmaecimento*: Hobbes acrescentou esta frase àquele que foi provavelmente o seu primeiro manuscrito.

[14] *kritérion*: termo por demais estrangeiro em 1640, o que justifica o fato de Hobbes mantê-lo no original.

[14] *a fim de evitar equívocos, chamarei este último de digressão*: para evitar ambiguidades da linguagem, chamo-o de discurso mental.

[14] *A causa da coerência ou encadeamento* (consequence): "encadeamento" no sentido literal de ser o próximo termo de uma série. Hobbes está trazendo à baila o tema que em David Hume (1711-76) e em David Hartly (1705-57) passa a ser investigado como "associação de ideias". O ponto-chave é o motivo e o modo como "a mente pode passar quase de qualquer coisa para qualquer outra", ainda que isso não se dê aleatoriamente. Compare o exemplo que Hobbes apresenta aqui (1640) com a famosa passagem apresentada num contexto semelhante no *Leviatã*, III, em 1651, *após* o período das guerras civis: "Assim, num discurso sobre a nossa atual guerra civil, que coisa pareceria mais impertinente do

que perguntar (como fez certa pessoa) qual era o valor de uma moeda romana? Contudo, para mim a coerência era assaz manifesta, pois o pensamento da guerra introduziu o pensamento da entrega do rei aos seus inimigos; este pensamento trouxe o pensamento da entrega de Cristo; e este, por sua vez, o pensamento das trinta moedas, que foram o preço da traição; e daí facilmente se seguiu aquela pergunta maliciosa; e tudo isso em um breve momento, pois o pensamento é célere." Ver também *De Corpore*, XXV, 8.

[16] 7: esta seção em particular e o restante do capítulo IV em geral contêm significativa antecipação de certos aspectos da interpretação seminal da causação dada por David Hume no *Tratado da natureza humana* (1739) e na *Investigação sobre o entendimento humano* (1748).

[17] coeteris paribus: desde que as demais circunstâncias sejam iguais.

[17] *um dado veredicto*: uma decisão proferida por um tribunal judicial, e não (como bem se poderia entender no inglês) uma mera proposição proferida; embora, claramente, os usos se sobreponham.

[19] *um nome ou denominação*: uma discussão proveitosa sobre essa e outras questões do capítulo V pode ser encontrada em J. W. N. Watkins, *Hobbes's Sistem of Ideas* (Londres, 1965), capítulo 8.

[20] *aquilo que essa denominação significa*: Hobbes está decisivamente tomando partido num debate filosófico complexo e prolongado sobre os universais. Exemplos de universais são "vermelho", "homem" ou outras palavras que podem ser aplicadas a mais de uma coisa individual, ou podem funcionar como predicado numa frase. Segundo a doutrina a que Hobbes *se opõe* (tipicamente associada a Platão), tais "nomes" não nomeiam um ser individual como "o Tâmisa" ou "Carlos II", não obstante nomeiem *alguma* entidade real, possivelmente existindo em outro mundo. Esta opinião jamais foi aceita por Hobbes.

[21] *equívocas*: que têm dois ou mais significados igualmente apropriados.

[21] *entendimento*: entendimento do discurso, não no sentido geralmente associado com a sabedoria. Cf. *Leviatã*, IV, "não sendo o entendimento outra coisa senão a concepção causada pelo discurso".

[22] *silogismo*: trata-se de um padrão de raciocínio e argumentação (duas premissas e uma conclusão) identificado por Aristóteles nos *Primeiros analíticos*. As formas válidas desse padrão foram muito discutidas na lógica do medievo tardio, com a qual Hobbes teve contato em Oxford, e da qual muito zombou em sua *Verse Life*.

[22] *caso enveredasse por ela*: Hobbes finalmente empreendeu este feito; ver *De Corpore*, IV.

[23] *As paixões do homem* [...] *movimentos voluntários*: ver XII, 2-5. A tese defendida por Hobbes é a de que não faz sentido falar de uma *vontade* livre. Embora faça sentido falar de *ação* livre quando a ação procede das paixões, as quais *são* a vontade (medo, raiva, amor e assim por diante), e não é constrangida por nenhuma força física externa.

[23] ratio *é apenas* oratio: *ratio*: contagem ou cômputo, pensamento verbal; *oratio*: discurso oral. A questão para Hobbes é que estamos tão acostumados com as palavras que o pensamento e o discurso tornaram-se idênticos; certamente não pensamos, em geral, de maneira não verbal, dizendo que temos pensamentos como um ato separado.

[23] *paralogismos*: raciocínios ilógicos, particularmente em relação àquilo que quem raciocina desconhece.

[24] nosce teipsum: conhece-te a ti mesmo.

[24] *o primeiro* [...] *o segundo* [...] *na linguagem*: na ilustração muito bem escolhida por Hobbes, o cego de nascença poderia ter o "primeiro", o "conhecimento original", mas não

o "segundo", o conhecimento "de como as coisas são denominadas".

²⁴ *conhecimento*: quanto à ideia de que este conhecimento é a crença associada à razão, ver Platão, *Teeteto*, 201d; e A. J. Ayer, *The Problem of Knowledge* [O problema do conhecimento] (Harmondsworth, 1956), p. 35: "Concluo assim que as condições necessárias e suficientes para saber que algo existe são, primeiro, que aquilo que é dito seja conhecido como verdadeiro; segundo, que se tenha certeza disso; e, terceiro, que se tenha o direito de ter certeza." As observações de Hobbes estão de acordo com uma longa tradição.

²⁵ *o que é a evidência* [...] *raciocínio*: um papagaio pode dizer "pode entrar!", embora não tenha nenhuma evidência (isto é, entendimento) do som emitido, pois não tem nenhuma concepção concomitante com as palavras.

²⁵ *conhecimento* [...] *ciência*: cf. *Leviatã*, V: "*Ciência* é o conhecimento das consequências, e da dependência de um fato em relação a outro; é aquilo por meio do qual, a partir do que fazemos atualmente, sabemos como fazer alguma outra coisa quando quisermos, ou a mesma coisa em outra ocasião."

²⁷ *crença*: a interpretação de Hobbes no *Leviatã*, VII, distingue a crença num homem (*confiar* nele e na veracidade do que diz) da crença naquilo que é dito (uma *opinião* favorável à verdade daquilo que é dito). Hobbes não está preocupado com a crença como assentimento proporcional à evidência quando a evidência não é suficiente para justificar uma pretensão de conhecimento: por exemplo, "acho (ou 'creio': *I believe*) que vai chover hoje".

²⁹ *causa final*: objetivo ou propósito para o qual uma coisa existe ou é feita.

³⁰ *felicidade* [...] *em prosperar*: a essa potencial justificativa do modo de vida dos presidentes das grandes empresas

multinacionais veio acrescentar-se, no *Leviatã*, VI, uma conclusão ainda mais enfaticamente mundana: "refiro-me à felicidade nesta vida. Pois não existe uma perpétua tranquilidade de espírito enquanto aqui vivemos, porque a própria vida não passa de movimento, e jamais pode deixar de haver desejo, ou medo, tal como não pode deixar de haver sensação".

[32] *Galileu no primeiro diálogo sobre os movimentos locais*: Galileu (1564-1642) publicou dois livros na década de 1630 cujos títulos são facilmente confundidos, particularmente na tradução. O primeiro, publicado em 1632, é normalmente chamado de *Diálogo sobre os dois máximos sistemas do mundo* (isto é, o ptolomaico, ou o sistema em que a Terra é fixa; e o copernicano, ou o sistema em que o Sol é fixo). O segundo, publicado em 1638, foi *Discursos sobre as duas novas ciências* (também na forma de diálogo: a palavra "discorsi" é por vezes traduzida por "diálogos"). No caso em questão, Hobbes está se referindo à publicação de 1638, um item que se encontra ao fim da discussão da "Primeira Jornada".

[35] *pois a necessidade de pouco é pobreza maior do que a necessidade de muito*: uma das coisas que tornam a leitura de Hobbes tão valiosa são seus rompantes de perspicácia psicológica. Veja, por exemplo, a sua observação sobre o deleite em deleitar (IX, 15), ou a profundidade do capítulo XI do *Leviatã*: "Ter feito a alguém um mal maior do que se pode ou se está disposto a sofrer inclina quem o praticou a odiar quem sofreu o mal, pois só se pode esperar dele vingança ou perdão; e ambos são odiosos."

[38] *Escapou-me?!*: a anedota encontra-se em Suetônio, *A vida dos doze césares*, no fim de "Tibério": "Cornalus fugiu!"

[42] ad hanc: a ela (literalmente, *a esta*).

[43] Convivium: *O simpósio* ou *O banquete*, particularmente 209-12 (discurso de Sócrates ao fim do diálogo).

⁴⁵ *Por exemplo*: os exemplos são extraídos das linhas iniciais do Livro II do *De Rerum Natura*, de Lucrécio, que é a mais antiga exposição do epicurismo da qual temos conhecimento:

> "É bom, quando os ventos revolvem a superfície do grande mar, ver da terra os rudes trabalhos por que estão passando os outros; não porque haja qualquer prazer na desgraça de alguém, mas porque é bom presenciar os males que não se sofrem. É bom também contemplar os grandes combates de guerra travados pelos campos sem que haja da nossa parte qualquer perigo. Mas nada há de mais agradável..." [*De Rerum Natura*, tradução de Agostinho da Silva, Coleção Os Pensadores, vol. V, Abril Cultural, 1.ª ed., junho 1973]. E Lucrécio prossegue a pintar um quadro bem anti-hobbesiano da serena tranquilidade que contrasta com a luta irrefreável daqueles "que buscam e nunca encontram à noite o caminho da paz".

⁴⁸ *fantasia* (fancy): caso em que se supõe perceber ou conceber alguma coisa.

⁵⁰ *se as mentes dos homens fossem todas como papel em branco*: tal metáfora tem uma história venerável na interpretação empirista do conhecimento; assim, em *De Anima*, III, 4, de Aristóteles: "o intelecto [...] não é nada antes disso, ele pensa [...] [existe] potencialmente da mesma forma que a escrita num caderno sobre o qual nada escrito efetivamente existe". Uma passagem em Aécio, por volta de 100 d.C., antecipa Hobbes em diversos aspectos: "Quando um homem nasce, dizem os estoicos, a parte da alma que o comanda é uma folha de papel que está pronta para receber a escrita. Sobre esta ele escreve cada uma de suas concepções. E o primeiro método de inscrição se dá através dos sentidos. Pois, ao perceber alguma coisa – por exemplo, o branco –, ele conserva a memória dessa coisa quando ela já não está mais presente. E quando são suscitadas muitas recordações de tipo semelhante, então dizemos ter experiência. Pois a pluralidade de impressões semelhantes é experiência." (A. A. Long e D.

N. Sedley (orgs.), *The Hellenistic Philosophers* [Os filósofos helênicos] (Cambridge, 1987), 238.)

[51] *Entre os loucos eruditos* [...] *profecias*: o comentário ácido de Hobbes foi acrescentado ao seu manuscrito original. Tal gênero de loucura humana é, aparentemente, tão predominante hoje quanto na época, com a diferença de que, agora, os loucos são menos eruditos.

[51] *romances*: histórias de cavalaria.

[51] *cento*: miscelâneas.

[52] *2*: este parágrafo e os seguintes são muito importantes para a compreensão da interpretação de Hobbes sobre os limites do conhecimento com base na religião. Ver também XXV, 9, e comparar com *Leviatã*, final do capítulo XI, em que Hobbes reutiliza o exemplo dos que se aquecem junto ao fogo sem dar muita ênfase à questão da incompreensibilidade de Deus.

[54] tota in toto *e* tota in qualibet parte corporis: "[que a alma] é toda no seu todo e toda na parte que lhe aprouver do corpo".

[56] *Não creiais em todos os espíritos* [...] *e ele em Deus*: Hobbes tinha uma imensa familiaridade com a Bíblia, em uma escala e com uma precisão raras tanto atualmente quanto na sua época, exceto entre o clero. Suas numerosas citações da Escritura, tanto aqui quanto em outras obras, são em geral paráfrases muito próximas do original, ou então traduções de seu próprio punho. O resultado soa como a Versão Autorizada de 1611 (a chamada *King James' Bible*) ou alguma outra tradução estabelecida, embora raramente o seja.

[59] *Já se disse*: II, 9, e VII, 2.

[60] *ações e omissões voluntárias*: ver primeira nota da p. 23. Para uma discussão, ver T. Sorell, *Hobbes* (Londres, 1986), 92-5, e para maiores detalhes do desenvolvimento em Hobbes

dessa tese ver, em particular, "Of Liberty and Necessity", em *English Works of Thomas Hobbes*, org. W. Molesworth, iv (Londres, 1840).

[62] *2*: cf. *De Corpore*, VI, 11-12.

[67] *11. O silêncio* [...] *consente*: esta é a versão do parágrafo de conclusão conforme a emenda inserida por Hobbes em uma nota à margem do manuscrito. A fim de proporcionar um desfecho cabível para *A natureza humana*, as publicações anteriores a 1889 acrescentavam as seguintes palavras: "Conclusão. Assim consideramos a natureza do homem na medida em que isso era necessário para a descoberta dos primeiros e mais simples elementos, mediante os quais as composições das normas e leis políticas são por fim resolvidas; foi este o meu propósito."

[67] *Capítulo XIV*: este capítulo e o seguinte são o centro da teoria política de Hobbes. O argumento é muito semelhante ao *De Cive*, I e II. Os capítulos XIII e XIV do *Leviatã* devem também ser consultados em função da maneira magistral, do ponto de vista literário, com que apresentam o mesmo argumento.

[67] *Nos capítulos precedentes*: nas edições anteriores a 1889, que tratavam esta passagem como o início de um livro impresso separadamente, inicia-se: "Num tratado já publicado, a respeito da natureza humana."

[72] *razão*: uma das teses básicas de Hobbes é que, nas suas paixões e quando consultam sua consciência, os homens divergem entre si e entram em guerra uns com os outros; ao passo que, pelo recurso à razão, eles concordam entre si. Disso a ênfase nas virtudes dos *mathematici*, XIII, 3-4, e o seu objetivo, enunciado na Epístola Dedicatória, de submeter a justiça e a política "às regras e à infalibilidade da razão".

[74] de praesenti [...] *de futuro*: concernem ao presente ou ao passado; pois, se concernirem somente ao futuro...

⁷⁴ *Antíoco*: possivelmente Antíoco IV (*c*. 215-163 a.C.), conhecido por sua excentricidade, que desempenhou papel importante ao incitar a insurreição judaica registrada nos livros de Macabeus.

⁷⁵ *pacto*: o interesse de Hobbes pelos pactos (9-14) e juramentos (15-18) é resultado de eventos e debates da época. Deve-se considerar especialmente o parágrafo 11, confrontando-o com o Pacto Nacional Escocês de 1638, o qual fala dos cristãos "que renovaram seu pacto *com Deus*" e apela a Deus "como testemunha" da declaração.

⁷⁶ *ação é realizada voluntariamente*: este argumento interessante deve ser entendido nos termos já propostos em XII, 3, em que "voluntário" é aquilo que é feito na ausência de constrangimentos físicos externos e conforme às paixões do medo e da cobiça, que são mencionadas nessa passagem do texto. Assim, de certo modo, agimos livremente quando caminhamos para o cadafalso em vez de sermos arrastados até ele. Donde se conclui que os pactos feitos com base no medo, a menos que sejam contrários à lei, obrigam tanto quanto os pactos feitos de acordo com nossos desejos. Por exemplo, podemos não gostar de pagar um aluguel excessivo, mas o acordo feito assim o obriga, a despeito de ter de ser feito sob o medo de não se ter onde morar. Para uma aplicação política deste ponto, ver XIX, 7.

⁸⁰ oderunt peccare: ódio do pecado.

⁸¹ *por necessidade da natureza* [...] *para si mesmo*: este é o tipo de afirmação que ajuda a confirmar que nos *Elementos da lei*, e principalmente nessa obra, Hobbes está mais comprometido com o egoísmo psicológico (no sentido de que as pessoas estão psicologicamente programadas para agir de acordo com seus desejos e aversões reais) do que com o egoísmo moral (no sentido de que, na busca do bem, as pessoas devem agir de acordo com seus interesses). Ver também XVII, 14.

[81] *que nenhum homem [...] em função de sua confiança*: tanto este quanto outros preceitos da razão que Hobbes identifica nos *Elementos da lei* como leis da natureza também aparecem na maneira substancialmente semelhante no *De Cive*, III, e no *Leviatã*, XV.

[84] *grande guerra entre os atenienses e os peloponenses*: a tradução feita por Hobbes da história dessa guerra escrita por Tucídides foi publicada em 1628. Em 1975 ela foi reeditada por R. Schlatter (New Brunswick, NJ).

[84] *1*: sempre se comprazendo em criticar Aristóteles, tomando-o como um símbolo do sabedoria antiga, a qual Hobbes rejeita enfaticamente, aqui ele está se referindo à tese sobre os "escravos por natureza", apresentada na *Política*, I. 2. 8 [1252a. 30-40]: "que alguns devem governar e outros serem governados é algo não apenas necessário, mas conveniente; desde o momento de seu nascimento alguns são destinados à sujeição e outros a governar". Hobbes responde que isto (*a*) está em desacordo com os fatos da natureza humana, e (*b*) constitui o caminho para as contendas. Pois, "em nome da paz [...] que todo homem reconheça o outro como seu igual".

[86] *usurpação*: a palavra grega pode ser traduzida com mais exatidão por "um desejo de possuir mais do que a sua parte". Tal conceito está bastante evidente em Tucídides.

[88] Quod tibi fieri non vis, alteri ne feceris: não faças ao outro aquilo que não queres que te façam.

[90] *E esse é [...] pela razão*: uma das poucas afirmações em *Os elementos da lei* que mostra Hobbes distinguindo explicitamente o bem racional em geral da percepção individual de bem, que se dá na forma dos desejos de cada um. As leis de natureza são preceitos racionais atinentes a esse bem geral.

[91] *Quanto à opinião comum [...] em extremos*: Aristóteles afirmava que o bom caráter é um meio entre extremos.

Assim, a espirituosidade seria um meio entre a galhofa e a apatia social; a generosidade, um meio entre a prodigalidade e a avareza. Cf. *Ética a Nicômaco*, II, 6.

[97] *revele* (bewayreth): denunciar, revelar.

[99] *A realização de uma união* [...] *ou ordene não fazer*: o primeiro grande passo na teoria política hobbesiana foi a análise do estado de guerra. O segundo foi, em razão das condições deste, a identificação das formas de evitá-lo – as leis de natureza. O terceiro corresponde aos meios de execução dessas leis num corpo político "que lhes infunda medo, coagindo-os assim [...] a manter a paz entre si". Um caso particular da "realização de uma união", provavelmente do conhecimento de Hobbes, ocorreu durante a viagem do navio *Mayflower* em 1620, quando a necessidade de mútua cooperação e ordem, numa situação em que não havia nenhuma autoridade para executar o decreto do rei, resultou num tratado ou constituição em que os *Pilgrim Fathers* declararam: "pactuamos e formamos solene e mutuamente um corpo político civil com vistas à nossa ordem e preservação ... e a fim de decretar, constituir e conceber, de forma justa e equânime, as leis, decretos, atos, constituições e ofícios, de tempos em tempos, que sejam considerados mais apropriados e convenientes para o bem geral da colônia, às quais prometemos a devida submissão e obediência". Em 1636, um pacto bastante semelhante foi feito na fundação da colônia de Hartford (posteriormente Connecticut). Ver também XX, 3.

[105] *A primeira parte deste tratado, já encerrada:* nas edições anteriores a 1889 iniciava-se assim: "O tratado da natureza humana anteriormente impresso" ou "No anterior tratado da natureza humana, já impresso".

[107] *estado de segurança*: note-se que para Hobbes a segurança significa estar livre da violência e do medo em relação a esta. Estar livre da violência tem talvez certa prioridade em termos de necessidade humana se comparado com as questões em Aristóteles: "a segurança pode ser definida

como a posse de bens em lugares tais e sob tais condições que o uso deles esteja em nossas próprias mãos" (*Retórica*, I, 5-7). John Locke, escrevendo em 1690, considerou-se também seguro o bastante em relação à violência civil a ponto de dar prioridade à segurança do cidadão no que se refere à sua propriedade: "O fim maior e principal para os homens unirem-se em sociedades políticas e submeterem-se a um governo é, portanto, a conservação de sua propriedade. Para um tal fim, o estado de natureza carece de muita coisas" (*Dois tratados sobre o Governo Civil*, II, ix, 124).

[108] *Pois visto que a vontade* [...] *não há medo*: essa crença hobbesiana fundamental na necessidade do medo para a manutenção da paz na sociedade talvez tenha recentemente adquirido relevância em razão da violência dos jovens que são "menores de idade" num sentido especialmente definido que os exclui da coerção da lei ou do *medo* da autoridade.

[109] *10*: A asserção deste parágrafo é que a linguagem privada relativa ao bem e ao mal (tema já tratado em VII, 3) tem uma medida comum, qual seja, a lei civil, imposta pelo soberano de um corpo político. Imediatamente surgem algumas dificuldades: (*a*) o que dizer dos atos de um "bom samaritano" e de outros atos particulares imbuídos de bondade, os quais estão além do escopo da "medida comum" imposta pelo Estado? (*b*) o que acontece quando o poder soberano impõe uma lei moralmente repulsiva? A resposta de Hobbes à pergunta (*a*) é que os seres humanos, diferentemente dos animais, que são movidos exclusivamente pelo prazer e pela dor (XIX, 5), possuem um *concepção* não egoísta de bem e de mal (diferente e não determinada pelos mecanismos psicológicos que fazem com que o fim de cada homem seja o seu benefício próprio), estabelecida pela razão e expressa nas leis de natureza (XVII, 14). Estas leis são também as leis de Deus (XVIII), e o soberano está obrigado por elas (XXVIII). O problema, porém, é que (*b*) permanece: se o poder soberano (o rei, o conselho etc.) não age como se estivesse obrigado por elas, então até que ponto o corpo po-

lítico malfazejo e tirano não será pior do que o retorno ao estado de guerra? A opinião de Hobbes parece ser: não será nunca. A maioria de seus críticos tenderia a responder: será às vezes. O grande debate permanece: quando?

[110] *que ao poder soberano* [...] *pertence a impunidade*: este parágrafo e o seguinte acirram o problema da tirania discutido na nota anterior. Em seu contexto histórico, o argumento seria tomado a favor do governo personalista de Carlos I ou de Cromwell. A mesma questão é desenvolvida no *Leviatã*, XVIII, e no *De Cive*, VI, 12.

[117] volenti non fit injuria: não se faz injustiça a uma vítima que consente (antiga máxima jurídica).

[117] *5*: aqui Hobbes está de fato descrevendo a democracia ateniense e os seus defeitos vistos pelos olhos de Tucídides. A parte seguinte deste capítulo deve muito a Aristóteles, *Política*, III, 5-12, ainda que Hobbes provavelmente relutasse em admiti-lo.

[118] optimates: membros da ordem do patriciado da nobreza romana.

[124] *Capítulo XXII*: Este capítulo trata do feudalismo e das relações entre senhor e servo e entre senhor e escravo, as quais eram estruturas particulares já em declínio quando Hobbes escreveu e hoje estão muito afastadas de qualquer Estado moderno corretamente descrito como uma democracia liberal. Os conteúdos apresentados aqui não constituem uma parte essencial das teses gerais de Hobbes sobre a natureza humana e o corpo político.

[125] *soberanos*: vale dizer todo aquele ou tudo aquilo que detenha o poder soberano num corpo político. Cf. XXV, 1.

[128] *Capítulo XXIII*: tal como no capítulo anterior, este descreve, na sua maior parte, os acordos sociais, em que se discutem temas que são mais históricos do que de interesse atual (com exceção talvez para as observações sobre o cui-

dado das crianças), e o argumento não é essencial à filosofia política de Hobbes.

[129] *ob praestantiam sexus*: em virtude da preeminência do sexo.

[136] *consciência*: Hobbes não admite que a consciência seja uma espécie de autoridade autônoma, ou a autoridade de Deus dentro de nós, ou coisa que o valha. É meramente, conforme analisado no capítulo VI, 8, a "opinião da evidência".

[137] *Os impostos [...] garante aos súditos*: é o mais perto que Hobbes chega, em *Os elementos da lei*, de apresentar uma opinião sobre a política de sua época; nesta ocasião, sobre a tentativa de Carlos I de aumentar os impostos para a defesa do reino. Segundo Hobbes, os impostos não são um verdadeiro agravo, "a menos que se exija mais do que o necessário". Mas e quando são cobrados além do necessário? Hobbes tem uma resposta clara, embora completamente inaceitável: suportar tal aumento, em nome da paz. A melhor defesa da aquiescência à tirania pacífica foi formulada por Hobbes em 1647 no Prefácio do *De Cive*, particularmente na seguinte prescrição: "decerto julgareis melhor desfrutar da condição atual, embora talvez não seja a melhor, do que, travando a guerra, tentar reformá-la em benefício de outros homens e em outra época, vós mesmos enquanto isso sendo mortos com violência ou sendo consumidos pela idade".

[138] *eo nomine*: pelo nome.

[138] *o objetivo de cada homem corresponde a algum bem para si mesmo*: não se trata de mero cinismo político, mas de uma consequência da psicologia mecanicista de Hobbes. Ver, por exemplo, XII, 2-5, ou XVI, 6, e a discussão em minha "Introdução".

[139] *prescindir da execução da justiça*: eximir alguém das prescrições da lei num caso particular. Na Inglaterra, contendas sobre os poderes do monarca de dispensa e suspensão da lei continuaram até depois da revolução de 1688.

[139] Hodie mihi, cras tibi: Hoje eu, amanhã você.

[142] *nenhuma lei humana tem a intenção de obrigar a consciência de um homem*: as leis nos obrigam naquilo que *fazemos*, não na nossa consciência (a "opinião" de nossas próprias ações). Mas certas condutas podem ser contrárias à nossa consciência. Assim, Hobbes argumenta em seguida que a Escritura nos autoriza a obedecer ao poder soberano, a não ser que este contrarie um dos pontos essenciais da salvação cristã – que Jesus é o Cristo (XXV, 8) "e todas as suas explicações". Ver XXV, 11.

[150] *temos enormes volumes*: havia de fato enormes volumes sobre esse assunto (e eles ainda proliferam), mas não está claro a quais Hobbes poderia possivelmente estar se referindo, no que diz respeito aos epicuristas e estoicos – a maioria das obras originais destes sobreviveu apenas sob a forma de fragmentos.

[161] *Belarmino*: Cardeal Roberto Belarmino (1542-1621), apologista da Igreja Romana, diretor do *Collegio Romano*, amigo de Galileu que se tornou forçosamente seu oponente.

[162] *todo o efeito da excomunhão [...] seu domínio*: o argumento de Hobbes, extraordinariamente engenhoso e de caráter bíblico, leva à conclusão de que uma autoridade eclesiástica, ou o papa, meramente exclui a si mesma da companhia de um excomungado. Se o excomungado é o soberano, sua posição permanece exatamente idêntica à que tinha antes, e (ponto ao qual Hobbes atribui a máxima importância) de forma nenhuma se justifica a desobediência dos súditos.

[165] *Aristóteles diz bem*: é esta a única vez em que Hobbes aprova Aristóteles. A citação inteira (*Política*, VI, 2.1) é: "A base do Estado democrático é a liberdade, a qual, de acordo com a opinião comum dos homens, pode ser usufruída apenas num tal Estado – tal é, afirmam eles, o grande fim de toda democracia." Uma vez que Hobbes mostra-se em geral indisposto em relação àquilo que ele chama de democracia

(pelo fato de ela ter se mostrado um arranjo ineficaz para a manutenção da paz civil), mesmo aqui o elogio a Aristóteles leva uma ponta de ironia.

[168] *Bodin* [...] *De Republica*: Jean Bodin (1530-96), filósofo político francês cuja obra principal, *Seis livros sobre a república*, trata da definição e dos limites da soberania em geral e da monarquia em particular.

[170] *Sêneca*: (2 a.C.-65 d.C.) estoico, tutor de Nero, administrador romano, autor de vários ensaios morais muito lidos, uma obra sobre filosofia natural e algumas tragédias pouco lidas. Hobbes não oferece nenhuma fonte dessa sua observação; e certamente não é verdade que Sêneca afirma diversas vezes que o tiranicídio é legítimo. Quando muito, há uma insinuação nesse sentido na referência a Nero, no drama histórico *Octavia* – peça que, tendo em conta claras evidências internas ao texto, não é de Sêneca, embora há muito lhe seja atribuída. Ver também *De Ire*, III, 16.

[171] *Salústio*: político e historiador romano cujos escritos incluem uma história sobre a conspiração de Catilina em 68 a.C., durante o consulado de Cícero.

[172] *geralmente chamado de ciência*: tal como está, a definição dá a impressão de que Hobbes está comprometido com aquilo que hoje em dia seria chamado de visão convencionalista da ciência: as proposições científicas são verdadeiras em virtude da decisão, tomada por acordo, de atribuir determinados sentidos às palavras componentes. Mas isso não esgota o posicionamento de Hobbes. Ver VI, 4, e *De Corpore*, I, 10. Contudo, o *De Corpore*, VI, 12-13, parece a favor do convencionalismo. Para uma discussão mais ampla, ver T. Sorell, *Hobbes* (Londres, 1986), 45-50.

[173] *As filhas de Pélias* [...] *reviver*: Pélias mandou seu sobrinho Jasão ir em busca do velocino de ouro. O desafortunado experimento do rejuvenescimento foi obra das filhas

de Pélias depois da volta de Jasão, já acompanhado de Medeia; e foi Medeia a instigadora do fato.

[175] *estão contra a lei de natureza*: é digno de nota o fato de Hobbes afirmar que a homossexualidade, a promiscuidade, a poligamia e o incesto não são manifestamente contrários à "lei da razão natural"; mas, visto que são antissociais, o *soberano* que não os proibisse estaria, ele, agindo contra a lei de natureza.

[176] *que cada um contribua conforme aquilo que gasta*: interessante antecipação de argumentos contrários ao imposto de renda e a favor dos tributos alfandegários e impostos sobre o valor agregado.

[183] *8*: com efeito, este parágrafo é um resumo dos principais pontos da teoria política de Hobbes.

De Corpore

[190] *Filosofia*: Hobbes aparenta, em termos modernos, fornecer uma definição de ciência. Na verdade, ele está tentando especificar um método que seria apropriado tanto para a filosofia natural (ou a física) quanto para a filosofia civil, apontada por ele no parágrafo 9.

[199] dióti [...] hóti: o porquê (isto é, a ciência de *como* as coisas acontecem, por oposição à ciência que observa *o que* acontece).

[206] *matéria ou corpo*: para uma interpretação da concepção hobbesiana de "corpo", ver Introdução, pp. xxiv ss. Não está inteiramente claro, no parágrafo 8, ou abaixo no parágrafo 13, se "corpo" e "matéria" estão sendo empregadas como palavras alternativas para a mesma concepção, ou como nomes referindo-se a duas diferentes concepções. Recordando o tonitruante realismo monista do *Leviatã*, XLVI, "o universo [...] é corpo [...] modo, corpo", fica difícil entender o que

poderia significar a "matéria" apartada do corpo, a não ser que "matéria" seja um termo geral para as diferentes "substâncias" que compõem um corpo.

[209] *podemos facilmente conceber* [...] *movimento até o olho*: ao lado da maioria dos outros físicos do século XVII, Hobbes sentiu-se obrigado a supor que a propagação do movimento requer a presença de um meio. No contexto das diversas sensações, o problema do movimento que se transfere do objeto para o sujeito que percebe é muito simples de resolver no caso da audição. O meio é o ar. No caso da visão, não parece haver meio nenhum, somente a própria luz. Existe um problema semelhante em relação à gravidade. Através de que meio opera essa atração? O problema afligiu Sir Isaac Newton (1642-1727), que percebia a necessidade da existência de algum meio, mas que também reconheceu que nenhuma observação sustentava tal hipótese. Ver M. B. Hesse, "Action at a Distance in Classical Physics", *Isis* (1955).

[212] *axiomas de Euclides* [...] *problemas*: a geometria euclidiana começa com as *definições* ("a linha é um comprimento sem largura" etc.), cinco *postulados* (por exemplo, é possível "desenhar uma linha reta de qualquer ponto a qualquer ponto") e cinco ou oito – conforme o manuscrito utilizado – *noções comuns* ou *axiomas* (por exemplo, "coisas iguais a uma mesma coisa são iguais entre si"). Hobbes entende (ver parágrafo 14) as definições como proposições primárias, ou seja, como axiomas.

[212] *gênero e diferença*: a definição por gênero e diferença é uma das mais formas mais antigas de definição. Consiste em situar o que está sendo definido (o *definiendum*) dentro de uma grande classe de entidades e, em seguida, encontrar seu lugar numa subclasse menor. Por exemplo: "uma proposição é uma sentença [o gênero ou a classe ampla das entidades] passível de ser verdadeira ou falsa" (a diferença que restringe o *definiendum* a uma subclasse do gênero).

²¹³ *As propriedades*: Hobbes está aqui seguindo uma tradição que começou com Aristóteles, nos *Tópicos*, VI-VII, e nos *Segundos analíticos*, II. Algumas das propriedades citadas por Hobbes (por exemplo, a sexta) são apenas modelos. Embora ele também esteja dando ênfase, à sua própria maneira, à clareza que as definições podem proporcionar.

²¹⁶ *Terceiro*: o que se apresenta em seguida é uma importante justificação da ordem progressiva – corpo, homem e república – no grande sistema filosófico de Hobbes.

²²³ *pia-máter*: membrana interna que reveste o cérebro.

²²⁴ *o fantasma anterior e o fantasma posterior*: um claro exemplo do uso que Hobbes faz de uma palavra para designar o conteúdo atual de várias experiências sensíveis (e não necessariamente de imagens). Ver segunda nota da p. 4.

²²⁵ *Terêncio* [...] "Populus [...] occuparat": Terêncio (*c*. 190-156 a.C.), comediógrafo romano. A citação é de *Hecyra*, Prólogo, linha 4: "O povo estupefato tinha o espírito voltado para o funâmbulo."

²²⁶ phantasía: palavra muito empregada por escritores estoicos e epicuristas nas suas interpretações da percepção sensível e do conhecimento. Tem um sentido próximo aos "fantasmas" em Hobbes, ou às "impressões sensíveis" em David Hume.

²³⁴ *Doutor Harvey*: William Harvey (1578-1657), descobridor da circulação sanguínea, exposta pela primeira vez em *De Motus Cordis et Sanguine* (1628). Amigo pessoal de Hobbes.